Voltaire
Schriften 2

Bibliothek der europäischen Aufklärung

Republikanische Ideen: diese Aphorismensammlung, in der Voltaire gegen Rousseaus *Contrat social* Stellung nimmt, gibt Aufschluß über die politische Position des Aufklärers, seinen Kampf um bürgerliche Liberalität, die im Rechtsstaat zum Ausdruck kommt. Auch die übrigen, im selben Geist verfaßten Texte dieses zweiten Bandes der *Schriften* Voltaires schließen thematisch eng an die Arbeiten des ersten, *Recht und Politik,* an. Lag dort der Akzent wesentlich auf einigen *causes celèbres,* in die Voltaire kritisch eingriff, so tritt im vorliegenden Band mehr die rechts- und staatstheoretische Komponente des Voltaireschen Denkens hervor — namentlich in den großen Plädoyers zur historisch überfälligen Reform des Rechtssystems und in dem staatstheoretischen Dialog *A.B.C.*

Der Herausgeber: Günther Mensching, geboren 1942, lehrt in Lüneburg und als Privatdozent an der Universität Hannover Philosophie. Publikationen: *Totalität und Autonomie. Untersuchungen zur philosophischen Gesellschaftstheorie des französischen Materialismus* (1971); Helvétius, *Vom Menschen, seinen geistigen Fähigkeiten und seiner Erziehung* (Hrsg., 1972); *Das Testament des Abbé Meslier* (Hrsg., 1976). 1977 besorgte er im Syndikat die Ausgabe von C. F. de Volney, *Die Ruinen oder Betrachtungen über die Revolutionen der Reiche.*

Voltaire
Republikanische Ideen
Schriften 2
Herausgegeben von Günther Mensching

Syndikat

Quellenangaben und Hinweise auf die Übersetzer finden sich in
der Editorischen Notiz am Schluß des Bandes

CIP-Kurztitelaufnahme der Deutschen Bibliothek

Voltaire :
[Sammlung ⟨dt.⟩]
Schriften / Voltaire. Hrsg. von Günther Mensching. —
Frankfurt am Main : Syndikat.

2. Republikanische Ideen. — 1979.
   (Bibliothek der europäischen Aufklärung)
   ISBN 3-8108-0110-0

© Syndikat Autoren- und Verlagsgesellschaft
Frankfurt am Main 1979
Alle Rechte vorbehalten
Umschlag nach Entwürfen von Rambow, Lienemeyer und van
de Sand
Motiv: Voltaire, Kupferstich nach einem Gemälde von
Quentin de la Tour
Satz und Druck: Poeschel & Schulz-Schomburgk, Eschwege
Bindearbeiten: Gachet, Langen
Printed in Germany
ISBN 3-8108-0110-0

Inhalt

Republikanische Ideen 7

Kommentar zu dem Buch
Über Verbrechen und Strafen 33

Preis der Gerechtigkeit und der Menschenliebe 89

A.B.C. 167

Der Richter oder königliche Rat 279

Von der Gewißheit 282

Die Rechte der Menschen und
die Anmaßungen der Päpste 288

Wie weit man das gemeine Volk hintergehen müsse . 316

Das Gewohnheitsrecht der Franche-Comté 320

Auszug aus einer Denkschrift für die vollständige
Abschaffung der Leibeigenschaft in Frankreich . . . 333

Editorische Notiz 340

Republikanische Ideen
von einem Genfer Bürger

I. Die nackte Willkürherrschaft ist die Strafe für das unkluge Verhalten der Menschen. Wird eine menschliche Gemeinschaft von einem Einzigen oder wenigen beherrscht, so ist dies ein deutliches Zeichen dafür, daß sie weder den Mut noch das Geschick hatte, sich selbst zu regieren.

II. Eine durch Willkür regierte menschliche Gesellschaft gleicht vollkommen einer Herde Ochsen, die zum Dienst ihres Herrn ins Joch gespannt werden. Er ernährt sie nur, damit sie in der Lage sind, ihm zu dienen; er pflegt sie nur, wenn sie krank sind, damit sie ihm nutzen, wenn sie gesund sind; er mästet sie, um ihnen das Mark auszusaugen; er bedient sich der Haut der einen, um die anderen damit vor den Pflug zu spannen.

III. Ein Volk wird also von einem geschickten Mitbürger unterjocht, der aus dessen Dummheit und Uneinigkeit seinen Gewinn zieht, oder von einem Räuber, genannt Eroberer, welcher mit anderen Räubern gekommen ist, sich dieses Landes zu bemächtigen, der diejenigen, die ihm Widerstand leisteten, getötet hat und der die Feigen, denen er das Leben ließ, zu seinen Sklaven machte.

IV. Dieser Räuber, der das Rad verdiente, ließ sich manchmal Altäre aufrichten. Das unterworfene Volk sah in den Kindern des Räubers ein Geschlecht von Göttern; sie be trachteten eine Überprüfung ihrer Macht als Gotteslästerung und das geringste Streben nach Freiheit als ein Sakrileg.

V. Die vernunftwidrigste Art des Despotismus, die erniedrigendste für die menschliche Natur, die widersprüchlichste und die verderblichste ist die der Priester, und von allen geistlichen Regierungen ist unstreitig die der Priester der christlichen Religion die verbrecherischste. Es ist ein Hohn auf unser Evangelium, da doch Jesus an zwanzig Stellen sagt: »Viele aber werden die letzten sein, die die ersten sind, und die ersten sein, die die letzten sind; mein Reich ist nicht von dieser Welt; gleichwie des Menschen Sohn nicht gekommen ist, daß er sich dienen lasse, sondern daß er diene, etc.«

VI. Als nun unser Bischof, der es wurde, um zu dienen, nicht um bedient zu werden; der den Armen ihr Los erleichtern sollte, statt das ihnen Lebensnotwendige zu verschlingen; der lehren sollte, statt zu herrschen, wagte, sich in Zeiten der Anarchie Fürst der Stadt zu nennen, deren Hirte er bloß war, machte er sich ganz offensichtlich des Aufruhr und der Tyrannei schuldig.

VII. So haben die Bischöfe von Rom, welche als erste dieses verderbliche Beispiel gaben, in halb Europa ihre Herrschaft und ihre Sekte gleichermaßen hassenswert gemacht; so wurden mehrere Bischöfe in Deutschland manchmal zu Unterdrückern des Volkes, dem sie ein Vater sein sollten.

VIII. Warum liegt es in der Natur des Menschen, daß wir mehr Abscheu vor denen empfinden, die uns durch Betrug unterjocht haben, als vor jenen, die uns mit Waffengewalt bezwangen? Weil die Tyrannen, welche die Menschen beugten, doch zumindest Mut hatten, die aber, die sie betrogen, nichts als feige waren. Man haßt die Tapferkeit der Eroberer, aber man achtet sie; man haßt den Betrug und verachtet ihn. Haß gepaart mit Verachtung erschüttert jedes nur mögliche Joch.

IX. Da wir in unserer Stadt einen Teil des papistischen Aberglaubens abschafften, wie die Anbetung von Leichen und den Ablaß für Sünden, diese Beleidigung Gottes, für Geld Strafen zu erlassen, mit denen Gott bei Verbrechen droht, und so viele andere Erfindungen, welche die menschliche Natur abstumpften; da wir das Joch dieser ungeheuren Irrtümer zerbrachen und den papistischen Bischof verjagten, der es gewagt hatte, sich unser Herrscher zu nennen, taten wir nichts anderes, als Vernunft und Freiheit wieder in ihre Rechte einzusetzen, deren wir beraubt worden waren.

X. Wir haben die Regierung der Stadt wieder übernommen, so ungefähr, wie es unter den Römern gewesen war, und sie wurde berühmt und gefestigt durch diese Freiheit, die wir mit unserem Blute erkauft hatten. Wir haben niemals diese häßliche und erniedrigende Unterscheidung zwischen Adligen und Bürgerlichen gemacht, die ihrem Ursprung nach nichts anderes als die zwischen Herren und Sklaven bedeutet. Als Gleiche geboren, sind wir es auch geblieben; und wir haben die Ehrenämter, das heißt die öffentlichen Lasten, denen gegeben, die uns am geeignetsten schienen, sie zu tragen.

XI. Wir haben Priester eingesetzt, damit sie einzig und allein das tun, wofür sie da sind, nämlich moralische Erzieher unserer Kinder zu sein. Diese Lehrer müssen bezahlt und geachtet werden, dürfen aber weder auf die Rechtsprechung noch auf irgendeine Art von Überwachung noch auf Ehrenämter Anspruch erheben; sie dürfen sich auf keinen Fall dem Richterstand gleichsetzen. Eine kirchliche Versammlung, die so vermessen wäre, einen Bürger vor ihr knien zu lassen, spielte die Rolle eines Schulmeisters, der die Kinder züchtigt, oder eines Tyrannen, der die Sklaven straft.

XII. Es ist eine Verhöhnung der Vernunft und der Gesetze, folgende Worte auszusprechen: *bürgerliche und kirchliche Regierung*. Man muß von einer *bürgerlichen Regierung und kirchlichen Geboten* sprechen; und keines dieser Gebote darf anders als durch die bürgerliche Gewalt erlassen werden.

XIII. Die bürgerliche Regierung ist der Wille aller, ausgeführt von einem oder mehreren, kraft der Gesetze, zu denen alle beigetragen haben.

XIV. Die Gesetze, welche eine Regierung begründen, sind alle gegen den Ehrgeiz gemacht: man hat überall daran gedacht, einen Damm gegen die andrängende Flut zu errichten, die sonst das Land überschwemmte. Deshalb regeln in den Republiken die ersten Gesetze die Rechte jedes Standes; deshalb schwören die Könige bei ihrer Krönung, die Rechte ihrer Untertanen zu wahren. Es gibt in Europa nur den König von Dänemark, der durch das Gesetz selbst über den Gesetzen steht. Die versammelten Stände erklärten ihn 1660 zum unumschränkten Herrn. Sie sahen offenbar voraus, daß Dänemark für mehr als ein Jahrhundert weise und gerechte Könige haben werde. Vielleicht muß dieses Gesetz in den folgenden Jahrhunderten geändert werden.

XV. Theologen haben behauptet, die Päpste hätten von Gott die gleiche Macht auf der ganzen Erde, welche die dänischen Könige über ein kleines Stück Welt haben. Aber das sind Theologen ... Die Welt hat sie lauthals ausgepfiffen, und das Kapitol murmelte ganz leise, daß es den Mönch Hildebrand als Herrn im Allerheiligsten Gesetze verkünden sehe, wo Cato, Scipio und Cicero als Bürger sprachen.

XVI. Die Gesetze, welche die austeilende Gerechtigkeit betreffen, die Rechtswissenschaft im eigentlichen Sinn, waren überall unzureichend, zweideutig und unbestimmt, weil die Männer, die an der Spitze des Staates standen, sich stets mehr um ihre eigenen Interessen als um die öffentlichen kümmerten. In den zwölf großen Gerichtshöfen Frankreichs gibt es zwölf verschiedene Rechtswissenschaften. Was in Aragon wahr ist, ist falsch in Kastilien; was an den Ufern der Donau Recht ist, ist Unrecht an den Gestaden der Elbe. Sogar die römischen Gesetze selbst, auf die man sich heute in allen Gerichtshöfen beruft, waren manchmal widersprüchlich.

XVII. Ist ein Gesetz dunkel, müssen alle es auslegen, weil alle es promulgiert haben; es sei denn, sie haben einige damit beauftragt, die Gesetze auszulegen.

XVIII. Wenn die Zeiten sich merklich verändert haben, müssen auch manche Gesetze geändert werden. So mußte, als Triptolemos den Gebrauch des Pfluges in Athen einführte, die herkömmliche Sitte abgeschafft werden. Zu den Zeiten, als in den Akademien nur Priester lehrten und als einzige über die Terminologie der Wissenschaft verfügten, war es angemessen, daß auch nur sie allein alle Professoren ernannten: Das war die herkömmliche Sitte; aber heute, da die Laien gebildet sind, muß die weltliche Macht ihr Recht wieder wahrnehmen, alle Lehrstühle zu besetzen.

XIX. Ein Gesetz, das erlaubt, einen Bürger ohne vorhergehende Ankündigung und ohne juristische Formalitäten ins Gefängnis zu sperren, wäre in Zeiten des Aufruhrs und des Krieges erträglich; in Friedenszeiten aber ist es willkürlich und wider alles Recht.

XX. Ein Gesetz gegen den Luxus, das in einer armen Republik ohne Kunst und Gewerbe gut ist, wird sinnlos, wenn sich in der Stadt Gewerbe angesiedelt hat und sie reich geworden ist. Das hieße, das Handwerk um seinen rechtmäßigen Verdienst zu bringen, den es bei den Reichen macht; das hieße, diejenigen, die ein Vermögen erworben haben, des Naturrechts zu berauben, es zu nutzen; das hieße, jeglichen Gewerbefleiß zu ersticken, die Reichen und die Armen zugleich zu schikanieren.

XXI. Man darf dem Reichen seine Kleider genausowenig vorschreiben wie dem Armen seine Lumpen. Alle beide, in gleicher Weise Bürger, müssen gleich frei sein. Wenn ihr den Reichen verbietet, Haselhühner zu verspeisen, so beraubt ihr den Armen, der seine Familie von dem Erlös des Wildes ernährte, das er dem Reichen verkaufte. Wenn ihr nicht wollt, daß der Reiche sein Haus schmückt, so bringt ihr hundert Handwerker an den Bettelstab. Der Bürger, welcher durch seinen Aufwand den Armen demütigt, bereichert den Armen durch den gleichen Aufwand viel mehr, als er ihn demütigt. Der Arme muß für den Reichen arbeiten, damit er ihm eines Tages gleich wird.

XXII. Ein römisches Gesetz, das Lukullus geboten hätte: Verschwende nichts, hätte in Wahrheit zu Lukullus gesagt: Werde noch reicher, damit dein Enkel sich die Republik kaufen kann.

XXIII. Die Gesetze gegen den Aufwand können nur dem Hungerleider gefallen, der stolz und neidisch ist, der nicht arbeiten will noch dulden, daß diejenigen, die gearbeitet haben, genießen.

XXIV. Hat sich in den Religionskriegen eine Republik gebildet, die bei diesen Unruhen die Sekten, die ihrer eigenen feindlich gesinnt waren, von ihrem Territorium ferngehalten hat, so hat sie sich weise verhalten, weil sie sich dann als Land betrachtete, das von Pestkranken umgeben ist und fürchtet, daß man ihm die Pest einschleppe. Aber nachdem diese Zeiten der Wirrnis vorbei sind, nun, da die Toleranz der wichtigste Grundsatz aller anständigen Leute Europas geworden, ist es da nicht eine lächerliche Barbarei, einen Mann, der sich in unserem Lande niederlassen und seine Reichtümer mitbringen will, zu fragen: Welche Religion habt Ihr? Gold und Silber, Fleiß und Begabung gehören keiner Religion an.

XXV. In einer Republik, die diesen Namen verdient, ist die Freiheit, seine Gedanken zu veröffentlichen, ein natürliches Recht des Bürgers. Er kann sich seiner Feder wie seiner Stimme bedienen; es darf ihm genausowenig verboten werden zu schreiben wie zu sprechen, und die Vergehen, die er mit der Feder begeht, müssen bestraft werden wie die mit dem Wort begangenen. Solcherart ist das Gesetz Englands, einer Monarchie, wo die Menschen freier sind als anderwärts, weil sie aufgeklärter sind.

XXVI. Es sieht so aus, als ob von allen Republiken die kleinste die glücklichste sein müßte, wenn ihre Freiheit durch ihre Lage gesichert ist und es im Interesse ihrer Nachbarn liegt, sie zu erhalten. Die Bewegung scheint in einer kleinen Maschine einfacher und gleichförmiger zu sein als in einer großen, deren Triebwerk komplizierter ist und wo stärkere Reibungskräfte den Lauf der Maschine unterbrechen. Da aber der Hochmut in allen Köpfen spukt, da der Wille, seinesgleichen zu beherrschen, die Hauptleidenschaft des menschlichen Gemütes ist, da, wenn man einander näher kommt, man sich auch mehr hassen kann, geschieht es manchmal, daß ein kleiner Staat mehr von Unruhen geschüttelt wird als ein großer.

XXVII. Welches ist das Heilmittel für dieses Übel? Die Vernunft, die sich am Ende Gehör verschafft, wenn die Leidenschaften des Schreiens müde geworden sind. Dann geben beide Parteien ein wenig in ihren Ansprüchen nach, aus Furcht vor Schlimmerem; aber dafür braucht es Zeit.

XXVIII. In einer kleinen Republik kann sich das Volk eher Gehör verschaffen als in einer großen, weil es leichter ist, tausend versammelte Personen zur Vernunft zu bringen als vierzigtausend. Daher wäre es sehr gefährlich gewesen, Venedig regieren zu wollen, das so lange den Krieg gegen das ottomanische Reich ausgehalten hat, wie Saint-Martin es wollte, der niemals mehr als eine Mühle erobern konnte, die es gezwungen war zu übergeben.

XXIX. Es ist recht merkwürdig, daß der Verfasser des *Contrat social* auf den Gedanken verfällt, das ganze englische Volk müßte im Parlament sitzen und es höre auf, frei zu sein, wenn sein Recht darin bestehe, sich im Parlament von Abgeordneten vertreten zu lassen. Möchte er, daß drei Millionen Bürger nach Westminster kommen, um abzustimmen? Erscheinen denn die Bauern in Schweden anders als durch einen Abgeordneten?

XXX. Es heißt in dem gleichen *Contrat social*, daß »die Monarchie nur reichen Nationen angemessen ist; die Aristokratie den an Größe und Reichtum mittleren Staaten, die Demokratie den kleinen und armen« (Buch III, Kap. 7).
Aber im 14., 15., und zu Beginn des 16. Jahrhunderts waren die Venetier das einzige reiche Volk. Noch immer leben sie in großem Wohlstand; dennoch war Venedig niemals eine Monarchie und wird auch niemals eine werden. Die römische Republik war von den Scipionen bis zu Caesar auch sehr reich. Lucca ist klein und nicht sehr reich und hat eine Aristokratie; das stattliche und kunstreiche Athen war ein demokratischer Staat.
Wir haben sehr viele Bürger und eine Regierung, die eine Mischform von Demokratie und Aristokratie darstellt. Man sollte sich also vor diesen verallgemeinernden Regeln hüten, die ihre Existenz allein der Feder eines Schriftstellers verdanken.

XXXI. Der gleiche Schriftsteller drückt sich, wenn er von den verschiedenen Regierungsformen spricht, folgendermaßen aus: »Der eine findet es schön, daß die Nachbarn einen fürchten, der andere hat es lieber, daß sie einen gar nicht beachten; der eine ist zufrieden, wenn das Geld rollt, der andere verlangt, daß das Volk Brot habe« (Buch III, Kap. 9).
Dieser ganze Abschnitt erscheint kindisch und widersprüch-

lich. Soll man von den Nachbarn nicht beachtet werden?
Wie kann man in Sicherheit leben, wenn eure Nachbarn
nicht wissen, daß es gefährlich ist, euch anzugreifen? Und
wie soll der gleiche Staat, der dafür sorgt, daß er gefürchtet
wird, nicht beachtet werden? Und wie soll das Volk Brot
haben, wenn kein Geld im Umlauf ist? Der Widerspruch ist
doch offensichtlich.

XXXII. »Sobald das Volk als souveräner Körper gesetzlich
versammelt ist, erlischt jegliche Gerichtsbarkeit der Regierung; die exekutive Gewalt ist ausgesetzt, etc.« (Buch III,
Kap. 14). Diese These des *Contrat social* wäre verhängnis-
voll, wäre sie nicht offensichtlich falsch und unsinnig. Tritt
in England das Parlament zusammen, so wird keinerlei Gerichtsbarkeit eingestellt; und auch in dem kleinsten Staat
muß, wenn während der Parlamentssitzung ein Mord oder
ein Diebstahl begangen wird, der Verbrecher den Justiz-
beamten ausgeliefert werden. Sonst wäre eine Volksver-
sammlung eine feierliche Einladung zum Verbrechen.

XXXIII. »In einem wahrhaft freien Staat tun die Staatsbürger alles mit ihrem Arm und nichts mit Geld« (Buch III,
Kap. 15). Diese These des *Contrat social* ist einfach töricht.
Eine Brücke muß gebaut werden, eine Straße gepflastert;
sollen dann die Richter, die Kaufleute und die Priester die
Brücke konstruieren und die Straße pflastern? Der Verfasser
würde sicherlich nicht über eine Brücke gehen wollen, die
von ihren Händen erbaut ist. Diese Idee ist eines Hausleh-
rers würdig, der einen jungen Mann zu erziehen hat und ihn
das Handwerk des Tischlers erlernen läßt; aber nicht alle
Menschen müssen Handwerker werden.

XXXIV. »Die Sachwalter der exekutiven Gewalt sind nicht die Herren des Volkes, sondern seine Beauftragten. Es kann sie einsetzen und absetzen, wann es ihm beliebt. Es kommt für sie nicht in Frage, einen Vertrag abzuschließen, sondern sie haben zu gehorchen« (Buch III, Kap. 18).

Es ist wahr, daß die Magistratspersonen nicht die Herren des Volkes sind, die Gesetze sind die oberste Gewalt; aber der Rest ist absolut falsch; so ist es in allen Staaten, so ist es bei uns. Wir haben, wenn wir zusammengetreten sind, das Recht, die Magistratspersonen und die Gesetze, die man uns vorschlägt, abzulehnen oder zu billigen; wir haben aber nicht das Recht der Anarchie. Selbst der König von Frankreich kann einen Staatsbeamten, wenn er ihn einmal bestallt hat, nur absetzen, wenn er ihm den Prozeß macht. Der englische König kann eine Pairswürde, die er verliehen hat, nicht wieder entziehen. Der Herrscher kann nicht nach Belieben einen Fürsten absetzen, den er dazu gemacht hat. Man setzt die Beamten auf Widerruf nicht vor Ablauf ihrer Amtszeit ab. Es ist genausowenig erlaubt, einen Staatsbeamten willkürlich zu entlassen, wie einen Bürger nach Lust und Laune einzusperren.

XXXV. »Denn es ist ein Irrtum, die Regierung von Venedig für eine wahrhafte Aristokratie zu halten. Zwar hat das Volk keinen Anteil an der Regierung, aber der Adel ist dort selbst Volk. Eine Menge von armen Barnaboten kommt nie an irgendein Amt heran« (Buch IV, Kap. 3).

All dies ist von empörender Falschheit. Es ist hier nicht das erste Mal, daß behauptet wird, Venedig habe keine gänzlich aristokratische Regierung gehabt. Das ist fürwahr eine Narrheit, aber sie würde im venetianischen Staat hart bestraft. Es ist falsch, daß die Senatoren, die der Verfasser mit dem verächtlichen Namen Barnaboten zu belegen wagt, niemals Ämter innegehabt hätten; ich könnte ihm mehr als fünfzig nennen, welche die wichtigsten Stellen eingenommen haben.

Was er anschließend sagt, daß nämlich »unsere Bauern die Untertanen des Festlandes der Republik von Venedig darstellen«, ist auch nicht richtiger. Unter diesen Untertanen des Festlandes finden sich in Verona, Vicenza, Brescia und vielen anderen Städten Männer des ältesten Adels, von denen mehrere die Armee befehligten.

So viel Unwissenheit, gepaart mit so viel jedes gebildeten Mannes unwürdiger Überheblichkeit! Wenn diese anmaßende Unwissenheit die venetianischen Adligen mit so viel Schimpf überschüttet, dann fragt man sich, welcher Machthaber sich so weit vergessen hat? Wenn man schließlich erfährt, wer der Verfasser dieses Unsinns ist, so begnügt man sich damit zu lachen.

XXXVI. »Statt dessen arrivieren in der Monarchie meistens nur kleine Zänker, kleine Gauner, kleine Ränkeschmiede, denen die kleinen Talente, die an den Höfen zu den höchsten Stellen führen, nur dazu dienen, der Öffentlichkeit ihre Unfähigkeit zu zeigen, sobald sie zu diesen Stellen gelangt sind« (Buch III, Kap. 6).

Dieser Wust von kleinen zynischen Bemerkungen ist einem Werk über die Regierung, das mit der Würde der Weisheit geschrieben werden muß, keineswegs angemessen. Wenn ein Mann, wer dies auch immer sein mag, sich zutraut, Lehren über die öffentliche Verwaltung zu verbreiten, so muß er klug und unparteiisch erscheinen wie die Gesetze selbst, von denen er redet.

Wir geben betrübt zu, daß in den Republiken wie in den

Monarchien die Intrige zu den Ämtern verhilft. In Rom gab es Leute wie Verres, Milo, Claudius, Lepidus; aber wir sind auch gezwungen einzugestehen, daß keine moderne Republik sich rühmen könnte, solche Minister wie Oxenstjerna, Sully, Colbert und die großen Männer, die Elisabeth von England auswählte, hervorgebracht zu haben. Spotten wir weder über die Monarchien noch über die Republiken.

XXXVII. »Der Zar Peter besaß das Genie der Nachahmung, er besaß nicht das echte Genie, jenes, das schöpferisch ist und alles aus dem Nichts erschafft. Manche Dinge, die er tat, waren gut, die Mehrzahl war fehl am Platz ... Die Tataren, seine Untertanen oder Nachbarn, werden seine und unsere Herren werden. Diese Umwälzung erscheint mir unvermeidlich« (Buch II, Kap. 8).
Es erscheint ihm unvermeidlich, daß elende Tatarenhorden, die sich im letzten Stadium des Verfalls befinden, unverzüglich ein Reich unterwerfen werden, das von zweihunderttausend Soldaten verteidigt wird, die zu den besten Truppen Europas gehören. Hat das Jahrbuch des *Courrier boiteux* niemals solche Voraussagen gemacht? Der Hof von Petersburg wird uns als große Astrologen betrachten, wenn man dort erfährt, daß einer unserer Uhrmachergesellen die Stunde bestimmt hat, zu der das russische Kaiserreich zerstört werden wird.

XXXVIII. Wenn man sich die Mühe machte, dieses Buch vom *Contrat social* aufmerksam zu lesen, so fände man keine Seite, auf der es nicht Irrtümer oder Widersprüche gibt. So zum Beispiel in dem Kapitel über die Staatsreligion: »Zwei Völker, die einander fremd und fast immer feindlich waren, konnten nicht ein und denselben Gott anerkennen;

zwei Armeen, die sich Schlachten lieferten, konnten nicht demselben Führer gehorchen. Mithin ergab sich aus nationalen Entzweiungen der Polytheismus und daraus die theologische und gesellschaftliche Intoleranz, die ihrer Natur nach gleich sind« (Buch IV, Kap. 8).

Soviele Wörter, so viele Irrtümer: die Griechen, die Römer, die Völker von Groß-Griechenland erkannten zwar die gleichen Götter an, führten aber dennoch gegeneinander Krieg; sie verehrten gleicherweise die Götter majorum gentium, Jupiter, Juno, Mars, Minerva, Merkur etc. Die Christen führten gegeneinander Krieg und verehrten den gleichen Gott. Der Polytheismus der Griechen und Römer war keineswegs die Folge ihrer Kriege; sie waren alle Polytheisten, noch bevor sie Händel miteinander hatten; schließlich gab es bei ihnen niemals so etwas wie bürgerliche und theologische Intoleranz.

XXXIX. »Eine Gesellschaft von wahren Christen würde nämlich keine Gesellschaft von Menschen mehr sein.« Eine solche Behauptung ist recht merkwürdig. Will der Verfasser sagen, daß es sich dann um eine Gesellschaft von Tieren oder eine von Engeln handelte? Bayle hat die Frage, ob die Christen zur Zeit der Früh-Kirche Philosophen, Politiker, Krieger sein konnten, sehr ausführlich abgehandelt. Dabei ist diese Frage ziemlich müßig. Aber man will Bayle überbieten, man wiederholt, was er gesagt hat; und in der Furcht, nur ein Plagiator zu sein, benutzt man gewagte Begriffe, die im Grunde nichts bedeuten: Denn wie auch immer die Glaubenssätze der Völker lauten, sie werden immer Krieg führen.

Bei uns hat man dieses Buch verbrannt. Es zu verbrennen war vielleicht eine ebenso widerwärtige Tat, wie es zu

besser keine Notiz nimmt. Wenn dieses Buch gefährlich wäre,
schreiben. Es gibt Dinge, von denen eine kluge Verwaltung
hätte man es widerlegen müssen. Ein vernünftiges Buch zu
verbrennen heißt sagen: Wir haben nicht genug Geist, um
zu antworten. Bücher beleidigenden Inhalts müssen verbrannt und ihre Verfasser streng bestraft werden, denn eine
Beleidigung ist ein Vergehen. Ein schlechtes Argument hingegen ist nur dann ein Verbrechen, wenn es unverkennbar
zum Aufruhr aufhetzt.

XL. Ein Gericht muß feststehende Gesetze für Straftat-
bestände wie für Tatbestände des bürgerlichen Rechts haben; nichts darf der Willkür überlassen bleiben, noch viel
weniger, wenn es sich um Leben und Ehre handelt, als wenn
um Geld geklagt wird.

XLI. Ein Strafgesetzbuch ist für die Bürger wie für die
Richter unbedingt notwendig. Die Bürger können sich dann
niemals über die Urteile beklagen, und die Richter brauchen
nicht zu fürchten, Haß auf sich zu ziehen; denn es wird nicht
nach ihrem Willen geurteilt, sondern nach dem Gesetz. Es
muß eine Gewalt geben, die allein nach dem Gesetz urteilt,
und eine andere, die begnadigt.

XLII. Was die Finanzen betrifft, weiß man recht gut, daß
es die Angelegenheit der Bürger ist, zu zahlen, was sie für
die Ausgaben des Staates glauben aufwenden zu müssen;
man weiß recht gut, daß die Steuerverwalter sparsam mit
ihnen umgehen und sie bei großen Anlässen mit Würde gewähren müssen. In diesem Punkt ist unserer Republik nichts
vorzuwerfen.

XLIII. Es gab niemals eine vollkommene Regierung, weil die Menschen Leidenschaften haben; und wenn sie keine Leidenschaften hätten, brauchte man keine Regierung. Die erträglichste von allen ist zweifellos die republikanische, weil sie die Menschen der natürlichen Gleichheit am nächsten bringt. Jeder Familienvater soll Herr in seinem Hause sein, aber nicht in dem seines Nachbarn. Setzt sich eine Gesellschaft aus mehreren Häusern und mehreren Ländereien zusammen, die mit ihnen verbunden sind, so ist es widersprüchlich, daß ein einziger Mensch Herr aller dieser Häuser und Ländereien sei; es liegt in der Natur, daß zum Wohl der Gesellschaft ein jeder Hausherr seine eigene Stimme habe.

XLIV. Sollen aber auch die eine Stimme in dieser Gesellschaft haben, die weder Land noch Haus besitzen? Sie sind dazu genausowenig berechtigt wie ein von den Kaufleuten bezahlter Commis dazu, deren Geschäfte zu führen; aber sie können beteiligt werden, sei es dafür, daß sie Dienste geleistet haben, oder sei es, weil sie für ihre Beteiligung bezahlt haben.

XLV. Dieses Land, das gemeinschaftlich regiert wird, muß reicher sein und mehr Bevölkerung haben, als wenn es von einem Herrn regiert würde. Denn da in einer wahren Republik jeder des Eigentums an seinem Vermögen und seiner Person sicher ist, arbeitet er mit Zuversicht für sich selbst; und indem er seine Lage verbessert, verbessert er die der Allgemeinheit. Unter einem Herrscher kann das Gegenteil eintreten. Ein Mensch ist manchmal sehr erstaunt zu erfahren, daß weder seine Person noch sein Vermögen ihm gehören.

XLVI. Setzt man ein Land von gleicher Größe und Güte voraus, dann muß eine protestantische Republik um ein Zwölftel reicher sein, mehr Gewerbe und Bevölkerung haben als eine papistische, aus dem Grund nämlich, daß es in einem papistischen Land dreißig Feiertage gibt, die dreißig Tage Müßiggang und Ausschweifung bedeuten, und dreißig Tage sind der zwölfte Teil des Jahres. Wenn es in diesem papistischen Land ein Zwölftel Priester, angehende Priester, Mönche und Nonnen gibt, wie in Köln, ist es klar, daß ein protestantisches Land mit der gleichen Ausdehnung eine noch um mehr als ein Zwölftel größere Bevölkerung haben muß.

XLVII. Die Register des obersten Rechnungshofes der Niederlande, die sich augenblicklich in Lille befinden, geben an, daß Philipp II. nicht einmal achtzigtausend Taler aus den sieben vereinigten Provinzen bezog. Durch eine Vermögenserhebung allein der Provinz Holland im Jahre 1700 weiß man, daß ihre Einkünfte auf 22 241 339 Gulden gestiegen waren, die in Frankreich einen Betrag von 46 706 811 Livres und 18 Sous darstellen. Das ist ungefähr das, was der König Spaniens zu Beginn des Jahrhunderts besaß.

XLVIII. Man vergleiche, was wir zu Zeiten unseres Bischofs waren und was wir heute sind. Wir schliefen in armseligen Hütten, wir aßen von Holztellern in unseren Küchen; unser Bischof hatte als einziger Silbergeschirr und bewegte sich mit vierzig Pferden in seiner Diözese, die er seinen Staat nannte. Heute gibt es Bürger, die dreimal sein Einkommen haben, und wir besitzen in Stadt und Land sehr viel schönere Häuser als jenes, das er seinen Palast nannte, woraus wir ein Gefängnis gemacht haben.

XLIX. Die Hälfte des Schweizer Bodens besteht aus Felsen und Abgründen, die andere ist wenig fruchtbar; als aber freie Hände, endlich von aufgeklärten Geistern geführt, dieses Land bestellten, begann es zu blühen. Das Land des Papstes hingegen, von Orvieto bis Terracina, in der Ausdehnung mehr als 120 Meilen des Weges, ist unbebaut, unbewohnt und durch den Mangel ungesund geworden; man kann dort einen ganzen Tag reisen, ohne einem Menschen oder einem Tier zu begegnen. Es gibt mehr Priester als Bauern, man ißt dort kaum anderes Brot als Oblaten. Das ist das Land, das zu Zeiten der alten Römer von reichen Städten, prachtvollen Häusern, Getreidefeldern, Gärten und Amphitheatern bedeckt war. Fügen wir zu diesem Kontrast noch hinzu, daß sechs Schweizer Regimenter in fünfzehn Tagen den ganzen Staat des Papstes erobern könnten. Hätte dies jemand Caesar vorausgesagt, als er gerade nebenbei die Schweizer in einer Stärke von ungefähr vierhunderttausend geschlagen hatte, er wäre sehr verwundert gewesen.

L. Es ist vielleicht nützlich, daß es zwei Parteien in einer Republik gibt, weil dann eine über die andere wacht, und die Menschen brauchen Überwachung. Es ist vielleicht nicht so schmählich, wie man glaubt, daß eine Republik Vermittler braucht. Dies beweist in Wahrheit nur, daß beide Seiten standhaft sind; aber es beweist auch, daß auf beiden Seiten sehr viel Geist, viel Vernunft, viel Scharfsinn aufgewandt wurde, um die Gesetze in verschiedenem Sinne zu interpretieren; dann braucht es unbedingt Schiedsrichter, welche die strittigen Gesetze klarlegen, die sie, wenn nötig, ändern und gegen neue Änderungen absichern, soweit dies möglich ist. Man hat tausendfach gesagt, daß die Staatsmacht immer wachsen und das Volk immer klagen will; daß man weder

allen seinen Vorstellungen nachkommen noch sie alle zurück-
weisen muß; daß es sowohl für die Macht wie für die Freiheit eine Schranke geben muß; daß man die Waage im
Gleichgewicht halten muß. Aber wo ist der Haltepunkt?
Wer setzt ihn fest? Dies wird ein Meisterwerk der Vernunft
und der Unparteilichkeit sein.

LI. Die Beispiele sind irreführend, die Schlüsse, die er daraus zieht, oft schlecht darauf bezogen; die Zitate, welche
diesen Schlüssen Geltung verschaffen sollen, sind häufig
falsch. »Das Wesen der Ehre«, sagt Montesquieu, »besteht
darin, Vorzüge und Auszeichnungen zu fordern. Die Ehre
ist also durch die Sache selbst in der monarchischen Regierungsform angebracht« (Buch III, Kap. 7). Der Verfasser
vergißt, daß man in der römischen Republik das Konsulat,
den Triumph, Huldigungen, Kronen und Statuen begehrte.
Es gibt keine noch so kleine Republik, wo man nicht nach
Ehren strebte.

LII. Dieser in seinen scharfsinnigen und tiefen Gedanken so
erhabene Mann, von blendendem Verstande sprühend, hat
es nicht vermocht, seinen Geist der notwendigen Ordnung
und Methode zu unterwerfen. Sein großes Licht verhindert,
daß die Gegenstände klar und deutlich unterschieden sind;
und wenn er zitiert, hält er fast immer seine Einbildungskraft für sein Gedächtnis. Er behauptet, daß in dem Testament, welches dem Kardinal Richelieu zugeschrieben wird,
gesagt sei, daß, »wenn sich im Volk irgendein unglücklicher
anständiger Mensch findet, man sich keineswegs seiner bedienen sollte; so gewiß wie die Tugend nicht die Triebfeder der monarchischen Regierung sein kann.« (Buch III,
Kap. 6).

Das fälschlicherweise Kardinal Richelieu zugeschriebene Testament sagt aber genau das Gegenteil. Es heißt wie folgt im Kapitel 4: »Man kann getrost sagen, daß von zwei Personen, die an Verdienst gleich sind, diejenige, deren Geschäfte gut gehen, der anderen vorzuziehen ist, daß ein armer Richter eine Seele von besonderer Härte haben muß, um sich nicht manchmal durch die Beachtung der eigenen Interessen erweichen zu lassen. Auch lehrt uns die Erfahrung, daß die Reichen weniger für die Veruntreuung öffentlicher Gelder anfällig sind als andere und daß die Armut einen armen Beamten zwingt, sehr sorgfältig mit dem öffentlichen Geld umzugehen.«

LIII. Montesquieu, so muß man leider zugeben, zitiert die griechischen Autoren nicht besser als die französischen. Er läßt sie alle häufig das Gegenteil von dem sagen, was sie geschrieben haben. So behauptet er, als er über die Lage der Frauen unter den verschiedenen Regierungen spricht, oder vielmehr verspricht, darüber zu reden, daß bei den Griechen die Liebe nur eine Form gekannt habe, die man nicht zu nennen wage (Buch VII, Kap. 10). Er verschwendet keine Überlegung darauf, daß Plutarch mehrere Gesprächspartner miteinander reden läßt. Es gibt da einen Protogenes, der gegen die Frauen eifert, aber Daphneus ergreift ihre Partei; und Plutarch entscheidet sich für Daphneus. Er hält eine sehr schöne Lobrede auf die himmlische und die eheliche Liebe; er endet damit, daß er mehrere Beispiele für die Treue und den Mut der Frauen erzählt. In diesem Dialog findet man sogar die Geschichten von Camma und Eponine, der Frau des Sabinus, deren Tugenden als Gegenstand vieler Theaterstücke gedient haben.

Schließlich ist es klar, daß Montesquieu im *Geist der Gesetze*

den Geist der Griechen verleumdet hat, wenn er einen Ein-
wand, den Plutarch zurückweist, für ein Gesetz ausgibt, das
Plutarch befürwortet.

LIV. »Die Kadis waren der Meinung, daß der Sultan keineswegs verpflichtet ist, sein Wort und seinen Eid zu halten,
wenn er dadurch seine Macht einschränkt« (Buch III,
Kap. 9).
Ricaut, der an dieser Stelle zitiert wird, sagt auf S. 18 der
Ausgabe von Amsterdam 1671 nur: »Es gibt sogar einige
dieser Leute, die behaupten, daß der Sultan sich von Versprechen, die er mit seinem Eid bekräftigt hat, frei machen
kann, wenn er, um sie zu erfüllen, seine Macht einschränken
müßte.«
Diese Aussage ist ziemlich unbestimmt. Der türkische Sultan
kann nur seinen Untertanen oder benachbarten Mächten
Versprechungen machen. Handelt es sich um Versprechungen, die er seinen Untertanen macht, so leistet er dabei keinen Eid; sind es aber Friedensverträge, so muß er sie halten
wie andere Fürsten auch oder Krieg führen. Im Koran findet
sich keine Stelle, die besagt, daß man seinen Eid brechen
dürfe, aber hundert, daß man ihn halten müsse. Es kann
jedoch sein, daß um einen ungerechten Krieg zu beginnen,
wie es fast alle sind, der Sultan einen Rat zur Gewissens-
erforschung einberuft, wie es mehrere christliche Fürsten gemacht haben, damit das Böse mit gutem Gewissen getan
werden könne. Es kann sein, daß manche mohammedanische
Gelehrte die katholischen Doktores nachgeahmt haben, die
sagten, daß man gegenüber Ungläubigen und bei Ketzern
sein Wort nicht zu halten brauche. Aber es bleibt noch in
Erfahrung zu bringen, ob diese Rechtsprechung die der Türken ist.

Der Verfasser vom *Geist der Gesetze* führt diese angebliche Entscheidung der Kadis als Beweis für den Despotismus des Sultans an. Es scheint im Gegenteil eher ein Beweis dafür zu sein, daß er den Gesetzen unterworfen ist, da er ja verpflichtet wäre, die Gelehrten zu Rate zu ziehen, um sich über die Gesetze zu stellen. Wir sind Nachbarn der Türken, wir treiben mit ihnen Handel, und wir kennen sie nicht. Der Graf von Marsigli, der fünfundzwanzig Jahre in ihrer Mitte gelebt hat, sagt, daß keiner eine wirkliche Kenntnis über ihr Reich noch über ihre Gesetze vermittelt habe. Wir hatten sogar keine einzige erträgliche Übersetzung des Korans vor jener, die Sale 1734 gemacht hat. Fast alles, was man über ihre Religion und ihre Rechtsprechung sagte, ist falsch, und die Schlüsse, die man alle Tage daraus gegen sie zieht, sind zu wenig begründet. Man darf in einer Untersuchung der Gesetze nur die anerkannten Gesetze zitieren.

LV. »Der ganze niedere Handel war bei den Griechen ehrlos« (Buch IV, Kap. 8). Ich weiß nicht, was der Verfasser unter niederem Handel versteht, aber ich weiß, daß in Athen alle Bürger handelten, daß Platon Öl verkaufte und daß der Vater des Demagogen Demosthenes Eisenhändler war. Die Mehrheit der Arbeiter waren Fremde oder Sklaven. Es ist uns wichtig anzumerken, daß, ausgenommen die Spartaner, die keinerlei Handel trieben, in den Republiken der Handel mit den Ehrenämtern keineswegs unvereinbar war.

LVI. »Ich habe häufig die Blindheit des Rates von Franz I. beklagen hören«, sagt er, »der Christoph Columbus barsch abwies, als er ihm Indien anbot« (Buch IV, Kap. 19). Sie werden bemerken, daß Franz I. noch nicht geboren war, als Columbus die Inseln Amerikas entdeckte.

LVII. Da es sich hier um den Handel dreht, bemerken wir, daß der Verfasser eine Anordnung des Rates von Spanien verurteilt, die verbietet, Gold und Silber zu Verzierungen zu verwenden: »Ein derartiges Dekret«, sagt er, »ähnelte einem, mit dem die Holländer den Verbrauch des Zimtes verböten« (ibid.). Er denkt nicht daran, daß die Spanier, weil sie keinerlei Manufakturen besaßen, Galanteriewaren und Stoffe vom Ausland gekauft hätten, aber die Holländer den Zimt nicht hätten kaufen können. Was in Spanien sehr vernünftig war, wäre in Holland sehr lächerlich gewesen.

LVIII. Es ist, so scheint es mir, ein weiterer großer Mißgriff, die Gesetze von Bantam, Pegu, Kochinchina und Borneo zu zitieren, um uns Einsichten zu beweisen, die solche Beispiele nicht nötig haben. Der hochberühmte Verfasser vom *Geist der Gesetze* verfällt häufig dieser Manier. Er sagt uns, daß »in Bantam der König die ganze Hinterlassenschaft eines Familienvaters an sich nimmt, das Haus, die Frau und die Kinder«; dies findet sich, sagt er, in einer Reisebeschreibung (Buch XV, Kap. 18). Aber so etwas ist unmöglich, denn nach zwei Generationen würden sonst dem König alle Häuser und alle Frauen gehören. Ein Reisender erzählt häufig Dinge, die ein Mann, der als Gesetzgeber schreibt, nie wiederholen darf.

LIX. Der gleiche Autor behauptet, daß in Tonking alle Beamten und alle höheren Offiziere Eunuchen seien und daß bei den Lamas das Gesetz den Frauen erlaube, mehrere Männer zu haben (Buch XVI, Kap. 5). Wenn diese Märchen wahr wären, was folgte daraus? Würden unsere Beamten deshalb Eunuchen werden und nur der vierte oder fünfte bei den Damen Rätinnen sein wollen?

LX. In einem Werk über die Gesetzgebung darf es weder gewagte Vermutungen noch Beispiele, die von unbekannten Völkern stammen, noch Gedankensprünge oder Abschweifungen vom Gegenstand geben. Was hat es mit unseren Gesetzen, mit unserer Verwaltung zu tun, »daß es außer dem Cirus keinen schiffbaren Fluß in Persien gibt«? Der Verfasser durfte zweifellos nicht den Tigris, den Euphrat, den Arax, den Phasis und den Oxus vergessen. Aber zu was dient es, eine so falsche Geographie auszubreiten, wenn man mit uns nur von unseren Interessen reden sollte?

LXI. Warum soll man seine Zeit damit vergeuden, sich über die angeblichen Flotten Salomos, die von Esiongaber in Afrika geschickt wurden, die märchenhaften Reisen vom Roten Meer bis zum Golf von Bayonne und die noch märchenhafteren Reichtümer von Sofala Irrtümern hinzugeben? Welche Beziehungen haben alle diese irreführenden Abschweifungen mit dem *Geist der Gesetze*?
Ich erwartete zu erfahren, wie die päpstlichen Verfügungen die ganze Rechtsprechung des alten römischen Rechtes veränderten; durch welche Gesetze Karl der Große sein Reich regierte und wie die Anarchie der feudalen Regierungsform es zerrüttete; durch welche Kunstgriffe und welche Verwegenheit Gregor VII. und seine Nachfolger die Gesetze der Königreiche und großen Lehen unter dem Ring des Fischers zugrunde richteten und durch welche Umwälzungen man es schließlich erreicht hat, die päpstliche Gesetzgebung abzuschaffen; ich hoffte, den Ursprung des Amtes der Vögte kennen zu lernen, die seit den Ottonen fast überall Recht sprachen, und den der Gerichtshöfe, die Parlament, Audienz, Bank des Königs oder Schatzkammergericht genannt werden; ich wünschte die Geschichte der Gesetze kennenzuler-

nen, unter denen unsere Vorväter und ihre Kinder gelebt haben; die Gründe, derentwegen sie erlassen, vernachlässigt, abgeschafft und wieder erneuert wurden; ich suchte einen Faden in diesem Labyrinth; der Faden aber zerreißt in jedem Abschnitt. Ich wurde enttäuscht, ich fand den Geist des Autors, der davon sehr viel hat, und selten den Geist der Gesetze. Er hüpft eher, als daß er vorangeht; er unterhält eher, als daß er aufklärt; er spottet eher, als daß er urteilt; und man wünscht sich, daß ein solch bedeutender Geist immer mehr versucht hätte zu belehren als zu verblüffen.

Dieses fehlerhafte Buch steckt voller bewundernswerter Dinge, von denen man abscheuliche Kopien hergestellt hat. Die Fanatiker haben es gerade wegen der Stellen beschimpft, die den Dank des Menschengeschlechtes verdienen.

LXII. Ungeachtet seiner Mängel sollte dieses Werk den Menschen immer teuer sein, weil der Verfasser aufrichtig sagt, was er denkt, anstatt wie die Mehrheit der Schriftsteller seines Landes, angefangen bei dem großen Bossuet, häufig zu schreiben, was sie nicht dachten. Er hat überall die Menschen daran erinnert, daß sie frei sind; er zeigt, welches die Rechte der menschlichen Natur sind, die sie im größten Teil der Welt verloren haben; er bekämpft den Aberglauben und stärkt die Moral.

LXIII. Wird man durch Bücher, die den Aberglauben zerstören und die Tugend liebenswert machen, dahin gelangen, die Menschen zu verbessern? Ja, wenn die jungen Leute diese Bücher mit Aufmerksamkeit lesen, werden sie vor jeder Art von Fanatismus bewahrt werden: Sie werden erkennen, daß der Frieden die Frucht der Toleranz und das wahre Ziel jeder Gesellschaft ist.

LXIV. Die Toleranz ist für die Politik genauso notwendig wie für die Religion, allein der Hochmut ist unduldsam. Er ist es, der die Gemüter aufbringt, wenn er sie zwingen will, wie wir zu denken. Dies ist die heimliche Quelle aller Streitigkeiten.

LXV. Die Höflichkeit, die Besonnenheit, die Duldsamkeit festigen die Einigkeit unter Freunden und in den Familien. Sie werden in einem kleinen Staat, der eine große Familie ist, die gleiche Wirkung tun.

Kommentar zu dem Buch »Über Verbrechen und Strafen«

von einem Anwalt aus der Provinz

I. Anlaß dieses Kommentars

Ich war erfüllt von der Lektüre des kleinen Buches *Über Verbrechen und Strafen**, welches in der Morallehre das darstellt, was in der Medizin die wenigen Arzneimittel sind, durch die unsere Leiden erleichtert werden können. Ich rechnete damit, daß dieses Werk den Rest von Barbarei in der Rechtspflege so vieler Völker tilgen würde; ich hoffte auf eine gewisse Verbesserung der menschlichen Gattung, als ich Mitteilung davon erhielt, daß man in einer Provinz gerade ein achtzehnjähriges schönes und wohlgestaltetes und mit nützlichen Fähigkeiten begabtes Mädchen gehängt hatte, das aus einer sehr rechtschaffenen Familie stammte.

Ihr Vergehen bestand darin, sich schwängern zu lassen, und mehr noch darin, die Frucht verlassen zu haben. Dieses unglückselige Mädchen flieht aus dem elterlichen Hause und wird von den Geburtswehen überrascht; sie entbindet allein und ohne Hilfe bei einer Quelle. Die Scham, die in diesem Geschlecht ein heftiger Drang ist, gibt ihr genügend Kraft, zum Hause ihres Vaters zurückzukehren und ihren Zustand zu verstecken. Sie ließ also ihr Kind liegen, man

---

* Der Autor des Buches ist Cesare Beccaria (1738-1794). (Anm. d. Hrsg.)

findet es tot am nächsten Morgen; die Mutter wird entdeckt, zum Galgen verurteilt und hingerichtet.

Der erste Fehltritt dieses Mädchens sollte entweder ein Geheimnis der Familie bleiben oder verdiente nur den Schutz der Gesetze, denn es gehörte sich für den Verführer, dem von ihm verursachten Übel abzuhelfen, weil die Schwäche ein Recht auf Nachsicht hat, weil alles zugunsten eines Mädchens spricht, deren bekanntgewordene Schwangerschaft ihren Ruf befleckt und für welches die Mühe, ihr Kind großzuziehen, ein großes Unglück mehr ist.

Der zweite Fehler ist sträflicher: Sie verläßt die Frucht ihrer Schwäche und setzt sie dem Verderben aus.

Aber muß man, weil ein Kind gestorben ist, unbedingt die Mutter töten? Sie hatte es doch nicht umgebracht; vielmehr konnte sie damit rechnen, daß irgendein Vorübergehender sich des unschuldigen Geschöpfes erbarmen würde. Sie konnte sogar die Absicht gehabt haben, ihr Kind wieder aufzusuchen und ihm die notwendige Hilfe angedeihen zu lassen. Dieses Gefühl ist so natürlich, daß man es im Herzen einer Mutter voraussetzen muß. In der Provinz, von der ich rede, ist das Gesetz ausdrücklich gegen das Mädchen. Aber ist dieses Gesetz nicht ungerecht, unmenschlich und verderblich? Ungerecht, weil es nicht zwischen Kindestötung und Aussetzen unterscheidet; unmenschlich, insofern es eine Unglückliche grausam zu Tode bringt, der nichts vorzuwerfen ist als ihre Schwäche und ihr Bemühen, ihr Unglück zu verstecken; verderblich, insofern es die Gesellschaft einer Bürgerin beraubt, die in einer Provinz, wo man sich über die Entvölkerung beklagt, dem Staat Untertanen würde geboren haben.

Die Wohltätigkeit hat in diesem Land noch keinerlei mildtätige Häuser errichtet, in denen ausgesetzte Kinder groß-

34

gezogen werden. Und wo die Wohltätigkeit fehlt, sind die
Gesetze immer grausam. Es wäre besser, diesen Übeln, die
ziemlich alltäglich sind, zuvorzukommen, als sich darauf zu
beschränken, sie zu bestrafen. Die wahre Rechtsgelehrsamkeit besteht darin, die Verbrechen zu verhindern und nicht
einem schwachen Geschlecht den Tod zu geben, wenn sein
Fehltritt offensichtlich nicht von Bosheit begleitet war, es
ihm vielmehr schwer angekommen ist, den Trieben seines
Herzens zu widerstehen.

Versichert, soviel ihr könnt, einen jeden, der versucht sein
könnte, Übles zu tun, eines Rückhaltes, und ihr werdet weniger zu strafen haben.

II. Über die Leibesstrafen

Jenes Unglück und dieses so harte Gesetz haben mich
schmerzlich berührt und meinen Blick auf die Strafgesetz-
gebung der Völker gelenkt. Der humane Verfasser der
Verbrechen und Strafen hat nur allzu recht, wenn er darüber klagt, daß die Strafe zu häufig das Maß des Verbrechens überschreite und manchmal dem Staate, dem sie doch
zum Vorteil gereichen sollte, verderblich sei.

Die ausgeklügelten Foltern, an denen man sieht, daß sich
der menschliche Geist darin erschöpft hat, den Tod abscheulich zu gestalten, scheinen eher von der Tyrannei erfunden
denn von der Gerechtigkeit.

Das Rädern wurde in Deutschland in Zeiten der Anarchie
eingeführt, als diejenigen, die sich Hoheitsrechte anmaßten,
durch das Zufügen von unerhörten Qualen jeden abschrek-
ken wollten, der einen Anschlag auf sie hätte wagen können.
In England öffnete man den Leib eines Menschen, der des

Hochverrats schuldig war, riß ihm das Herz heraus, schlug es ihm auf die Wangen und warf es in die Flammen. Was aber war häufig dieses Verbrechen des Hochverrats? In den Bürgerkriegen einem unglücklichen König treu gewesen zu sein, und manchmal, sich über das zweifelhafte Recht des Siegers geäußert zu haben. Schließlich haben sich die Sitten gemildert; es ist wahr, daß man fortfuhr, das Herz heraus- zureißen, aber dies geschieht immer nach dem Tode des Verurteilten. Die Veranstaltung ist abscheulich, aber der Tod ist sanft, wenn er es überhaupt sein kann.

III. Über die Strafen für Ketzer

Es war vor allem die Tyrannei, welche als erste die Todes- strafe für jene erließ, die in einigen Dogmen sich von der herrschenden Kirche unterschieden. Kein christlicher Kai- ser hatte vor dem Tyrannen Maximus daran gedacht, einen Menschen nur wegen einiger strittiger Lehrsätze zu verurtei- len. Es ist wohl wahr, daß es zwei spanische Bischöfe waren, die bei Maximus um den Tod der Priszillanisten nachsuch- ten; und es ist nicht weniger wahr, daß dieser Tyrann der herrschenden Partei zu gefallen suchte, indem er das Blut dieser Ketzer vergoß, denn sonst waren ihm Barbarei und Gerechtigkeit herzlich gleichgültig. Eifersüchtig auf Theo- dosius, der wie er Spanier war, rechnete er damit, diesem die Herrschaft über das östliche Kaiserreich zu entreißen, wie er bereits das westliche an sich gebracht hatte. Theodo- sius war wegen seiner Grausamkeit verhaßt, aber er hatte sich alle Häupter der Religion zu gewinnen gewußt. Maxi- mus wollte den gleichen Eifer entfalten und die spanischen Bischöfe seiner Partei verbinden. Er schmeichelte in gleicher

Weise der alten und der neuen Religion; er war ebenso tük-
kisch wie unmenschlich, vom gleichen Schlage wie alle, die
in dieser Zeit nach der Herrschaft strebten oder dazu ge-
langten. Dieser große Teil der Welt wurde damals regiert
wie das östliche Algerien heute. Die Soldaten setzten die
Kaiser ein und ab und wählten sie sehr häufig aus Völkerschaften, die als barbarisch bekannt waren. Theodosius
stellte diesem Kaiser dann andere Barbaren aus Skythien
entgegen. Er war es, der sein Heer mit Goten füllte und
Alarich, den Bezwinger Roms, förderte. In diesen schrecklichen Wirren war man auf nichts bedacht, als seine eigene
Partei durch alle nur möglichen Mittel zu stärken.

Maximus hatte gerade den Kaiser Gratian, den Mitregenten
des Theodosius, in Lyon ermorden lassen und sann auf das
Verderben von Valentinian II., der zum Nachfolger Gra-
tians in Rom seit seiner Kindheit ernannt war. Er zog in
Trier ein mächtiges Heer aus Galliern und Alemannen zusammen. Er ließ in Spanien Truppen ausheben, als zwei
spanische Bischöfe mit Namen Idacius und Ithacus oder
Itacius, die in großem Ansehen standen, zu ihm kamen, um
von ihm das Blut des Priscillan und aller seiner Anhänger
zu erbitten. Diese Leute behaupteten, daß die Seelen Ema-
nationen Gottes seien, die Trinität keineswegs aus drei Hy-
postasen bestehe, und trieben obendrein die Gotteslästerung
so weit, auch sonntags zu fasten. Maximus, halb Heide, halb
Christ, erkannte bald die ganze Abscheulichkeit dieser Verbrechen. Die heiligen Bischöfe Idacius und Itacius erreich-
ten, daß man Priscillan und seine Komplizen erst einmal
folterte, bevor man sie hinrichtete. Sie waren selbst zugegen,
damit auch alles seine Ordnung habe, und sie kehrten zurück,
priesen und lobten Gott und stellten Maximus, den Verteidiger des Glaubens, in die Reihe der Heiligen. Da Maximus

aber von Theodosius geschlagen und zu Füßen seines Be-
zwingers getötet wurde, wurde er nicht kanonisiert.

Es ist bemerkenswert, daß der heilige Martin, Bischof von
Tours, ein wahrhaft anständiger Mann, sich für die Begnadigung Priscillans einsetzte; aber die Bischöfe klagten ihn
selbst als Ketzer an, und er beeilte sich, nach Tours zurückzukehren, aus Angst, er könnte zu Trier gefoltert werden.

Was den Priscillan betrifft, so hatte er, nachdem er gehenkt
worden war, den Trost, daß er von seiner Sekte als Märtyrer verehrt wurde. Es wurde sein Festtag gefeiert und
würde immer noch gefeiert werden, wenn es noch Priscillanisten gäbe.

Dieses Beispiel ließ die ganze Kirche schaudern, bald danach aber wurde es nachvollzogen, ja sogar noch übertrof-
fen. Man richtete die Priscillanisten mit dem Schwert, dem
Strang und durch Steinigung. Eine junge Dame von Stand
wurde zu Bordeaux nur deshalb gesteinigt, weil sie im Verdacht stand, sonntags gefastet zu haben. Aber diese Martern
erschienen zu gelinde; man bewies, daß Gott fordere, die
Ketzer auf kleinem Feuer zu schmoren. Der unwiderlegbare
Grund, den man dafür angab, war, daß Gott im Jenseits
ebenso strafe und daß jeder Fürst, jeder Statthalter eines
Fürsten, schließlich der geringste Staatsbeamte das Eben-
bild Gottes auf dieser Welt sei.

Vermöge dieser Gründe verbrannte man überall die Zauberer, die sichtbar unter der Herrschaft des Teufels standen, und die Ketzer, die man für noch gefährlicher und
verbrecherischer als die Zauberer hielt.

Man weiß nicht genau, worin die Ketzerei der Stiftsherren
bestand, die König Robert, Sohn des Hubert, und Con-
stanze, seine Frau, in ihrer Gegenwart zu Orléans 1022
verbrennen ließen. Wie sollte man es auch wissen? Gab es

damals doch nur eine sehr kleine Anzahl von Geistlichen und Mönchen, die zu schreiben verstanden. Nach allem, was bezeugt ist, weideten Robert und seine Frau ihre Augen an diesem abscheulichen Schauspiel. Einer der Sektierer war Constanzes Beichtvater gewesen, und diese Königin glaubte, das Unheil, einem Ketzer gebeichtet zu haben, nicht besser wieder gutmachen zu können, als indem sie zusah, wie er von den Flammen verzehrt wurde.

Die Gewohnheit wurde zum Gesetz; denn von dieser Zeit an bis in unsere Tage, das heißt mehr als sieben Jahrhunderte lang, verbrannte man diejenigen, die von dem Verbrechen, einer irrigen Meinung zu sein, befleckt waren oder erschienen.

IV. Von der Ausrottung der Ketzer

Man muß, so scheint mir, bei einer Ketzerei zwischen der Meinung und der Partei unterscheiden. Seit der ersten Zeit des Christentums waren die Meinungen geteilt. Die Christen von Alexandria dachten in einigen Punkten nicht so wie die von Antiochia, und die von Achaja hatten eine den asiatischen entgegengesetzte Meinung. Diese Verschiedenartigkeit bestand jederzeit und wird wahrscheinlich immer andauern. Jesus Christus, der alle seine Gläubigen zu einer Überzeugung vereinigen konnte, hat es nicht getan: Es ist also zu vermuten, daß er es nicht gewollt hat und seine Absicht war, alle seine Kirchen an Nachsicht und Nächstenliebe zu gewöhnen, indem er ihnen verschiedene Lehrgebäude erlaubte, die alle darin übereinstimmten, ihn als ihren Herrn und Meister anzuerkennen. Alle diese Sekten, welche lange Zeit von den Kaisern geduldet wurden oder vor ihren Augen verborgen geblieben waren, konnten einander nicht verfolgen und ächten, da sie alle in gleicher Weise der römischen Obrigkeit unterworfen waren; sie konnten nur miteinander streiten. Wurden sie von der Obrigkeit verfolgt, so beriefen sie sich alle auf das Naturrecht. Sie sagten: Laßt uns Gott in Ruhe anbeten, nehmt uns nicht die Freiheit, die ihr den Juden zugesteht. Alle Sekten können heute das gleiche zu denen sagen, die sie unterdrücken. Sie können zu den Völkern sagen, die den Juden Privilegien einräumten: Behandelt uns, wie ihr die Kinder Israel behandelt, laßt uns Gott anbeten wie sie, nach unserem Gewissen; unsere Lehre schadet eurem Staat nicht mehr als das Judentum. Ihr duldet die Feinde Jesu Christi, duldet also auch uns, die wir Jesus Christus verehren, zumal wir uns von euch nur in theologischen Spitzfindigkeiten unterscheiden; beraubt euch doch nicht selbst nützlicher Untertanen. Es ist für euch wichtig, daß sie in euren Fabriken arbeiten, in eurer Schiffahrt, bei der Bebauung eures Landes, aber es ist gänzlich unwichtig für euch, daß sie einige andere Glaubensartikel haben als ihr. Es ist ihr Arm, den ihr braucht, und nicht ihr Katechismus.

Die Partei ist eine gänzlich andere Sache. Es ist immer eine notwendige Folge, daß eine verfolgte Sekte zu einer Partei ausartet. Die Verfolgten vereinigen sich und ermutigen einander. Sie entfalten mindestens so viel Eifer, ihre Partei zu stärken, wie die herrschende Kirche, um sie auszurotten. Entweder sie werden vernichtet, oder sie müssen vernichten. Genau dies geschah nach der Verfolgung, die 303 von dem Caesaren Galerius ausgelöst wurde, während der beiden letzten Regierungsjahre Diokletians. Die Christen waren, nachdem Diokletian sie achtzehn ganze Jahre begünstigt hatte, zu zahlreich und zu wohlhabend geworden, um sie auszurotten: Sie hielten es also mit dem Constantius Chlorus, kämpften für seinen Sohn Constantin, und dies führte zu einer völligen Umwälzung im Reich.

Man kann die kleinen Dinge mit den großen vergleichen, wenn sie vom gleichen Geist bewegt werden. Eine ähnliche Umwälzung hat sich in Holland, Schottland und der Schweiz zugetragen. Als Ferdinand und Isabella die Juden aus Spanien verjagten, die sich dort nicht nur schon vor dem regierenden Hause, sondern auch vor den Mauren und den Goten, ja bereits vor den Karthagern niedergelassen hatten, hätten sie in Spanien eine Revolution gemacht, wenn sie ebenso kriegerisch wie reich gewesen wären und sich mit den Arabern verstanden hätten.

Mit einem Wort, eine Sekte hat niemals einen Regierungswechsel herbeigeführt, wenn ihr nicht die Verzweiflung die Waffen lieferte. Selbst Mohammed wäre nicht so erfolgreich gewesen, wäre er nicht von Mekka vertrieben worden und hätte man nicht einen Preis auf seinen Kopf ausgesetzt.

Wollt ihr also verhindern, daß eine Sekte einen Staat umstürzt, dann übt Duldsamkeit und ahmt die vernünftige Haltung nach, die heute Deutschland, Holland und England an den Tag legen. Es gibt angesichts einer neuen Sekte keine andere politische Lösung, als entweder ohne Gnade die Anführer und ihre Anhänger, Männer, Frauen, Kinder, ohne eine einzige Ausnahme, umzubringen, oder sie zu dulden, wenn die Sekte zahlreich ist. Die erste Entscheidung ist die eines Ungeheuers, die zweite die eines Weisen.

Bindet alle Untertanen des Staates durch ihr eigenes Interesse an ihn, so daß der Quäker und der Türke ihren Vorteil darin finden müssen, unter euren Gesetzen zu leben. Die Religion kommt von Gott zu den Menschen; das bürgerliche Gesetz wird von euch für eure Völker gemacht.

Ludwig IX., König von Frankreich, wegen seiner Tugenden
in den Rang eines Heiligen erhoben, erließ erstmals ein Gesetz gegen die Gotteslästerer. Er verurteilte sie zu einer neuen
Strafe: Man durchbohrte ihnen die Zunge mit einem glühenden Eisen. Es war eine Art von Vergeltung, weil die
Strafe an dem Glied vollzogen wurde, das gesündigt hatte.
Aber es war sehr schwierig zu entscheiden, was eine Gotteslästerung ist. Es entfahren einem im Zorn, in der Freude
oder im einfachen Gespräch Ausdrücke, die eigentlich nur
Füllwörter sind, wie das *sela* und *vah* der Hebräer, das
beim Pollux und Aedepol der Lateiner, wie auch die Re-
densart *per deos immortales*, die man bei jeder Gelegenheit
verwandte, ohne wirklich bei den unsterblichen Göttern
zu schwören.
Diese Wörter, die man Schwüre, Flüche nennt, sind gemeinhin ungenaue Ausdrücke, die man willkürlich auslegt. Das
Gesetz, das sie bestraft, scheint von dem der Juden herge-
leitet, das da lautet: »Du sollst den Namen Gottes nicht unnützlich führen.« Die klügsten Interpreten glauben, daß dieses Gebot den Meineid verbietet, und sie haben um so mehr
recht, weil das Wort *shave*, das man mit unnützlich übersetzt hat, eigentlich den Meineid bedeutet. Welche Beziehung aber mag der Meineid mit den Worten haben, die
man mit *cadédis, sangbleu, ventrebleu, corbleu* ab-
schwächt?*
Die Juden schworen bei dem Leben Gottes: *Vivit Dominus.*

---

* *Cadédis, cadédiou:* alter gascognischer Fluch, cap de dious
= Gottes Kopf! zum Henker! Ventrebleu, ventre Dieu = alle
Teufel! Corbleu, corps de Dieu = Potz Blitz! (Anm. d. Hrsg.)

Das war die gewöhnliche Formel. Es war nur verboten, im Namen Gottes, den man zum Zeugen anrief, zu lügen.

Philip August hatte im Jahre 1181 die Adligen seines Herrschaftsgebietes zu einer Geldstrafe verurteilt, wenn sie die Worte *têtebleu, corbleu, sangbleu* aussprachen, die Bürgerlichen aber sollten ertränkt werden. Der erste Teil dieses Erlasses erscheint läppisch, der zweite war abscheulich. Das hieß der Natur Gewalt antun, Bürger für das gleiche Vergehen zu ertränken, das Adlige mit zwei oder drei Sous des damaligen Geldes sühnen konnten. Deshalb blieb dieses seltsame Gesetz ohne Anwendung wie so viele andere, besonders nachdem der König von Papst Cölestin III. exkommuniziert und sein Reich mit dem Kirchenbann belegt worden war.

Der heilige Ludwig, vom Eifer hingerissen, befahl ohne Unterschied, daß demjenigen, der jene anstößigen Worte ausgesprochen, die Zunge durchbohrt und die Oberlippe abgeschnitten werden sollte. Dies kostete einen bedeutenden Bürger von Paris die Zunge, der sich darüber bei Papst Innozenz IV. beschwerte. Dieser Pontifex machte dem König heftige Vorhaltungen, daß die Strafe für das Vergehen zu hart sei. Der König ließ hierauf von dieser Strenge ab. Es wäre für die Menschheit ein Glück gewesen, wenn die Päpste sich niemals eine andere Vormachtstellung gegenüber den Königen angemaßt hätten.

Der Erlaß Ludwigs XIV. aus dem Jahre 1666 setzt fest: »Diejenigen, die überführt werden, bei dem heiligen Namen Gottes, seiner allerheiligsten Mutter oder seiner Heiligen geschworen und gelästert zu haben, werden verurteilt: beim ersten Mal zu einer Geldbuße, beim zweiten, dritten und vierten Mal zu einer doppelten, dreifachen und vierfachen Strafe; für das fünfte Mal zum Halseisen; für das sechste

Mal zum Pranger, und es wird ihnen die Oberlippe abgeschnitten; und das siebente Mal wird ihnen einfach die
Zunge abgeschnitten.«

Dieses Gesetz erscheint weise und menschlich, droht es doch
vor dem sechsten Rückfall, der nicht zu erwarten steht, keine
grausame Strafe an.

Was aber größere Entweihungen angeht, die man Sakrile-
gien nennt, so sprechen unsere Sammlungen der Strafjustiz,
deren Entscheidungen man nicht für Gesetze nehmen sollte,
nur vom Kirchenraub, und kein positives Gesetz verhängt
die Feuerstrafe. Sie lassen sich nicht über öffentlichen Frevel aus, sei es, weil sie solche Torheiten nicht vorsehen, sei
es, daß es zu schwierig war, sie genau zu bestimmen. Es
bleibt also der Klugheit der Richter überlassen, dergleichen
Verbrechen zu bestrafen. Gleichwohl darf der Rechtsspre-
chung keinerlei Willkür anhaften.

Was sollen die Richter in einem solch seltenen Falle tun?
Sie müssen das Alter der Straffälligen, die Art ihres Vergehens, den Grad ihrer Bosheit und des gegebenen Ärger-
nisses, ihrer Verstocktheit sowie das Bedürfnis, das die Öffentlichkeit an einer harten Bestrafung haben oder nicht haben kann, in Erwägung ziehen. »Pro qualitate personae,
proque rei conditione et temporis et aetatis et sexus, vel
severius vel clementius statuendum« (Tit. XIII. *Ad legem
Juliam*). Wenn das Gesetz für dieses Verbrechen nicht ausdrücklich die Todesstrafe vorsieht, welcher Richter wird sich
dann verpflichtet fühlen, sie zu verhängen? Wenn eine
Strafe notwendig ist, das Gesetz aber schweigt, so muß der
Richter ohne Bedenken auf die mildeste erkennen, weil er
ein Mensch ist.

Die Kirchenfrevel werden immer nur von jungen liederlichen Burschen begangen. Kann man sie aber mit gleicher

Strenge bestrafen, als ob sie ihren Bruder getötet hätten?
Ihr Alter muß ihnen zugute gehalten werden. Sie haben
keine Verfügungsgewalt über ihr Vermögen, weil man nicht
annimmt, daß ihr Geist reif genug ist, um die üblen Folgen
eines schlechten Handelns einzusehen; demnach fehlt es ihnen auch an Reife, die Folgen ihres gottlosen Ungestüms
einzusehen.

Würdet ihr denn mit einem liederlichen Jüngling, der in
seiner Verblendung ein heiliges Bild entweiht hat, ohne es
gestohlen zu haben, so verfahren, wie ihr mit der Brinvil-
liers, die ihren Vater und ihre Familie vergiftet hatte, verfahren seid? Es gibt kein bestimmtes Gesetz wider diesen
Unglücklichen; würdet ihr eines machen, um ihn der
schlimmsten Strafe auszuliefern? Er verdient eine beispiel-
hafte Bestrafung; verdient er aber wider die Natur gemar-
tert zu werden und einen schrecklichen Tod?

Er hat ohne Zweifel Gott beleidigt, und zwar auf eine grobe
Weise. Verfahrt mit ihm, wie Gott selbst es tut. Wenn er
Buße tut, vergibt ihm Gott. Erlegt ihm eine schwere Buße
auf und vergebt ihm.

Euer berühmter Montesquieu hat gesagt: »Man muß die
Gottheit ehren und nicht rächen« (*Esprit des lois*, XIII, 4).
Bedenkt diese Worte: Sie bedeuten nicht, daß man von der
Aufrechterhaltung der öffentlichen Ordnung ablassen soll,
sondern sie bedeuten, wie der verständige Autor von *Verbrechen und Strafen* sich ausdrückt, daß es unsinnig ist, wenn
ein Insekt glaubt, das höchste Wesen rächen zu müssen.
Denn weder ein Dorfrichter noch ein Richter in der Stadt
ist ein Moses oder Josua.

Von einem Ende Europas zum anderen dreht sich das Gespräch verständiger und gebildeter Leute um jenen gewal-
tigen Unterschied zwischen den römischen Gesetzen und so
vielen barbarischen Bräuchen, die auf sie gefolgt sind und
wie der Schutt die Ruinen einer ehemals prächtigen Stadt
bedecken.

Gewiß hegte der römische Senat ebenso tiefe Ehrfurcht wie
wir vor dem obersten Gott und gleichviel vor den nachge-
ordneten unsterblichen Göttern, die von ihrem ewigen Herrn
abhängen, wie wir sie unseren Heiligen entgegenbringen.
»Ab Jove principtum...« (Vergil, *Bucolica*, III, 12) war die
übliche Formel. Plinius fängt seine Lobrede auf den guten
Trajan mit der Versicherung an, daß die Römer es niemals
unterließen, zu Beginn ihrer Reden oder Taten die Götter
anzurufen.* Cicero und Titus Livius bezeugen es. Kein Volk
war religiöser als sie; aber dieses Volk war viel zu weise
und großmütig, als daß es sich herabgelassen hätte, unbe-
sonnene Reden oder philosophische Auffassungen zu bestrafen. Es war nicht fähig, jemandem barbarische Strafen
aufzuerlegen, der an den Auguren zweifelte wie Cicero, der,
obgleich selbst Augur, es dennoch tat; noch denjenigen, der,
wie Caesar, im versammelten Senat sagte, daß die Götter
die Menschen keineswegs nach dem Tode bestrafen.

Man konnte hundertfach beobachten, daß der Senat es zu-
ließ, daß im Theater von Rom der Chor in der *Troades*
sang: »Nach dem Tode ist nichts und der Tod ist nichts. Du

---

* »Bene ac sapienter, patres conscripti, maiores instituerunt,
ut rerum agendarum, ita dicendi innitium a precationibus ca-
pere, etc.« (Plinius d. J., *Lobrede auf Trajan*, Kap. 1).

fragst, an welchem Ort die Toten sind? An eben demselben, wo sie waren, ehe sie geboren wurden.«

Wenn es dort jemals Entweihungen gegeben hat, so war dies sicher eine. Von Ennius bis Ausonius ist dann alles Entweihung, bei aller Ehrfurcht vor dem Kultus. Warum schritt der römische Senat nicht ein? Weil diese Entweihungen nicht den geringsten Einfluß auf die Regierung des Staates hatten und weil sie keine staatliche Einrichtung und keine religiöse Zeremonie störten. Die Römer hatten nichtsdestoweniger eine vorzügliche öffentliche Ordnung und waren unumschränkte Herrscher über den schönsten Teil der Welt, bis Theodosius II.

Der Grundsatz des Senates war, wie bereits anderwärts gesagt: *Deorum offensae diis curae.* — Die Beleidigungen der Götter gehen nur diese selbst an. Die Senatoren, die durch eine sehr weise Einrichtung zugleich die religiösen Häupter waren, hatten keineswegs zu fürchten, daß eine Priesterzunft sie unter dem Vorwand, den Himmel zu rächen, zu einem Werkzeug ihrer Rache machen würde. Sie sagten nicht: Laßt uns die Ungläubigen niedermetzeln, damit wir nicht selbst in den Geruch kommen, gottlos zu sein; zeigen wir den Priestern, daß wir genauso religiös sind wie sie, indem wir grausam sind.

Unsere Religion ist unendlich viel heiliger als die der alten Römer. Die Gottlosigkeit ist bei uns folglich ein größeres Verbrechen als bei ihnen. Gott wird sie bestrafen; Sache der Menschen ist es, die Verbrechen zu bestrafen, zu denen die öffentliche Unordnung, verursacht durch diese Gottlosigkeit, geführt hat. Wenn durch die Gottlosigkeit kein einziges Schnupftuch gestohlen wurde, niemand die geringste Beleidigung erdulden mußte, wenn die religiösen Zeremonien nicht gestört wurden, sollen wir dann diese Gottlosigkeit wie einen Vatermord bestrafen? Die Marschallin von Ancre hatte bei Vollmond einen weißen Hahn schlachten lassen; mußte sie deshalb auch verbrannt werden?

»Est modus in rebus, sunt certi denique fines.«
(Horaz, *Satirae* I, 1, 106)
»Ne scutica dignum horribili sectere flagello.«
(Horaz, *Satirae* I, 3, 119)

VII. *Vom Verbrechen des Predigens und von Antonius*

Kommt ein calvinistischer Prediger in bestimmte Provinzen, um seiner Gemeinde heimlich zu predigen, so wird er mit dem Tode bestraft, wenn er entdeckt wird, und wer ihm eine Mahlzeit und ein Lager gibt, wird zeitlebens auf die Galeeren geschickt. Wenn in anderen Ländern ein Jesuit predigt, wird er gehängt. War es Gott, den man rächen wollte, wenn man diesen Prediger und diesen Jesuiten hängte? Will man sich etwa von beiden Seiten auf das Gebot des Evangeliums stützen: »Höret er die Gemeine nicht, so halt ihn als einen Heiden und Zöllner.« Aber das Evangelium befahl nicht, daß dieser Heide und dieser Zöllner umgebracht werden sollten.
Oder begründet man es mit den folgenden Worten des 5. Buches Moses [13, 2-10]: »Wenn ein Prophet unter euch wird aufstehen, ... und das Zeichen oder Wunder kommt, davon er dir gesagt hat, und spricht: Laß uns anderen Göttern folgen ... Wenn dich dein Bruder, deiner Mutter Sohn, oder dein Sohn oder deine Tochter oder das Weib in deinen Armen oder dein Freund, der dir ist wie dein Herz, heimlich überreden würde und sagen: Laß uns gehen und anderen Göttern dienen, ... so willige nicht darein und ge-

horche ihm nicht, sondern du sollst ihn erwürgen. Deine Hand soll die erste sein über ihm, daß man ihn töte, und danach die Hand des ganzen Volkes«? Aber weder der Jesuit noch der Calvinist haben euch gesagt: Laßt uns anderen Göttern folgen.

Der Rat Dubourg, der Domherr Chauvin, genannt Calvin, der spanische Arzt Servet, der Calabrese Gentilis dienten demselben Gott. Dennoch ließ der Präsident Minard den Rat Dubourg hängen; und die Freunde Dubourgs ließen Minard ermorden; und Jean Calvin ließ den Arzt Servet auf dem Scheiterhaufen verbrennen und hatte den Trost, viel dazu beigetragen zu haben, daß dem Calabresen Gentilis der Kopf abgeschlagen wurde; und die Nachfolger Calvins ließen Antonius verbrennen. Sind Vernunft, Gottesfurcht und Gerechtigkeit schuld an diesen Morden?

Die Geschichte des Antonius ist eine der sonderbarsten, die in den Annalen des Wahnsinns enthalten sind. Folgendes habe ich in einer sehr merkwürdigen Handschrift gelesen, die teilweise von Jacob Spon zitiert wird. Dieser Antonius wurde zu Briey in Lothringen von katholischen Eltern geboren und hatte zu Pont-à-Mousson bei den Jesuiten studiert. Der Prediger Ferry gewann ihn in Metz für den Protestantismus. Nach Nancy zurückgekehrt, wurde er als Ketzer angeklagt, und wenn ein Freund ihm nicht die Flucht ermöglicht hätte, wäre er am Strang geendet. Als Flüchtling in Sedan verdächtigte man ihn als Papisten und trachtete ihm nach dem Leben.

Da er sah, daß auf verhängnisvolle Weise sein Leben weder bei den Protestanten noch bei den Katholiken sicher war, ging er nach Venedig und wurde Jude. Er pflichtete dem Judentum aufrichtig bei und behauptete bis zum letzten Augenblick seines Lebens, daß die jüdische Religion die einzig wahre sei und daß, da sie es früher gewesen war, auch immer sein müsse. Die Juden beschnitten ihn nicht, aus Angst, sich Unannehmlichkeiten mit der Obrigkeit zu schaffen. Er war nichtsdestoweniger innerlich ein Jude. Er bekannte sich jedoch nicht offen dazu und wurde gar, nachdem er als Prediger nach Genf gekommen war, erster Lehrer am Kolleg und schließlich das, was man Pfarrer nennt.

Der ständige Kampf, der sich in seinem Herzen zwischen der Lehre des Calvin, die er verpflichtet war zu predigen, und dem mosaischen Glauben, dem allein er anhing, abspielte, machte ihn lange Zeit krank. Er verfiel in tiefe Schwermut und während einer entsetzlichen Raserei in eine grausame Krankheit. Bei einem Anfall seiner Schmerzen schrie er, daß er Jude sei. Einige Geistliche kamen ihn besuchen und bemühten sich, ihn zu sich selbst zu bringen. Er antwortete ihnen aber, er bete allein den Gott Israels an und es sei unmöglich, daß Gott sich ändere, Gott habe nicht selbst ein Gesetz geben und mit seiner Hand in den Stein meißeln können, um es danach abzuschaffen. Er redete auch gegen das Christentum, widerrief später aber und setzte ein Glaubensbekenntnis auf, um der Verdammung zu entgehen; allein die unglückselige Verfassung, in der er sich befand, erlaubte ihm nicht, nachdem er es geschrieben, es auch zu bestätigen. Der Rat der Stadt versammelte die Geistlichen, um zu vernehmen, was mit diesem Unglücklichen geschehen solle. Die kleinere Anzahl dieser Pfarrer meinte, man solle Mitleid mit ihm haben und man müsse eher versuchen, seine Geisteskrankheit zu heilen, als sie zu bestrafen. Der größere Teil aber fällte das Urteil, er solle verbrannt werden, was auch geschah. Diese Begebenheit trug sich 1632 zu. Es braucht wohl hundert Jahre an Vernunft und Tugend, um ein derartiges Urteil zu sühnen.

VIII. Die Geschichte des Simon Morin

Das traurige Ende von Simon Morin erschreckt uns nicht
minder als das des Antonius. Es geschah inmitten der Feste
eines glänzenden Hofes, seiner Leidenschaften und Vergnügungen, gar während der Zeit der größten Freizügigkeit,
daß man diesen Unglücklichen 1663 zu Paris verbrannte.
Er war ein Verrückter, der glaubte, Visionen gehabt zu haben, und seinen Wahnsinn so weit trieb, daß er sich von
Gott gesandt und mit Jesus Christus innigst vereint wähnte.
Das Parlament verurteilte ihn sehr weise dazu, in die Irren-
anstalt verbracht zu werden. Höchst merkwürdigerweise traf
es sich aber, daß in derselben Anstalt ein anderer Verrückter
war, der sich für den ewigen Vater hielt und dessen Wahn
sprichwörtlich wurde. Simon Morin war von dem Wahnsinn
seines Gefährten so betroffen, daß er den seinen erkannte.
Er schien für einige Zeit seinen Verstand zurückzuerlangen;
er bezeugte der Obrigkeit seine Reue und erreichte, zu seinem Unglück, seine Freilassung.
Kurze Zeit später verfiel er wieder seinen Anwandlungen
und verkündete seine Lehre. Sein übles Schicksal wollte es,
daß er Saint-Sorlin Desmarets kennenlernte, welcher mehrere Monate sein Freund war, aber bald aus Konkurrenz-
neid sein ärgster Verfolger wurde.
Dieser Desmarets war ein ebensolcher Schwärmer wie Morin. Seine ersten abgeschmackten Werke waren in der Tat
harmlos. Es waren die Tragikomödien *Erigone* und *Mirame*,
zusammen gedruckt mit einer Übersetzung der Psalmen,
außerdem der Roman *Ariane* und das Gedicht *Clovis* nebst
Gebeten an die heilige Jungfrau in Versen, sodann dithy-
rambische Gedichte, angereichert mit Ausfällen gegen Homer
und Vergil. Von dieser Art der Tollheit ging er zu einer ande-

ren, schlimmeren über. Er ereiferte sich gegen Port-Royal, und nachdem er bekannt hatte, einige Frauen zur Gotteslästerung verführt zu haben, warf er sich zum Propheten auf. Er gab vor, Gott habe ihm mit eigener Hand den Schlüssel zum Schatz der Offenbarung des Johannes gegeben, und mit diesem Schlüssel werde er die Verbesserung des ganzen Menschengeschlechts bewirken, und er werde eine Armee von vierzigtausend Mann gegen die Jansenisten anführen.

Nichts wäre vernünftiger und billiger gewesen, als ihm den nämlichen Aufenthalt zuzuweisen, der Simon Morin beschieden war. Wie hätte man sich auch vorstellen können, daß er so viel Glauben bei dem Jesuiten Annat, dem Beichtvater des Königs, fand? Er redete ihm ein, der arme Simon Morin begründe eine Sekte, die fast ebenso gefährlich sei wie der Jansenismus selbst. Schließlich, nachdem er die Niedertracht so weit getrieben hatte, zum Denunzianten zu werden, erreichte er vom Kriminallieutenant einen Haftbefehl gegen seinen unglücklichen Rivalen. Man wagt es kaum auszusprechen, Simon Morin wurde dazu verurteilt, lebendig verbrannt zu werden.

Als man ihn zum Richtplatz führte, fand man in einem seiner Strümpfe einen Zettel, auf dem er Gott um Vergebung aller seiner Irrtümer bat. Dies hätte ihn retten müssen; aber das Urteil war bestätigt worden, und er wurde ohne Barmherzigkeit hingerichtet.

Derartige Vorfälle lassen einem die Haare zu Berge stehen. In welchem Lande haben sich nicht ebenso beklagenswerte Ereignisse abgespielt? Die Menschen vergessen überall, daß sie Brüder sind, und verfolgen einander bis zum Tod. Zum Trost der Menschheit muß man sich mit der Hoffnung schmeicheln, daß solch schreckliche Zeiten nicht wiederkommen werden.

1749 verbrannte man im Bistum Würzburg eine Frau als überführte Hexe. Das ist in unserem Jahrhundert eine außerordentliche Erscheinung. Aber wie ist es möglich, daß Völker, die sich rühmten, reformiert zu sein und den Aberglauben mit Füßen zu treten, die meinten, endlich ihre Vernunft vervollkommnet zu haben, dennoch an Hexerei geglaubt und arme Frauen, die als Hexen angeklagt wurden, verbrannt haben, und dies mehr als hundert Jahre nach der angeblichen Verbesserung ihrer Vernunft?

Im Jahre 1652 traf eine Bäuerin aus dem kleinen Gebiet von Genf namens Michelle Chaudron den Teufel, als sie aus der Stadt kam. Der Teufel gab ihr einen Kuß, nahm ihre Huldigung entgegen und drückte in ihre Oberlippe und in ihre rechte Brust das Zeichen ein, welches er für gewöhnlich den Personen erteilt, die er für seine Günstlinge hält. Dieses Siegel ist nach den Versicherungen aller über den Hexenkult schreibenden Rechtsgelehrten ein kleines Mal, welches die Haut unempfindlich macht.

Der Teufel befahl Michelle Chaudron, zwei Mädchen zu behexen. Sie gehorchte ihrem Herrn prompt. Die Eltern der Mädchen belangten sie gerichtlich wegen Teufelei. Die Mädchen wurden verhört und der Beschuldigten gegenübergestellt. Sie bezeugten, daß sie ständig das Gefühl hätten, in bestimmten Teilen ihres Körpers einen Ameisenhaufen zu haben, und besessen seien. Man zog die Ärzte zu Rate, oder zumindest jene, die damals dafür galten. Sie untersuchten die Mädchen. Sie suchten am Körper von Michelle das Siegel des Teufels, welches in dem amtlichen Bericht das satanische Zeichen genannt wird. Sie stachen eine lange Nadel hinein, was bereits eine schmerzhafte Quälerei war.

Es kam Blut heraus, und Michelle machte durch ihre Schreie deutlich, daß die satanischen Zeichen nicht im mindesten unempfindlich machen. Da die Richter sahen, daß sie keinen vollständigen Beweis dafür hatten, daß Michelle Chaudron eine Hexe war, ließen sie sie foltern, was unfehlbar diesen Beweis erbrachte: Die Unglückliche gestand schließlich, der Heftigkeit der Qualen nachgebend, alles was man wollte.

Die Ärzte suchten nochmals das satanische Zeichen und fanden es in einem kleinen schwarzen Fleck auf einem ihrer Oberschenkel. Sie stachen die Nadel tief hinein. Die Qualen der Folter waren so entsetzlich gewesen, daß dieses arme verscheidende Geschöpf die Nadel kaum mehr fühlte, so daß sie nicht schrie, und folglich war das Verbrechen bewiesen. Da jedoch die Sitten sich zu mildern begannen, wurde sie erst verbrannt, nachdem sie erhängt und erdrosselt worden war.

Alle Gerichtshöfe des christlichen Europa hallten damals von ähnlichen Urteilen wider. Allenthalben wurden Scheiterhaufen für die Hexen wie für die Ketzer angezündet. Man hatte an den Türken auszusetzen, daß es bei ihnen keine Hexen und Besessene gab. Man betrachtete diesen Mangel an Besessenen als untrügliches Zeichen für die Falschheit ihrer Religion.

Ein um das allgemeine Wohl, um die Menschlichkeit und die wahre Religion sehr bemühter Mann hat in einer seiner Schriften zugunsten der Unschuldigen angemerkt, daß die christlichen Gerichtshöfe mehr als hunderttausend angebliche Hexen zum Tode verurteilt haben. Fügt man zu diesen gerichtlichen Massenmorden noch die unendlich höhere Zahl der hingeschlachteten Ketzer hinzu, so erscheint dieser Teil der Welt nur als ein gewaltiges Blutgerüst, bedeckt von

Henkern und Opfern, umgeben von Richtern, Schergen und Zuschauern.

X. *Über die Todesstrafe*

Man hat schon vor langer Zeit gesagt, daß ein erhängter Mensch zu nichts nütze ist und daß die für das Wohl der Gesellschaft erfundenen Strafen dieser selbst auch Nutzen zu bringen haben. Es ist einleuchtend, daß zwanzig kräftige Diebe, lebenslang zu öffentlichen Arbeiten verurteilt, durch ihre Strafe dem Staat dienen, ihr Tod aber niemandem gut-tut, außer dem Henker, der dafür bezahlt wird, daß er Men-schen öffentlich umbringt. In England werden die Diebe sel-ten mit dem Tode bestraft; man schickt sie in die Kolonien. Das gleiche geschieht in den weiten Gebieten Rußlands; man hat unter der unumschränkten Herrscherin Elisabeth keinen einzigen Verbrecher hingerichtet. Katharina II., die mit einem weit erhabeneren Geist ihr auf dem Thron folgte, handelte nach dem gleichen Grundsatz. Und doch haben sich durch diese Menschlichkeit die Verbrechen nicht im ge-ringsten vermehrt, ja es ergibt sich fast immer, daß die nach Sibirien Verbannten dort rechtschaffene Leute werden. Eben dies ist auch in den englischen Kolonien zu bemerken. Diese glückliche Veränderung erstaunt uns, und doch ist nichts natürlicher. Die Verurteilten sind zu ständiger Arbeit ge-zwungen, um zu leben. Die Gelegenheiten zum Laster fehlen ihnen: Sie heiraten, sie bevölkern das Land. Zwingt ihr die Menschen zur Arbeit, so macht ihr ehrliche Leute aus ihnen. Man weiß wohl, daß die großen Verbrechen nicht auf dem Lande begangen werden, ausgenommen vielleicht, wenn es zu viele Feiertage gibt, die den Menschen zum Müßiggang zwingen und zur Ausschweifung verleiten.

Ein römischer Bürger wurde nur wegen Verbrechen zum Tode verurteilt, die das Wohl des Staates beeinträchtigten. Unsere ersten Gesetzgeber und Herren gingen behutsam mit dem Blut ihrer Mitbürger um, wir aber verschwenderisch mit dem der unseren.

Man hat lange die kitzlige und unheilvolle Frage erörtert, ob es den Richtern erlaubt sein soll, auf den Tod zu erkennen, wenn das Gesetz die Todesstrafe nicht ausdrücklich vorschreibt. Diese Schwierigkeit wurde vor dem Kaiser Heinrich VI. feierlich disputiert. Er urteilte und entschied, daß kein Richter dieses Recht haben kann.*

Es gibt aber Kriminalfälle, die entweder so unvorhergesehen oder so verwickelt oder von solch seltsamen Umständen begleitet sind, daß das Gesetz selbst in mehr als einem Land notwendigerweise diese sonderbaren Fälle der Klugheit der Richter überläßt. Wenn aber wirklich ein solcher Fall vorkommt, wo es das Gesetz gestattet, einen Angeklagten zu Tode zu bringen, welcher nach dem Inhalt nicht dazu verdammt ist, so werden sich hingegen tausend Fälle finden, bei denen die Menschlichkeit, stärker als alles Gesetz, das Leben derer schonen muß, die nach dem Gesetz dem Tode verfallen sind.

Wir führen das Schwert der Gerechtigkeit in der Hand, aber wir müssen es eher stumpf als gar zu scharf machen. Denn daß man es in der Scheide vor den Königen herträgt, mag uns zur Belehrung dienen, daß man es selten ziehen sollte.

Man hat Richter gesehen, denen es ein Vergnügen war, Menschenblut zu vergießen. Ein solcher war Jeffreys in England; ein ebensolcher war in Frankreich ein Mann, dem

* Bodin, *De re publica* Buch III, 5

man den Beinamen *Kopfab* gab. Solche Leute waren nicht zum Richteramt geboren, sondern von der Natur zu Henkern bestimmt.

XI. *Über die Vollstreckung der Urteile*

Muß man bis ans andere Ende der Erde gehen, muß man auf die Gesetze Chinas zurückgreifen, um daraus zu lernen, wie sparsam man mit dem Blut der Menschen umgehen soll? Seit mehr als viertausend Jahren existieren die Gerichte dieses Reiches, und ebenso seit mehr als viertausend Jahren richtet man auch an seinem äußersten Ende keinen Dorfbewohner hin, ohne seinen Prozeß dem Kaiser zu unterbreiten, der ihn dreimal von einem seiner Gerichtshöfe untersuchen läßt; erst danach unterschreibt er das Todesurteil, wandelt es in eine andere Strafe um oder gewährt völlige Begnadigung.*

Holen wir unsere Beispiele nicht so weit her, Europa hat deren die Fülle. In England wird kein Verbrecher zum Tode

---

* Der Verfasser des Buches *Vom Geist der Gesetze,* der so viele tiefe Einsichten in seinem Werk verstreut hat, scheint sich aber gröblich geirrt zu haben, wenn er, um seinen Grundsatz zu untermauern, daß ein unbestimmtes Gefühl von Ehre der Grundstein der Monarchien, die Tugend aber der Grundstein der Republiken sei, von den Chinesen sagt (VIII, 21): »Ich weiß nicht, was diese Ehre bei Völkern vorstellen soll, die durch nichts anderes als Stockschläge zu einer Tätigkeit bewegt werden können.« Gewiß treibt man das Volk mit dem Pantse auseinander und gibt ihn den unverschämten Spitzbuben und dem Lumpengesindel zu spüren, aber daraus folgt nicht, daß es in China keine Gerichtshöfe gäbe, die ein wachsames Auge aufeinander haben, und daß dort nicht eine vortreffliche Regierungsform zu finden wäre.

geführt, solange der König das Urteil nicht bestätigt hat; in Deutschland wird es ebenso gehalten, wie in fast allen nordischen Ländern. So war es auch früher in Frankreich der Brauch, und so sollte es bei allen zivilisierten Staaten sein. Fern vom Thron können Intrigen, Vorurteile und Unwissenheit die Urteile bestimmen. Die kleinlichen Machenschaften sind dem Hofe unbekannt und machen keinen Eindruck auf ihn, weil wichtige Beschäftigungen ihn einnehmen. Der Staatsrat ist mehr an Prozesse gewöhnt und erhabener über die Vorurteile: die Gewohnheit, alles im Großen zu sehen, hat ihn weniger unwissend und weiser werden lassen. Daher kann er besser als ein Provinzgericht beurteilen, ob der Staatskörper strenge Beispiele nötig hat oder nicht. Wenn schließlich das untergeordnete Gericht nach dem Buchstaben des Gesetzes geurteilt hat, was hart ausfallen kann, mildert der Staatsrat den Beschluß nach dem eigentlichen Sinn jeglicher Gesetze, der nicht zuläßt, daß man Menschen ohne unumgängliche Notwendigkeit aufopfere.

XII. Über die Folter

Da alle Menschen Gewalttaten und hinterlistigen Anschlägen ausgesetzt sind, verabscheuen sie die Verbrechen, denen sie zum Opfer fallen können. Alle sind sich einig in dem Wunsch, die Haupttäter und ihre Mitschuldigen bestraft zu wissen; indessen empören sich alle aufgrund eines von Gott in unsere Herzen gesenkten Mitleides gegen die Folterqualen, die man die Angeschuldigten erleiden läßt, um ihnen ein Geständnis zu entreißen. Nach dem Gesetz sind sie noch nicht verurteilt, und doch verhängt man über sie, da noch

Ungewißheit über ihr Verbrechen besteht, eine Strafe, die abscheulicher ist als der Tod selbst, den man ihnen antut, wenn es gewiß ist, daß sie ihn verdienen. Je nun, ich weiß noch nicht, ob du schuldig bist, ich muß dich also quälen, um es zu erfahren; und wenn du unschuldig bist, werde ich dir keineswegs für die tausend Tode, die ich dich erleiden ließ anstelle eines einzigen, den ich dir bereitete, büßen! Muß nicht jedem bei dieser Vorstellung schaudern? Ich will hier gar nicht erwähnen, daß der heilige Augustinus sich in seinem *Gottesstaat* gegen die Folter empört. Ich übergehe, daß man sie in Rom nur die Sklaven erleiden ließ und daß danach Quintilian, dessen eingedenk, daß die Sklaven auch Menschen seien, diese Barbarei verdammte.

Wenn es auch nur ein einziges Volk auf der Erde gäbe, das den Gebrauch der Folter abgeschafft hätte, und wenn bei diesem Volke nicht mehr Verbrechen als bei einem anderen geschähen, wenn es überdies seit dieser Abschaffung aufgeklärter und blühender wäre, so reichte sein Beispiel für den Rest der Welt aus. Allein England möge die anderen Völker lehren, aber es ist gar nicht das einzige Land: Die Folter ist auch in anderen Königreichen abgeschafft, und mit Erfolg. Alles ist danach entschieden. Völker, die sich brüsten, zivilisiert zu sein, wollen sich nicht rühmen, menschlich zu sein? Wollen sie, unter dem einzigen Vorwand, daß es so üblich sei, auf einem unmenschlichen Verfahren beharren? So wendet doch zumindest diese Grausamkeit nur gegenüber überführten Verbrechern an, die einen Familienvater ermordet haben oder den Landesvater; sucht nach ihren Mitschuldigen; aber ist es nicht eine unnütze Barbarei, einen jungen Menschen, der irgendwelche Vergehen begangen hat, die keine Spuren hinterlassen, die gleiche Qual erleiden zu lassen wie einen Vatermörder? Ich schäme mich fast, über diesen Gegenstand geredet zu haben, nach dem, was der Verfasser der *Verbrechen und Strafen* darüber geschrieben hat. Ich beschränke mich darauf zu wünschen, daß man das Werk dieses wahren Menschenfreundes öfters nachlesen möge.

XIII. Über einige Blutgerichte

Sollte man glauben, daß es früher ein oberstes Gericht gab, welches abscheulicher war als die Inquisition und von Karl dem Großen eingerichtet worden ist? Dies war das Westfälische Gericht, gemeinhin das Femegericht genannt. Die Strenge oder vielmehr die Grausamkeit dieses Gerichtes ging so weit, daß es einen jeden Sachsen mit dem Tode bestrafte, der in der Fastenzeit Fleisch gegessen hatte. Das gleiche Gesetz wurde in Flandern und in der Franche-Comté übernommen.

Die Archive eines kleinen Landfleckens, genannt St. Claude, auf den steilsten Felsen der Grafschaft Burgund gelegen, bewahren den Urteilsspruch und den amtlichen Bericht über die Hinrichtung eines armen Edelmannes mit Namen Claude Guillon auf, dem man am 28. Juli 1629 den Kopf abschlug. Er war ins Elend geraten, und von entsetzlichem Hunger geplagt, hatte er an einem Fasttag ein Sück Fleisch von einem Pferd, das auf einer benachbarten Wiese getötet worden war, gegessen. Dies war sein ganzes Verbrechen. Er wurde als Gotteslästerer verurteilt. Wäre er reich gewesen und hätte sich für zweihundert Taler frische Seefische zum Abendessen servieren und die Armen Hungers sterben lassen, so hätte er als ein Mann gegolten, der alle seine Pflichten erfüllt.

Hier der Wortlaut der richterlichen Entscheidung:
»Nach Würdigung aller Akten und Anhörung der Rechtsgelehrten erkennen wir, daß der genannte Claude Guillon
rechtmäßig angeklagt und überführt wurde, ein Stück Fleisch
von einem Pferd, das auf einer Wiese dieser Stadt geschlach-
tet wurde, weggenommen und eben dieses Fleisch am
31. März, einem Samstag, gekocht und gegessen zu haben,
etc.«

Was sind das für Rechtsgelehrte, diese Gutachter! Haben
diese Begebenheiten etwa bei den Topinambus oder den
Hottentotten sich zugetragen? Und noch weit schrecklicher
war das Femegericht: Es beauftragte im geheimen Kom-
missare, die ohne bekannt zu sein in alle deutschen Städte
gingen, Erkundigungen einzogen, ohne sie den Beschuldigten mitzuteilen, sie verurteilten, ohne sie zu hören; und
häufig geschah es sogar, daß, wenn kein Henker zur Stelle
war, der jüngste unter den Richtern dessen Amt versah und
mit eigenen Händen den Verurteilten henkte. Man mußte,
um den Meuchelmorden dieses Gerichtes zu entgehen, Be-
freiungs- oder Freigeleitsbriefe von den Kaisern erwerben,
wiewohl auch diese oft nutzlos waren. Erst Maximilian I.
hat diese Mordgerichte völlig abgeschafft, was mit dem Blut
der Richter hätte enden müssen. Das Gericht der Zehn von
Venedig war im Vergleich damit eine Einrichtung der
Barmherzigkeit.

Was soll man von diesen und so vielen anderen Scheußlich-
keiten halten? Reicht es aus, über die menschliche Natur zu
stöhnen? Es hat wohl Fälle gegeben, wo man sich hätte
rächen müssen.

Natürliche Gesetze nenne ich diejenigen, welche die Natur zu allen Zeiten alle Menschen zur Aufrechterhaltung der Gerechtigkeit lehrt, deren Idee die Natur, was auch immer man über sie sagen möge, in unsere Herzen geprägt hat. Überall sind der Diebstahl, die Gewalt, der Mord, die Undankbarkeit gegenüber wohltätigen Verwandten, der Meineid, wenn er geleistet wird, um zu schaden, nicht um einem Unschuldigen zu helfen, die Verschwörung gegen das eigene Vaterland unleugbar Verbrechen, die bald strenger, bald milder, aber immer rechtmäßig bestraft werden.

Politische Gesetze aber nenne ich die Gesetze, welche nach einem gegenwärtigen Bedürfnis, sei es um die Staatsgewalt zu stärken, sei es um Unglücksfällen vorzubeugen, erlassen werden.

Man will nicht, daß der Feind Kundschaft von einer Stadt erhalte. So verschließt man die Tore und verbietet bei Todesstrafe, sie über die Wälle zu verlassen.

Man fürchtet eine neue Sekte, die sich in der Öffentlichkeit mit ihrem Gehorsam gegenüber der Obrigkeit schmückt, im geheimen aber Ränke schmiedet, um sich diesem Gehorsam zu entziehen; die lehrt, daß alle Menschen gleich seien, um sie alle gleichermaßen ihren neuen Riten zu unterwerfen; und die endlich mit der Begründung, man müsse Gott mehr gehorchen als den Menschen und die herrschende Sekte stecke voller Aberglauben und lächerlichen Zeremonien, das zerstören will, was vom Staat für heilig gehalten wird. Man ordnet die Todesstrafe für diejenigen an, welche öffentlich die Lehren dieser Sekte verbreiten und damit das Volk zum Aufruhr reizen können.

Zwei Herrschsüchtige streiten miteinander um einen Thron. Der Stärkere trägt den Sieg davon und verhängt die Todesstrafe für die Anhänger des Schwächeren. Die Richter werden zu Werkzeugen der Rache des neuen Herrschers und die Stützen seiner Macht. Wer auch immer zur Zeit Hugo Capets mit Karl von Lothringen in Verbindung stand, lief Gefahr, zum Tode verurteilt zu werden, wenn er nicht sehr mächtig war.

Als Richard III., der Mörder seiner beiden Neffen, als König von England anerkannt war, ließ der oberste Gerichtshof den Ritter William Colingbourne vierteilen, weil er einem Freund des Grafen von Richemond, welcher damals Truppen anwarb und der später unter dem Namen Heinrich VII. regierte, geschrieben hatte. Man fand zwei Zeilen von seiner Hand, die von großer Lächerlichkeit waren, und dies reichte aus, um diesen Edelmann auf eine abscheuliche Art umzubringen. Die Geschichte ist voll von ähnlichen Beispielen der Gerechtigkeit.

Das Recht auf Vergeltung ist ein weiteres dieser Gesetze, die von den Völkern angenommen wurden. Euer Feind hat einen eurer tapferen Hauptleute, die einige Zeit eine kleine baufällige Festung gegen eine ganze Armee verteidigte, hängen lassen. Nun fällt einer seiner Hauptleute in eure Hände; es ist ein tapferer Mann, den ihr schätzt und liebt: ihr laßt ihn nach dem Vergeltungsrecht hängen. So ist das Gesetz, sagt ihr; das heißt, wenn euer Feind sich mit einem ungeheuren Verbrechen besudelt hat, so müßt ihr unbedingt ein ähnliches begehen!

Alle diese Gesetze einer blutigen Staatskunst gelten nur eine gewisse Zeit, und man sieht sehr wohl, daß es keine wahrhaften Gesetze sind, denn sie sind vergänglich. Sie ähneln der Notwendigkeit, der man sich während äußerster

Hungersnot ausgesetzt sah, Menschen zu fressen; man frißt
sie nicht mehr, seit man Brot hat.

XV. Vom Hochverrat, von Titus Oates und über den Tod von Auguste de Thou

Hochverrat nennt man einen Anschlag auf das Vaterland
oder auf den Herrscher, der es repräsentiert. Wer einen solchen Anschlag macht, wird als Königsmörder betrachtet.
Man darf diesen Begriff demnach nicht auf Verbrechen aus-
dehnen, die dem Königsmord nicht gleichkommen, denn
wenn ihr einen Diebstahl in einem staatlichen Gebäude, die
Veruntreuung öffentlicher Gelder oder gar aufrührerische
Reden als Hochverrat bezeichnet, verringert ihr den Abscheu,
den das Verbrechen des Hochverrats oder der Majestätsbe-
leidigung einflößen muß.
Es darf nichts Willkürliches in dem Begriff sein, den man
sich von den großen Verbrechen macht. Wenn ihr nämlich
den Diebstahl, den ein Sohn bei seinem Vater begeht, oder
eine Verwünschung des Sohnes gegen seinen Vater in den
Rang eines Vatermordes erhebt, zerreißt ihr die Bande der
kindlichen Liebe. Der Sohn wird seinen Vater nur noch als
einen furchtbaren Herrn betrachten. Denn alles, was in den
Gesetzen allzu überspitzt ist, dient zu ihrer Zerrüttung.
Bei gewöhnlichen Verbrechen ist das englische Recht für den
Angeklagten günstig; aber beim Hochverrat ist es gegen ihn.
Hat doch der ehemalige Jesuit Titus Oates, nachdem er im
Unterhaus gerichtlich vernommen worden war und mit sei-
nem Eid versichert hatte, daß er nichts mehr hinzuzufügen
habe, dennoch den Sekretär des Herzogs von York, des späte-
ren Jakob II., und mehrere andere Personen des Hochverrats

beschuldigt, und seiner Denunziation wurde geglaubt. Er schwor erst vor dem königlichen Rat, diesen Sekretär nie gesehen zu haben, dann schwor er, daß er ihn gesehen hatte. Ungeachtet dieser Gesetzwidrigkeiten und Widersprüche wurde der Sekretär hingerichtet.

Dieser gleiche Oates und ein anderer Zeuge sagten aus, daß fünfzig Jesuiten sich verschworen hätten, König Karl II. umzubringen, und daß sie die Befehle des Pater Oliva, des Jesuitengenerals, für die Offiziere, die eine Rebellenarmee führen sollten, gesehen hätten. Diese beiden Zeugen reichten aus, um zu bewirken, daß mehreren Angeklagten das Herz aus dem Leibe gerissen und auf die Wangen geschlagen wurde. Aber ist denn um Himmels willen die Aussage zweier Zeugen genug, ums Leben zu bringen, wen immer sie zugrunde richten wollen? Wenigstens sollte doch gesichert sein, daß dergleichen Denunzianten nicht berüchtigte Gauner sind und daß sie nicht unwahrscheinliche Dinge aussagen.

Es ist wohl klar, daß, wenn die beiden untadeligsten Richter des Königreiches einen Mann beschuldigten, sich mit dem Mufti verschworen zu haben, den gesamten Staatsrat, das Parlament, den Rechnungshof, den Erzbischof und die Mitglieder der Sorbonne zu beschneiden, diese beiden Richter schwören könnten, sie hätten die Briefe des Mufti gelesen: man würde doch eher meinen, daß sie wahnsinnig geworden sind, als ihrer Beschuldigung zu glauben. Nun war es aber ebenso töricht anzunehmen, daß der General der Jesuiten in England eine Armee anwerben ließe, wie daß der Mufti in Frankreich den Hof beschneiden lassen wollte. Dennoch wurde unseligerweise dem Titus Oates geglaubt, damit es keine Art grausamen Irrsinns gäbe, die in der Menschenkopf nicht Eingang fände.

Nach englischem Recht ist jemand nicht einer Verschwörung schuldig, der zwar davon Kenntnis hat, sie aber nicht aufdeckt. Sie gehen davon aus, daß der Denunziant genauso niederträchtig ist wie der Verschwörer schuldig. Wer aber in Frankreich von einer Verschwörung weiß und sie nicht aufdeckt, wird mit dem Tode bestraft. Ludwig XI., gegen den oft Verschwörungen angezettelt wurden, erließ dieses schreckliche Gesetz. Ein Ludwig XIII., ein Heinrich IV. hätte es sich niemals in den Sinn kommen lassen.

Dieses Gesetz zwingt nicht nur einen rechtschaffenen Menschen dazu, ein Verbrechen anzuzeigen, das er durch kluge Ratschläge und seine Standhaftigkeit vereiteln könnte, sondern setzt ihn auch noch der Bestrafung als Verleumder aus, denn seine Mitverschworenen können leicht derartige Maßnahmen ergreifen, daß man sie nicht zu überführen vermag.

Dies war genau der Fall des ehrenhaften Staatsrates François-Auguste de Thou, Sohn des einzigen guten Geschichtsschreibers, dessen Frankreich sich rühmen kann, an Einsicht Guicciardini gleich, ihm aber vielleicht durch seine Unparteilichkeit überlegen.

Die Verschwörung richtete sich viel mehr gegen den Kardinal Richelieu als gegen Ludwig XIII. Es handelte sich keineswegs darum, Frankreich seinen Feinden auszuliefern, denn der Bruder des Königs, der hauptsächliche Urheber dieser Verschwörung, konnte nicht zum Ziele haben, ein Königreich preiszugeben, als dessen Thronerbe er sich betrachtete, sah er doch zwischen sich und dem Thron nur einen sterbenden älteren Bruder und zwei Kinder in der Wiege.

De Thou war vor Gott und den Menschen unschuldig. Einer der Agenten von Monsieur, dem einzigen Bruder des

Königs, sowie des Herzogs von Bouillon, regierenden Fürsten von Sedan, und des Oberstallmeister von Effiat Cinq-Mars hatte dem Staatsrat mündlich den Plan der Verschwörung mitgeteilt. Dieser ging zum Oberstallmeister Cinq-Mars und gab sich alle erdenkliche Mühe, ihn von seinem Vorhaben abzubringen, indem er ihm die Schwierigkeiten vor Augen hielt. Hätte er damals die Verschworenen angezeigt, so hätte er keinerlei Beweis gegen sie gehabt; er wäre durch das Ableugnen des präsumtiven Thronfolgers, die Aussage eines regierenden Fürsten, jene des königlichen Günstlings und schließlich durch den öffentlichen Abscheu belastet worden. Er hätte sich der Bestrafung als feiger Verleumder ausgesetzt.

Sogar der Kanzler Séguier überzeugte sich davon, als er de Thou dem Oberstallmeister gegenüberstellte. Es war während dieser Gegenüberstellung, daß de Thou folgende Worte sprach, die in den Gerichtsakten vermerkt sind: »Erinnert Euch, mein Herr, daß kein Tag verging, da ich nicht mit Euch von diesem Handel redete, um Euch davon abzuraten.« Cinq-Mars gestand dies völlig zu. Ein gerechter und menschlicher Richterspruch hätte ihm eher eine Belohnung als den Tod zuerkennen müssen. Er verdiente zumindest, daß Kardinal Richelieu ihn verschonte; aber die Menschlichkeit war dessen Tugend eben nicht. In diesem Fall trifft wohl *summum ius summa iniuria* mehr als zu. Das Todesurteil für diesen rechtschaffenen Mann lautete: »Weil er von besagter Verschwörung gewußt und daran teilgenommen hat«, aber es lautete nicht: »Weil er sie nicht aufgedeckt hat«. Es scheint, daß es ein Verbrechen ist, von einem Verbrechen zu wissen, und daß man den Tod verdient, weil man Augen und Ohren hat.

Alles, was man über ein solches Urteil sagen kann, ist, daß

es nicht von der Gerechtigkeit gefällt wurde, sondern von Kommissaren. Der Buchstabe des mörderischen Gesetzes war eindeutig. Nun ist es nicht allein Sache der Rechtsgelehrten, sondern aller Menschen, zu entscheiden, ob der Geist der Gesetze nicht in sein Gegenteil verkehrt wurde. Es ist ein trauriger Widerspruch, daß eine kleine Anzahl von Menschen einen anderen als Verbrecher zugrunde richten kann, den eine ganze Nation für unschuldig und der Achtung würdig hält.

XVI. Von der Aufdeckung durch die Beichte

Jaurigny und Balthazar Gérard, die Mörder des Fürsten Wilhelm I. von Orange, der Dominikaner Jacques Clément, Châtel, Ravaillac und alle die anderen Königsmörder dieser Zeit beichteten, bevor sie ihre Verbrechen begingen. Der Fanatismus hatte in diesen beklagenswerten Jahrhunderten ein solches Ausmaß angenommen, daß die Beichte nur eine weitere Verpflichtung war, jene ruchlosen Taten zu begehen; denn sie wurden dadurch geweiht, da die Beichte ja ein Sakrament ist.

Strada selbst sagt, daß Jaurigny »non ante facinus aggredi sustinuit, quam expiatam noxis animam apud dominicanum sacerdotem coelesti pane firmaverit«. Jaurigny wagte also seine Tat nicht zu unternehmen, bevor er seine Seele nicht durch das himmlische Brot gestärkt und durch die Beichte zu Füßen eines Dominikaners geläutert hatte.

Man liest in dem Verhör Ravaillacs, daß dieser Unglückselige, der von den Feuillantinermönchen kam und bei den Jesuiten eintreten wollte, sich zunächst an den Jesuiten d'Aubigny gewandt hatte. Er zeigte ihm, nachdem er ihm von mehreren Erscheinungen erzählt, die er gehabt hatte, ein Messer, auf dessen Klinge ein Herz und ein Kreuz eingraviert waren, wobei er folgende Worte an den Jesuiten richtete: »Dieses Herz weist darauf hin, daß das Herz des Königs dazu gebracht werden muß, die Hugenotten zu bekämpfen.«

Hätte nun d'Aubigny genügend Eifer und Umsicht besessen, um den König von diesen Reden zu unterrichten, und ihm den Menschen, der sie geführt, genau beschrieben, wäre der beste der Könige vielleicht nicht ermordet worden.

Am 20. August des Jahres 1610, drei Monate nach dem Tode Heinrichs IV., dessen Wunden in den Herzen aller Franzosen weiterbluteten, forderte der Generalstaatsanwalt Servin, dessen Andenken jetzt noch berühmt ist, die Jesuiten auf, die vier folgenden Artikel zu unterschreiben:

1. daß das Konzil über dem Papst stehe;

2. daß der Papst dem König durch den Bann keines seiner Rechte nehmen könne;

3. daß die Geistlichen dem König völlig untertan seien wie alle anderen auch;

4. daß ein Priester, der durch die Beichte von einer Verschwörung gegen den König und den Staat erfährt, dies dem Gericht anzuzeigen habe.

Am 22. beschloß das oberste Gericht eine Verfügung, die es den Jesuiten untersagte, in den Schulen zu lehren, bevor sie nicht diese vier Artikel unterzeichnet hätten; aber die römische Kurie war damals so mächtig und der französische Hof so schwach, daß diese Verfügung vergebens war.

Angemerkt zu werden verlohnt, daß die gleiche römische Kurie, die nicht wollte, daß die Beichte offengelegt würde, auch wenn es sich um das Leben eines Herrschers handelte, ihre Beichtväter verpflichtete, den Inquisitoren diejenigen anzuzeigen, die von ihren Beichtkindern in der Beichte bezichtigt wurden, sie verführt und mißbraucht zu haben. Paul IV., Pius IV., Clemens VIII. und Gregor XV.* befahlen diese Offenlegung. Das war eine recht lästige Falle für Beichtväter und bußfertige Sünder. Hieß das doch, ein Sakrament als Deckmantel für einen Ort der Denunziation und gar des Sakrilegs zu mißbrauchen. Denn nach dem alten Kirchenrecht und besonders den Beschlüssen des lateranischen Konzils, abgehalten unter Innozenz III., muß jeder Priester, der das Beichtgeheimnis verletzt, welcherart dies auch immer geschehen mag, vom Dienst suspendiert und zu lebenslangem Arrest verurteilt werden.

Aber es gab noch Schlimmeres. Es befahlen nämlich vier Päpste im 16. und 17. Jahrhundert die Anzeige eines Verbrechens der Unzucht und erlaubten nicht die des Königsmordes. Eine Frau beichtet oder behauptet in der Beichte bei einem Karmeliter, daß ein Franziskaner sie verführt habe. Der Karmeliter muß also den Franziskaner anzeigen. Ein fanatischer Mörder, der glaubt, daß er Gott dient, indem er seinen Fürsten umbringt, kommt, um in dieser Gewissensfrage einen Beichtvater zu Rate zu ziehen: Der Beichtvater begeht ein Sakrileg, wenn er seinem Herrscher das Leben rettet.

Dieser unsinnige und scheußliche Widerspruch ist eine unglückliche Folge des ständigen Gegensatzes, der seit so vielen Jahrhunderten zwischen den kirchlichen und den bürgerlichen Gesetzen besteht. Der Bürger findet sich bei hun-

---

* Die Verfügung von Gregor XV. stammt vom 30. August 1622; man lese hierzu die *Mémoires ecclésiastiques* des Jesuiten d'Auvigny, wenn man nicht die Sammlung päpstlicher Bullen vorzieht.

dert Anlässen in die Verlegenheit gesetzt, entweder ein Sakrileg oder das Verbrechen des Hochverrats zu begehen, und die Regeln für Gut und Böse befinden sich in einer Verwirrung, aus der man sie noch nicht herausgeholt hat.

Das Beichten von Verfehlungen ist zu allen Zeiten bei fast allen Völkern gutgeheißen worden. Man bezichtigte sich in den Mysterienreligionen des Orpheus, der Isis, der Ceres und der von Samothrake. Die Juden bekannten ihre Sünden bei der Feier des Versöhnungsfestes, und sie halten heute noch an diesem Brauch fest. Ein Beichtender wählt sich seinen Beichtvater, der seinerseits wiederum dessen Beichtkind wird. Einer nach dem anderen empfängt von seinem Nachbarn neununddreißig Peitschenhiebe, während er dreimal die Beichtformel hersagt, die nur aus dreizehn Worten besteht und folglich nichts an Einzelheiten zum Ausdruck bringt.

Keine dieser Beichten erstreckt sich jemals auf Einzelheiten, keine dient jenen geheimen Befragungen zum Vorwand, denen sich fanatische Pönitenten zuweilen gestellt haben, um das Recht zu erhalten, ungestraft zu sündigen, eine verderbliche Methode, welche eine heilsame Einrichtung korrumpiert. Die Beichte, welche die größte Bremse für Verbrechen darstellt, ist so in Zeiten des Aufruhrs und der Unruhe häufig selbst eine Ermutigung zum Verbrechen geworden; und wahrscheinlich wurde aus allen diesen Gründen in so vielen christlichen Gesellschaften ein heiliger Brauch abgeschafft, der ihnen ebenso schädlich wie nützlich erschien.

XVII. Über Falschmünzerei

Das Verbrechen der Falschmünzerei wird wie ein Hochverrat zweiten Grades betrachtet, und mit vollem Recht, denn alle Mitglieder des Staates zu berauben bedeutet das gleiche, wie den Staat zu verraten. Nun entsteht die Frage, ob ein Kaufmann, der Goldbarren aus Amerika kommen läßt und sie in seinem Hause zu gutem Gelde ummünzt, des Hochverrats schuldig ist und den Tod verdient. In fast allen Ländern wird dies mit dem Tode bestraft, obwohl er niemanden bestohlen hat. Im Gegenteil, er hat dem Staat einen Dienst erwiesen, er hat mehr Geld in Umlauf gebracht. Aber er hat sich das Recht des Herrschers angemaßt und bestiehlt ihn, indem er sich den kleinen Gewinn aneignet, den der König aus der Münze zieht. Er hat zwar gutes Geld geprägt, aber er setzt seine Nachahmer der Versuchung aus, schlechtes zu machen. Doch der Tod ist eine harte Strafe. Ich kannte einen Rechtsgelehrten, der meinte, man solle einen solchen Schuldigen als geschickten und nützlichen Mann dazu verurteilen, mit gefesselten Füßen in der königlichen Münze zu arbeiten.

XVIII. Über den häuslichen Diebstahl

Ist in den Ländern, wo ein kleiner häuslicher Diebstahl mit dem Tode geahndet wird, diese unverhältnismäßige Strafe nicht der Gesellschaft sehr gefährlich? Ist es nicht gar eine Einladung zum Diebstahl? Denn wenn es vorkommt, daß ein Herr seinen Diener für einen leichten Diebstahl der Justiz ausliefert und man diesem Unglücklichen das Leben nimmt, so hat die ganze Nachbarschaft Abscheu vor diesem

Herrn; man spürt, daß die Natur sich in Widerspruch mit dem Gesetz befindet und demnach das Gesetz nichts wert ist.

Was ist die Folge? Die bestohlenen Herren, die sich nicht gern mit Schande bedecken wollen, begnügen sich damit, ihre Bediensteten fortzujagen, die anderwärts wieder stehlen und sich an dieses Handwerk gewöhnen. Da die Todesstrafe gleicherweise auf einen ganz kleinen Diebstahl wie auf einen beachtlichen Raub steht, ist es wohl einleuchtend, daß sie versuchen werden, viel zu stehlen. Ja, sie können sogar zum Mörder werden, wenn sie glauben, dies sei ein Mittel, unentdeckt zu bleiben.

Wenn aber die Strafe dem Verbrechen angemessen ist, wenn ein Hausdieb zur öffentlichen Arbeit verurteilt wird, so wird ihn sein Herr ohne Bedenken anzeigen und der Diebstahl weniger häufig vorkommen. Alles bestätigt die tiefe Einsicht, daß ein strenges Gesetz manchmal die Verbrechen ververursacht.

XIX. Über den Selbstmord

Der berühmte Duvergier de Hauranne, Abt von St. Cyran, welcher als der Stifter von Port-Royal angesehen wird, schrieb um das Jahr 1608 eine Abhandlung über den Selbstmord, die eines der seltensten Bücher Europas geworden ist.

Die zehn Gebote, sagt er, verbieten zu töten. Der Selbstmord scheint in diesem Gebot ebenso eingeschlossen zu sein wie der Mord am Nächsten. Wenn es nun aber Fälle gibt, in welchen es erlaubt ist, seinen Nächsten zu töten, dann gibt es auch Fälle, in denen es erlaubt ist, sich selbst zu töten. Man darf jedoch sein Leben nicht antasten, ohne vorher die Vernunft zu Rate gezogen zu haben.

Die Staatsgewalt, die von Gott eingesetzt ist, kann über unser Leben verfügen. Die Vernunft des Menschen ist ein Strahl des ewigen Lichtes und kann auch an die Stelle der göttlichen Vernunft treten. Saint Cyran weitet dieses Argument so aus, daß man es als einen Sophismus ansehen kann; wenn er aber zur Erklärung und zu den Einzelheiten kommt, ist es schwieriger, ihm zu antworten. Man kann, so sagt er, sich für das Wohl seines Fürsten, seines Vaterlandes, seiner Eltern töten. In der Tat, wer würde einen Codrus oder Curtius verurteilen? Es gibt keinen Herrscher, der sich unterstanden hätte, die Familie eines Mannes, der sich für ihn aufgeopfert hat, zu bestrafen, ja es gibt keinen, der es wagte, sie nicht zu belohnen. Der heilige Thomas hat eben dies vor Saint-Cyran schon gesagt. Man braucht hier aber keinen Thomas, keinen Bonaventura noch einen Hauranne, um einzusehen, daß ein Mensch, der für sein Vaterland stirbt, unseres Lobes würdig ist.

Der Abt von Saint-Cyran schließt daraus, daß es erlaubt sein muß, das für sich zu tun, was gut ist, für einen anderen zu tun. Wir wissen zur Genüge, was Plutarch, Seneca, Montaigne und hundert andere Philosophen zur Verteidigung des Selbstmordes geschrieben haben. Es sind dies bekannte Gemeinplätze. Ich will hier keineswegs eine Handlung verteidigen, welche die Gesetze verbieten; aber weder das Alte noch das Neue Testament haben dem Menschen jemals verboten, aus seinem Leben zu scheiden, wenn er es nicht mehr ertragen kann. Kein einziges römisches Gesetz verbietet den Selbstmord. Im Gegenteil, hier das Gesetz des Kaisers Mark-Anton, das niemals widerrufen wurde:

»Wofern dein Vater oder dein Bruder, ohne eines Verbre-

chens beschuldigt zu sein, sich tötet, um sich der Schmerzen zu entledigen oder aus Lebensüberdruß, aus Verzweiflung oder im Wahnsinn, so soll sein Testament gültig sein, oder seine Erben sollen ihn ohne Testament beerben.«*
Ungeachtet dieses menschlichen Gesetzes unserer Lehrmeister lassen wir noch immer die Leiche eines freiwillig aus dem Leben Geschiedenen in einem Weidengeflecht von einem Pferd hinwegschleifen und durchbohren sie mit einem Pfahl; wir schänden sein Andenken; wir entehren seine Familie, wie wir nur können; wir bestrafen den Sohn dafür, seinen Vater verloren zu haben, und die Witwe, ihres Mannes beraubt zu sein. Das Vermögen des Toten wird obendrein noch konfisziert, was in der Tat bedeutet, den Lebenden ihr Erbteil, das ihnen gehört, zu rauben. Dieser Brauch hat wie so viele andere seinen Ursprung im kanonischen Recht, welches den Selbstmördern das Begräbnis versagt. Man schließt daraus nämlich, daß man einen Menschen nicht beerben könne, dem man keinen Anspruch auf die himmlischen Güter zugesteht. Das kanonische Recht versichert unter dem Titel *Poenitentia*, daß Judas ein größeres Verbrechen begangen habe, da er sich erhängte, als da er unseren Herrn Jesus Christus verkaufte.

XX. Über eine Art der Verstümmelung

Man findet in den Pandekten ein Gesetz Hadrians**, welches die Todesstrafe den Ärzten androht, die Männer zu

* Leg. I, Cod. lib. IX, tit. I, *De Bonis eorum qui sibi mortem* etc.
** Leg. IV, § 2, lib. XLVIII, tit. VIII, *Ad legem Corneliam de sicariis.*

Eunuchen machen, indem sie ihnen die Hoden heraus-
schneiden oder sie zerquetschen. Man konfiszierte auch aufgrund dieses Gesetzes das Vermögen derer, die sich solcherart verstümmeln ließen. Man hätte Origines bestrafen können, der sich dieser Operation unterzog, weil er folgende
Stelle des Matthäusevangeliums allzu streng ausgelegt hatte:
»Selig sind, die sich des Himmelreichs wegen verschnitten
haben.«

Die Dinge änderten sich unter den folgenden Kaisern, welche die asiatische Prachtentfaltung übernahmen, besonders
im oströmischen Kaiserreich zu Konstantinopel, wo man Eunuchen Patriarchen werden und Armeen befehligen sah.

Heute ist es in Rom üblich, die Kinder zu kastrieren, um sie
würdig zu machen, päpstliche Musikanten zu werden, so daß
castrato und *musico del papa* gleichbedeutend geworden
sind. Es ist noch gar nicht lange her, daß man in Neapel
über den Türen bestimmter Barbiere in großen Buchstaben
geschrieben fand: *Qui si castrano maravigliosamante i putti.*

*XXI. Über die mit allen bisher abgehandelten Verbrechen
verbundene Konfiszierung des Vermögens*

Es ist ein bei der Anwaltschaft anerkannter Grundsatz:
»Wer den Leib konfisziert, konfisziert auch das Vermögen.«
Ein Grundsatz, der in Ländern gilt, wo das Gewohnheitsrecht die Stelle der Gesetze einnimmt. Daher kommt es,
daß man die Kinder derjenigen Hungers sterben läßt, die
freiwillig ihre traurigen Tage beendet haben, genauso wie
die Kinder von Mördern. Auf diese Weise wird eine ganze
Familie in allen Fällen für das Vergehen eines einzigen
Menschen bestraft.

So etwa werden, wenn ein Familienvater durch ein willkürliches Urteil* lebenslänglich zur Galeere verurteilt
wurde, sei es, weil er einem Predikanten bei sich Unterkunft
gewährt hatte, sei es, weil er in irgendeiner Höhle oder
Wüste eine Predigt hörte, die Frauen und Kinder dazu gezwungen, ihr Brot durch Bettelei zu erwerben.

Diese Art von Rechtspflege, die darin besteht, den armen
Waisen das Brot vom Munde wegzureißen und jemandes
Vermögen anderen Leuten zu geben, war zu allen Zeiten in
der römischen Republik unbekannt. Sulla führte sie bei seinen Proskriptionen ein. Nun muß man zugeben, daß eine
von Sulla erfundene Räuberei kein nachahmenswertes Beispiel war. Daher wurde dieses Gesetz, das allein von Unmenschlichkeit und Habsucht ausgebrütet zu sein scheint,
weder von Cäsar noch von dem guten Kaiser Trajan noch
von den Antoniern befolgt, deren Name noch immer von
allen Völkern mit Ehrfurcht und Liebe genannt wird.
Schließlich fand unter Justinian die Konfiszierung nur noch
bei Majestätsverletzungen Anwendung.

Es sieht so aus, als seien in den Zeiten der feudalen Anarchie
die Fürsten und Grundherren nicht sehr reich gewesen und
hätten deshalb versucht, ihre Schätze durch die Verurteilung
ihrer Untertanen zu mehren und aus dem Verbrechen eine
Quelle ihrer Einkünfte zu machen. Die Gesetze waren bei
ihnen willkürlich, das römische Recht unbekannt, so daß
seltsame oder grausame Sitten vorherrschten. Heute aber,
da sich die Macht der Herrscher auf ungeheure und ihnen
sichere Reichtümer stützt, muß ihr Schatz nicht mit der Hin-

* Man sehe sich das Edikt vom 14. Mai 1724 an, welches auf
Betreiben des Kardinals Fleury hin erlassen und von ihm revi-
diert wurde.

terlassenschaft einer unglücklichen Familie angefüllt werden; sie wird für gewöhnlich dem Erstbesten, der danach
einkommt, überlassen. Woher aber hat ein Bürger das Recht,
sich mit dem Blut eines anderen Bürgers zu mästen?

Die Konfiszierung ist in den Ländern, wo das römische
Recht übernommen wurde, nirgends üblich, ausgenommen
im Gerichtsbezirk von Toulouse. Selbst in Ländern, in denen
sonst das Gewohnheitsrecht herrscht, wie dem Bourbonnais,
Berry, Maine, Poitou, wird sie nicht mehr vorgenommen,
und in der Bretagne erstreckt sie sich zumindest nicht auf
den Grundbesitz. Sie war früher in Calais üblich, aber die
Engländer schafften sie ab, als sie dort herrschten. Es ist
doch sehr merkwürdig, daß die Einwohner der Hauptstadt
unter einem strengeren Gesetz leben als die der kleinen
Städte. So ist die Rechtswissenschaft häufig in gleichem
Maße durch den Zufall bestimmt, ohne Regelmäßigkeit,
ohne Einheitlichkeit, wie die Hütten eines Dorfes gebaut
werden.

Wer würde glauben, daß im Jahre 1673, in Frankreichs
schönstem Jahrhundert, der Generalstaatsanwalt Omer Talon vor versammeltem Gericht folgendes in bezug auf ein
Fräulein von Canillac vorgebracht hat?*

»Im 13. Kapitel des 5. Buches Mose sagt Gott: Wenn du
dich in einer Stadt oder an einem Ort befindest, wo der
Götzendienst herrscht, so sollst du die Bürger derselben
Stadt schlagen mit des Schwerts Schärfe ohne Ansehung ihres Alters, ihres Geschlechts oder Stands. Und allen ihren
Raub sollst du sammeln mitten auf die Gasse, und mit Feuer
verbrennen beide, Stadt und allen ihren Raub miteinander,
dem Herrn, deinem Gott, daß sie auf einem Haufen liege

* *Journal du Palais*, t. I, 444

ewiglich. Mit einem Wort, bringe sie deinem Herrn zum Opfer und hüte dich, daß nichts von den Gütern dieses verfluchten Ortes in deinen Händen zurückbleibe. — So ward auch bei den Majestätsverbrechen der König Herr über das Vermögen und die Kinder wurden seiner beraubt. Als Naboth der Prozeß gemacht worden war, *quia maledixerat regi,* setzte sich der König Ahab in den Besitz seines Erbes. David, der davon unterrichtet worden war, daß Mephiboseth in die Empörung gegen ihn verwickelt gewesen, gab dessen ganzes Vermögen dem Ziba, der ihm die Neuigkeit hinterbracht hatte: *Tua sint omnia quae fuerunt Mephiboseth.*«

Es handelte sich darum, wer das Vermögen des Fräuleins von Canillac erben sollte, ein Vermögen, das ihrem Vater konfisziert worden und vom König einem Wächter des königlichen Schatzes übereignet worden war, der es danach wiederum der Erblasserin zurückgegeben hatte. Und für diesen Prozeß einer Tochter der Auvergne muß der Generalstaatsanwalt sich auf Ahab beziehen, den König über einen Teil Palästinas, der den Weinberg des Naboth einzog, nachdem er den Eigentümer mit dem Schwert der Gerechtigkeit ermordet hatte: Eine gräßliche Tat, die zum Sprichwort geworden ist, um den Menschen Abscheu vor der widerrechtlichen Besitzergreifung einzuflößen. Gewiß hat der Weinberg des Naboth keinerlei Beziehung zum Erbe des Fräulein von Canillac. Der Mord an Mephiboseth, dem Enkel des Königs Saul und Sohn des Jonathas, dem Freund und Beschützer Davids, und die Konfiszierung seines Vermögens haben auch keine größere Ähnlichkeit mit dem Testament dieses Fräuleins.

Mit eben dieser Pedanterie, diesem Gewirr dem Gegenstand völlig fremder Zitate, mit derartiger Ignoranz gegenüber den ersten Prinzipien der menschlichen Natur, mit diesen unverstandenen und schlecht angewandten Vorurteilen ist die Rechtsgelehrsamkeit von Leuten betrieben worden, die in ihrem Fach sehr geschätzt wurden. Ich überlasse es dem Leser, sich dazu zu denken, was überflüssig ist, ihm noch zu sagen.

XXII. Über das Strafverfahrensrecht und einige andere Formen

Wenn eines Tages in Frankreich menschliche Gesetze verschiedene gar zu strenge Gebräuche mildern, ohne deshalb das Verbrechen zu erleichtern, dann steht zu hoffen, daß man auch das Strafverfahren in den Abschnitten verbessern wird, bei denen die Verfasser eine gar zu große Strenge gezeigt haben. Das Strafverfahrensrecht scheint in mehreren Punkten nur auf das Verderben der Angeklagten ausgerichtet zu sein. Dies ist das einzige Gesetz, das im ganzen Reich einheitlich ist. Müßte es nicht für den Unschuldigen ebenso förderlich wie dem Schuldigen schrecklich sein? In England wird eine zu Unrecht vorgenommene Verhaftung von dem Minister, der sie veranlaßte, wieder gutgemacht, aber in Frankreich hat ein Unschuldiger, einmal in den Kerker geworfen und der Folter unterzogen, keinen Trost und keinerlei Entschädigung zu erwarten; er bleibt ein auf immer entehrtes Mitglied der Gesellschaft. Ein Unschuldiger entehrt! Und warum? Weil ihm die Glieder ausgerenkt wurden! Dabei dürfte er doch nur Mitleid und Achtung hervorrufen. Die Verfolgung von Verbrechen erfordert Strenge, es ist ein Krieg, den die menschliche Justiz gegen die Bosheit führt; aber Großmut und Mitleid sollten auch im Krieg noch geübt werden. Der Tapfere empfindet Mitleid; sollte der Rechtsgelehrte ein Barbar sein?

Vergleichen wir hier nur in einigen Punkten das römische Strafprozeßrecht mit dem unseren. Bei den Römern war die Anhörung der Zeugen öffentlich, im Beisein des Angeklagten, der ihnen antworten und sie selbst befragen oder ihnen einen Anwalt entgegenstellen konnte. Dieses Verfahren war würdevoll und aufrichtig, es atmete die römische Großherzigkeit.

Bei uns geschieht alles im Geheimen. Ein einziger Richter mit seinem Schreiber verhört jeden Zeugen, einen nach dem anderen. Dieses Verfahren, eingerichtet von Franz I., wurde von den Kommissaren bestätigt, welche das Edikt Ludwigs XIV. von 1676 verfaßten. Nur ein Irrtum ist dafür die Ursache.

Man hatte, als man im Codex *De Testibus* las, sich eingebildet, daß die Worte *testes intrare iudicii secretum* bedeuteten, die Zeugen sollten im Geheimen vernommen werden. Aber *secretum* bedeutet hier die Amtsräume des Richters. *Intrare secretum* mit *heimlich reden* zu übersetzen wäre kein Latein. Einem Übersetzungsfehler verdanken wir also diesen Teil unserer Rechtswissenschaft.

Die aussagenden Zeugen gehören gemeinhin zur Hefe des Volkes, die alles bezeugen, was der mit ihnen eingeschlossene Richter will. Diese Zeugen werden ein zweites Mal gehört, was wiederum heimlich geschieht und wobei ihnen ihre Aussagen erneut vorgelesen werden. Widerrufen sie ihre Aussagen dabei oder verändern sie sie in wesentlichen Punkten, so werden sie wegen Falschaussage bestraft. Deshalb wird ein Mensch schlichten Gemüts, der sich nicht auszudrücken weiß, aber rechtlich gesinnt ist und sich erinnert, daß er zuviel oder zuwenig ausgesagt, den Richter nicht richtig verstanden oder der Richter ihn falsch verstanden hat, und der aus Liebe zur Gerechtigkeit widerruft, was er gesagt, als Verbrecher bestraft und ist so häufig gezwungen, ein falsches Zeugnis nur aus der Furcht aufrechtzuerhalten, er könnte wegen Falschaussage belangt werden.

Flieht ein Beschuldigter, so setzt er sich auch der Verurteilung aus, das Verbrechen mag bewiesen sein oder auch nicht. Einige Rechtsgelehrte haben freilich versichert, daß der Abwesende nicht verurteilt werden darf, wenn das Verbrechen nicht stichhaltig bewiesen ist; andere, weniger aufgeklärte, aber wahrscheinlich einflußreichere Rechtsgelehrte waren der entgegengesetzten Meinung. Sie erdreisteten sich zu behaupten, die Flucht des Angeklagten sei ein Beweis des Verbrechens; die Mißachtung, welche er der Justiz erweise, indem er vor Gericht zu erscheinen sich weigere, verdiene die gleiche Strafe, wie wenn er überführt wäre. So wird ein Unschuldiger, je nachdem, welcher Sekte von Rechtsgelehrten der Richter sich angeschlossen hat, freigesprochen oder verurteilt.

Es ist ein großes Unwesen der französischen Rechtsgelehrsamkeit, daß man häufig die Träumereien und mitunter grausamen Irrtümer von Dunkelmännern, die ihre Meinung als Gesetze ausgegeben haben, für Gesetze hält.

Unter der Regierung Ludwigs XIV. wurden zwei Verordnungen erlassen, die im ganzen Reiche einheitlich sind. In der ersten, die das Zivilverfahren zum Gegenstande hat, wird den Richtern verboten, in Zivilsachen bei Nichterscheinen vor Gericht ein Urteil zu fällen, wenn die Klage nicht bewiesen ist; aber in der zweiten, welche das Strafverfahren regelt, ist keineswegs die Rede davon, daß der Angeklagte mangels Beweises freizusprechen ist. Das ist doch eine seltsame Sache! Das Gesetz gebietet, daß ein Mensch, den man wegen einer Schuldforderung verklagt hat, bei Nichterscheinen nur in dem Fall verurteilt wird, daß die Schuld nachgewiesen werden kann; wenn es sich aber um das Leben eines Menschen handelt, ist es ein Streitfall in der Anwaltschaft, ob ein Abwesender verurteilt werden darf, wenn das Verbrechen nicht nachgewiesen ist und das Gesetz die Schwierigkeit nicht löst.

Hat der Angeklagte die Flucht ergriffen, so fangt ihr gleich damit an, sein ganzes Vermögen einzuziehen und ein Verzeichnis herzustellen; ihr wartet noch nicht einmal ab, bis das Verfahren beendet ist. Noch habt ihr keinerlei Beweis, noch wißt ihr nicht, ob er unschuldig oder schuldig ist, und doch fangt ihr an, ihm ungeheure Kosten zu verursachen! Dies ist eine Strafe, so sagt ihr, für seinen Ungehorsam gegenüber dem Haftbefehl. Aber zwingt ihn nicht die unmäßige Härte eurer Strafgerichtspraxis zu diesem Ungehorsam?

Wird ein Mensch wegen eines Verbrechens angeklagt, werft ihr ihn sogleich in ein abscheuliches Gefängnis; ihr erlaubt ihm mit niemandem zu sprechen; ihr legt ihm Fesseln an, als ob ihr ihn bereits für schuldig befunden hättet. Die Zeugen, die gegen ihn aussagen, werden insgeheim vernommen. Er sieht sie nur einen Augenblick bei der Gegenüberstellung; noch ehe er ihre Aussagen hört, muß er schon die Gründe, die er gegen sie für ihre Unzulässigkeit hat, vorbringen und eingehend erläutern; er muß im gleichen Augenblick alle Personen benennen, welche diese Vorwürfe stützen können; nach der Verlesung der Aussagen werden ihm keine Vorhalte mehr gestattet. Wenn er den Zeugen nachweist, daß sie einige Sachen übertrieben oder andere ausgelassen oder sich in Einzelheiten geirrt haben, wird doch die Furcht vor Strafe sie auf ihrem Meineid beharren lassen. Wenn die Umstände, die der Angeklagte in seinem Verhör geschildert hat, von den Zeugen anders dargestellt werden, so reicht dies für die entweder unwissenden oder voreingenommenen Richter hin, einen Unschuldigen zu verurteilen.

Welchen Menschen versetzt ein solches Verfahren nicht in Schrecken? Welcher Mensch ist so gerecht, daß er sicher sein kann, ihm nicht zu erliegen? O ihr Richter! Wollt ihr, daß der beschuldigte Unschuldige nicht die Flucht ergreift, so erleichtert ihm die Mittel und Wege, sich zu verteidigen.

Das Gesetz scheint das Gericht zu verpflichten, sich gegenüber dem Angeklagten eher als Feind denn als Richter zu verhalten. Dieser Richter kann bestimmen, ob der Untersuchungsgefangene dem Zeugen gegenübergestellt wird oder nicht.* Wie kann etwas so Notwendiges wie die Gegenüberstellung der Willkür überlassen bleiben?

Das übliche Verfahren scheint in diesem Punkt dem Gesetz, das zweideutig ist, zu widersprechen; es kommt immer zur Gegenüberstellung, aber der Richter stellt nicht immer alle Zeugen gegenüber; er läßt häufig die aus, die den Angeklagten nicht erheblich belasten; indessen kann ein solcher Zeuge, der bei der Untersuchung nichts gegen den Angeklagten vorgebracht hat, bei der Gegenüberstellung zu dessen Gunsten aussagen. Der Zeuge kann für den Häftling günstige Umstände anfänglich vergessen haben; der Richter selbst kann zuvor den Wert dieser Umstände nicht erkannt und sie nicht zu Protokoll gegeben haben. Es ist daher von größter Wichtigkeit, daß alle Zeugen dem Häftling gegenübergestellt werden und die Gegenüberstellung in diesem Punkt nicht der Willkür unterworfen ist.

Wenn es sich um ein Verbrechen handelt, kann der Beschuldigte keinen Anwalt erhalten; er ergreift also die

---

* »Und, wenn nötig, stellt sie einander gegenüber«, besagt die Verordnung von 1670, Abschn. XV, Art. 1.

Flucht: dies lassen ihm alle Grundsätze der Anwaltschaft geraten erscheinen. Wenn er nun aber flieht, kann er verurteilt werden, ob das Verbrechen bewiesen ist oder nicht. Demnach wird ein Mann, von dem man die Bezahlung einer Schuld fordert, nur dann in Abwesenheit verurteilt, wenn die Schuld nachgewiesen ist; kommt es hingegen auf das Leben eines Menschen an, kann man ihn in Abwesenheit verurteilen, auch wenn das Verbrechen nicht erwiesen ist. Wie denn? Das Gesetz hätte mehr Aufhebens vom Geld als vom Leben gemacht? O ihr Richter! Fragt den frommen Antonius und den guten Trajan um Rat. Sie verbieten, daß Abwesende verurteilt werden.

Nun wohl! Euer Gesetz erlaubt einem, der öffentliche Gelder veruntreut hat, einem betrügerischen Bankrotteur, daß er das Ministerium um einen Anwalt angeht; und sehr häufig ist ein Mann von Ehre dieser Hilfe beraubt. Wenn sich auch nur ein einziger Fall finden läßt, in dem ein Unschuldiger vom Ministerium einen Anwalt zugewiesen bekommt, ist es dann nicht klar, daß das Gesetz, welches ihn dessen beraubt, ungerecht ist?

Der erste Präsident de Lamoignon sagte gegen dieses Gesetz, daß »der Anwalt oder Rechtsbeistand, den man dem Angeklagten zu geben gewohnt war, keineswegs ein von Gesetzen oder Verordnungen gestattetes Privileg ist, sondern eine durch das Naturrecht zugesicherte Freiheit, die älter ist als alle menschlichen Gesetze. Die Natur lehrt jeden Menschen, daß er zu der Einsicht der anderen seine Zuflucht nehmen soll, wenn es ihm an eigener fehlt, und um Beistand einkommen, wenn er sich nicht stark genug fühlt, sich zu verteidigen. Unsere Verordnungen haben den Angeklagten so viele Rechte genommen, daß es nur billig ist zu bewahren, was ihnen davon bleibt, und vornehmlich den Anwalt, der den wesentlichen Teil davon ausmacht. Wenn man unser Strafverfahren mit dem der Römer und anderer Nationen vergleicht, wird man feststellen, daß es kein strengeres als jenes gibt, nach welchem man sich in Frankreich richtet, besonders seit der Verordnung von 1539.«

Und dieses Verfahren ist noch strenger geworden seit der Verordnung von 1670. Es wäre weitaus milder geworden, wenn mehr Richter so gedacht hätten wie M. de Lamoignon.

Das Gericht von Toulouse hat einen recht sonderbaren Brauch bei dem Beweis durch Zeugen. Anderwärts werden halbe Beweise zugelassen, die im Grunde immer zweifelhaft sind, weil man weiß, daß es keine halben Wahrheiten geben kann; aber zu Toulouse läßt man Viertel und Achtel von Beweisen zu. Man kann zum Beispiel ein Wissen durch Hörensagen als ein Viertel und eines durch ein ungewisses Hörensagen als ein Achtel betrachten; dergestalt, daß acht Gerüchte, die nur das Echo eines unbegründeten Geredes sind, zu einem vollständigen Beweis werden können. Ungefähr nach diesem Prinzip wurde Jean Calas zum Rad verurteilt. Die römischen Gesetze forderten Beweise *luce meridiana clariores*.

XXIII. *Aufruf zu einer möglichen Reform*

Das Richteramt ist so verehrungswürdig, daß das einzige Land, in dem es käuflich ist, Gelübde ablegt, um von diesem Brauch befreit zu werden. Man wünscht, daß der Rechtsgelehrte nur durch sein Verdienst dazu gelangen kann, Recht zu sprechen, das er durch seine Wachsamkeit, seine Stimme und seine Schriften verteidigt hat. Vielleicht wird man dann vermittels glücklicher Bemühungen eine regelmäßige und einheitliche Rechtsprechung entstehen sehen.

Soll denn der gleiche Fall in der Provinz immer anders als in der Hauptstadt entschieden werden? Muß es denn so sein, daß der gleiche Mensch in der Bretagne recht, im Languedoc aber unrecht hat? Aber was sage ich? Es gibt so viele verschiedene Rechtsprechungen wie Städte; ja, in einem Gerichtsbezirk sind die Grundsätze der einen Kammer nicht die der anderen des gleichen Gerichts.*

Welch ungeheurer Widerspruch zwischen den Gesetzen ein und desselben Reiches! Zu Paris wird ein Mann, der ein Jahr und einen Tag lang in der Stadt seine Wohnung gehabt hat, als Bürger angesehen. In der Franche-Comté wird ein freier Mann, der ein Jahr und einen Tag lang ein Haus, das dem Recht der toten Hand unterworfen ist, bewohnte, zum Sklaven; seine Verwandten aus den Seitenlinien können nicht erben, was er anderwärts erworben hat, und seine eigenen Kinder werden an den Bettelstab gezwungen, wenn sie ein Jahr entfernt von dem Haus verbringen, wo ihr Vater gestorben ist. Die Provinz wird *franche*, frei genannt, aber was ist das für eine Freiheit!

Wenn man Grenzen zwischen der Staatsgewalt und den kirchlichen Bräuchen ziehen will, welch unendliche Streitereien! Wo sind diese Grenzen zu finden? Wer vermag die ewigen Widersprüche zwischen der Staatskasse und der Rechtsprechung zu versöhnen? Und schließlich, warum werden in einigen Ländern die Urteile niemals begründet? Schämt man sich etwa, Rechenschaft für sein Urteil abzugeben? Warum unterbreiten diejenigen, welche im Namen

* Man schlage hierzu beim Präsidenten Bouhier nach.

des Herrschers urteilen, ihre Todesurteile nicht dem Herrscher, ehe sie vollzogen werden?

Wohin man auch immer seinen Blick richten mag, man findet Widersprüche, Härte, Ungewißheit und Willkür. Wir
suchen in diesem Jahrhundert alles vollkommen zu machen;
laßt uns doch die Gesetze vervollkommnen, von denen unser Leben und unser Wohlergehen abhängen.

Preis der Gerechtigkeit und der Menschenliebe

Berner Zeitung Nr. XIV, den 15. Februar 1777.

Zwei edle Menschenfreunde, die auch sogar dem Lob und dem Dank, den die Welt ihnen schuldig ist, durch Geheimhaltung ihres Namens entsagen wollen, haben der ökonomischen Gesellschaft zu Bern in der Schweiz eine Summe von hundert französischen Louisd'or zugesandt, welche demjenigen werden erteilt werden, der den vollständigsten und ausführlichsten Plan einer Kriminalgesetzgebung unter dem dreifachen Gesichtspunkt verfassen wird: 1) Von den Verbrechen und den ihnen angemessenen Strafen. 2) Von der Natur und der Stärke der Beweistümer und der Vermutungen. 3) Von der Art, vermittelst der Kriminal-Prozedur dergestalten dazu zu gelangen, daß die Gelindigkeit des Verhörs und der Strafen mit der Gewißheit einer schleunigen und exemplarischen Strafe vereiniget werde und die bürgerliche Gesellschaft die größte mögliche Sicherheit finde, mit der größten möglichen Ehrfurcht für die Freiheit und die Menschheit vereinbaret. — Der Preis wird zu Ende des Jahrs 1779 zugesprochen werden, und die einzusendenden Stücke müssen an den Herrn Doktor *Tribolet*, beständigen Sekretär der Sozietät, franco adressieret sein. Man wird solche bis auf den 1. Juli 1779 annehmen. Sie können in lateinischer, französischer, deutscher, italienischer oder englischer Sprache geschrieben sein. Der Name des Verfassers muß in einem versiegelten Zettel stehen, der die gleiche Devise haben soll wie die Schrift, die denselben begleiten wird.«

Ein anderer Unbekannter, von gleichem Eifer beseelt, legt

noch 50 neue Louisd'or zu dem vorgelegten Preis und läßt
sie der gleichen Gesellschaft einhändigen, damit sie den Preis
nach Belieben vermehren oder ein *Accessit* gestatten kann.
Wir legen hiermit denjenigen, welche diesen so wichtigen
Gegenstand bearbeiten wollen, unsere Zweifel vor, damit
sie uns dieselben benehmen können, wenn sie es der Mühe
wert halten.

Erster Artikel
Von den Verbrechen und verhältnismäßigen Strafen

Immer wird man den Gesetzen die Schwäche der Menschen,
welche dieselben verfertigen, ansehen. Sie sind ebenso veränderlich, wie diese sind.
Die Mächtigen bei den großen Völkern haben einige Gesetze
nur in der Absicht gegeben, um die Schwächern zu unterdrücken. Sie waren so zweideutig, daß eine Menge Ausleger
sich daran wagten, sie zu erklären; allein da sie ihre Glossen
ebenso machten, wie man ein Handwerk treibt, um Geld zu
gewinnen, so wurden die Erklärungen dunkler als der Text.
So verwandelte man das Gesetz in einen zweischneidigen
Dolch, der den Unschuldigen wie den Strafbaren um das
Leben bringt, und anstatt die Völker damit zu beschützen,
plagte man sie mit dieser Geißel so oft, daß man zu zweifeln
anfängt, ob es nicht die beste Gesetzgebung wäre, gar keine
zu haben.
In der Tat, wenn man einem einen Prozeß anhängt, wo es
auf Leib und Leben ankommt, und er auf der einen Seite die
zusammengestoppelten Erklärungen der Bartole und Cujas,
auf der andern zwanzig eben nicht gelehrte, aber unpartei-
ische Greise, ein von Leidenschaften unverdorbenes, über

jede entnervende Versuchung des Bedürfnisses erhabenes Herz und ein durch eine lange Fertigkeit in den Geschäften berichtigtes gesundes Urteil antrifft, so sage man mir, wen er sich lieber zum Richter wählen wird, diesen Haufen stolzer, ebenso eigennütziger als unverständiger Schwätzer, oder diese zwanzig unwissenden aber ehrwürdigen Greise?

Nachdem ich die fast unüberwindliche Schwierigkeit, ein gutes, von Strenge und Nachsicht gleich entferntes Gesetzbuch über die Verbrechen zu machen, genug empfunden habe, so erkläre ich mich gegen die, welche ein so mißliches Geschäft übernehmen wollen, und bitte sie, mir ein Licht über die Verbrechen zu geben, denen die unglückliche menschliche Natur am meisten unterworfen ist. Soll ein gesitteter Staat ihnen nicht vielmehr, soviel als möglich ist, zuvorkommen, als an ihre Bestrafung denken?

Ich würde ihnen vorschlagen, die Tugenden unter dem Volk zu belohnen, so wie es in dem ältesten und gesittetsten Reich der Erde durch ein Gesetz eingeführt ist, wenn uns unser Gegenstand nicht für itzo auf die Bestrafung der Verbrechen einschränkte.

Wir wollen bei dem Diebstahl anfangen, der unter den Verbrechen das gewöhnlichste ist.

Zweiter Artikel
Von dem Diebstahl

Da die Beutelschneiderei, der Raub, der Diebstahl gemeiniglich das Verbrechen der Armen und hingegen die Gesetze das Werk der Reichen sind, glauben Sie nicht meine Herren, daß alle Regierungen, die in den Händen der Reichen sind, damit anfangen sollten, das Betteln auszurotten, anstatt die

Gelegenheiten auszuspähen, um die Bettler dem Henker zu überliefern?

In blühenden Reichen hat man Edikte, Verordnungen, Ratschlüsse bekannt gemacht, um die schreckliche Menge der Bettler, welche der Menschheit zur Unehre gereichen, sich selbst und dem Staat nützlich zu machen. Aber die Vollziehung ist so weit entfernt, daß der weiseste Entwurf zugleich der fruchtloseste war. So sind diese großen Staaten immer noch eine Pflanzschule der Diebe von allen Gattungen. Man henkt daselbst, wie bekannt, die kleinen Diebe auf; der Hausdiebstahl wird durch den Galgen zwar bestraft, aber nicht verhindert.

Noch vor kurzer Zeit sah man in einer sehr reichen Stadt ein Weibsbild von 18 Jahren von ausnehmender Schönheit aufhängen. Was war ihr Verbrechen? Sie hatte ihrer Frau, einer Wirtin, die ihr ihren Lohn nicht bezahlte, 18 Servietten entwandt.

Der Pöbel, der ebenso leicht diesen traurigen Schauspielen nachläuft als einer Predigt, weil er dazu kommen kann, ohne etwas zu bezahlen, zerfloß in Tränen: und keiner hätte es gewagt, dieses unglückliche Opfer zu befreien, so erbittert sie auch alle über die grausame Urheberin ihres Unglücks waren.

Was ist die Wirkung dieses unmenschlichen Gesetzes, welches das kostbare Leben gegen 18 Servietten in die Waagschale legt? Keine andere als die Vermehrung der Diebstähle. Denn welcher Hausherr kann wohl alle Empfindungen der Ehre und des Mitleidens so sehr ersticken, daß er einen Hausgenossen, der sich eines geringen Vergehens schuldig gemacht, sogleich an den Galgen liefern sollte? Er begnügt sich damit, ihn fortzujagen; dieser stiehlt anderwärts und wird oft aus einem Dieb ein Mörder. Das Gesetz hat ihn dazu verleitet; alle Verbrechen kommen auf die Rechnung dieses Gesetzes.

In England hat man das Gesetz, das einen Diebstahl, der über 12 Sous beträgt, mit dem Tode straft, noch nicht abgeschafft. Sehr wohlfeil kommt man zu dieser Todesstrafe! Überdies ist der Strang auf die Entwendung des geringsten Hausgerätes in einem königlichen Haus gesetzt; und man hat hiervon Beispiele.

Warum dieses? Will man dadurch den Schaden, den man dem König zugefügt, ersetzen? Ist doch der König gewiß in seinem Königreich der Mensch, der die Verarmung durch Beraubung des Seinigen am wenigsten zu befürchten hat. Oder sieht man den Verbrecher als einen Sohn an, der seinen Vater bestohlen hat? In diesem Fall würde der Vater vergeben. Oder hat vielleicht der Sklave seines Herrn Gut entwandt? Hierüber darf ich nun nichts mehr sagen; ich könnte zuviel sagen!

Wird die Nachwelt glauben, daß man in England, wo seit den letztern Jahrhunderten so viele dem Volk günstige Gesetze abgefaßt worden sind, den Schleichhandel mit Hammelshäuten mit den Tode bestraft hat? Wird man glauben, daß 1624 der König von Spanien, Philipp IV., jeden, der ein Pfund Gold, Silber oder Kupfer aus dem Reich schickte, durch ein Edikt zum Galgen verurteilt hat? Sollte man glauben, daß dieses der Beherrscher der Bergwerke in Mexiko und Peru war?

Fast in allen katholischen Ländern, wo man einen Kelch, eine Monstranz stiehlt, ist das Verbrennen die gewöhnliche Strafe; so ist es in der peinlichen Halsgerichtsordnung in Frankreich bestimmt. Man untersucht alsdann nicht, ob nicht ein Hausvater diese Geräte in einer Hungersnot entwandt habe, um seine sterbende Familie zu erhalten; ob der Strafbare die Ehre Gottes selbst habe antasten wollen, ob man überhaupt sie antasten könne, ob er eine Monstranz nötig habe; ob der Dieb gewußt habe, was eine Monstranz ist; ob diese silberne und vergüldete Monstranz nicht aus Nachlässigkeit liegen geblieben: lauter Umstände, welche das Verbrechen vermindern würden. Hat der Küster, der dieses Gesetz gemacht hat, auch daran gedacht, daß ein lebendig verbrannter Mensch seine Fehler nicht mehr bereuen noch vergüten kann?

Im Jahr 1777 wurde in London der berühmteste Prediger in England, namens *Dodd*, der neben seiner ausgezeichneten Gabe zu predigen auch das Zutrauen der Furchtsamen in Gewissensfällen und allen Eifer hatte, mildtätige Anstalten in Aufnahme zu bringen, gehenkt. Man hat ihn überführt, er habe vermittelst einer nachgemachten Unterschrift des jungen Grafen von Chesterfield, der ihn als Capellan bei sich hatte und ihm eine jährliche Pension bezahlte, einen falschen Wechselbrief von 5000 Pfund Sterling ausgestellt. Mehr als 20 000 Bürger sollen um Gnade für ihn gebeten haben; allein die Regierung sah sich genötigt, sie abzuschlagen, weil dieses Verbrechen bei dieser kriegerischen Nation, welche die Handlung so weit ausbreitet, ganz gemein ist. Alle Betschwestern sahen der Hinrichtung ihres Predigers mit Tränen zu und wurden durch seinen Tod erbaut. Ohnfehlbar würde sein Beispiel mehr Eindruck gemacht und Nutzen verschafft haben, wenn man ihn einige Jahre hindurch mit einer Kette um den Hals auf die Straßen in London geführt und verurteilt hätte, den Unflat mit seinen priesterlichen Händen wegzuputzen; nach Verfluß einiger Zeit wäre er auf die Insel Terreneuve, welche Arbeiter nötig hat, verschickt worden, um Stockfische einzumachen. In der Stadt hätte er noch nach Belieben Buße umher gepredigt;

auf der Insel hätte er die Wilden und Taglöhner gesitteter gemacht, sich verheiratet, Kinder gezeugt und sie in der Furcht Gottes und Liebe des Nächsten auferzogen.

Der Abbé de Lacoste, der lange Zeit in Paris an einem Journal, *Année litteraire*, gearbeitet, verfiel in das gleiche Laster wie der Prediger Dodd, wurde aber nur auf die Galeeren verurteilt. Er war gut gebildet und sehr stark. Solang er noch lebte, war er seinem Vaterland nützlich.

In Frankreich und Deutschland läßt man ohne Unterschied alle Straßenräuber oder solche, die neben dem Raub noch einen Mord begangen, auf dem Rad sterben. Wie, hat man denn nicht vorausgesehen, daß man den Räubern damit wie zu verstehen gibt, sie sollen ermorden, um dadurch die Gegenstände und Zeugen ihrer Laster ganz auszurotten? In England morden die Räuber selten, weil sie durch kein Gesetz, das den Unterschied zwischen Mord und Raub nicht beobachtet, zu Mordtaten gezwungen werden.

Strafet — aber strafet nicht blindlings. Strafet aber so, daß die Strafe noch nützlich ist. Man hat die Gerechtigkeit mit verbundenen Augen gemalt, damit sie durch die Vernunft geleitet werde.

Dritter Artikel
Von der Mordtat

Ihnen kommt es zu, meine Herren, zu untersuchen, in welchen Fällen es der Billigkeit gemäß ist, einem Ihrer Nebenmenschen das Leben, das ihm Gott gegeben, zu nehmen.

Man sagt, der Krieg habe zu allen Zeiten nicht nur zu Mordtaten berechtigt, sondern noch einen Ruhm damit verknüpft. Woher kommt es aber, daß die Brachmanen den

Krieg immer ebensosehr verabscheut haben als der Araber und Ägypter die Schweine? Woher kommt es, daß die Pythagoräer, die Therapeuten, die Troglodyten, die Essener und alle diejenigen, die ihnen eine Zeitlang nachahmen wollten, die so gerühmte und von allerhand Göttern befohlenen, mit ihrer Gegenwart beehrten Schlachten nicht anders angesehen haben als eine Menge der schändlichsten Mordtaten und einen Zusammenfluß aller Laster? Jene Sekte, der man den lächerlichen Namen der Quäker gegeben, hat mehr als ein Jahrhundert hindurch den Krieg vermieden und verabscheut, bis auf den Tag, da sie von ihren christlichen Brüdern in London genötigt worden, einem Vorrecht zu entsagen, das sie fast vor allen Einwohnern des Erdbodens auszeichnete. Die Menschen könnten doch wohl leben, ohne sich zu töten! Aber hier schreit eine Bürgerrache über einen Unmenschlichen, der ihm ein Aug ausgeschlagen, oder über einen grausamen Mörder, der seinen Bruder getötet; er fordert zur Rache das Auge seines Feindes, der ihn einäugig geschlagen, und das Blut des Mörders, der seinen Bruder erwürgt, und beruft sich auf die Vollziehung des alten allgemeinen Wiedervergeltungsrechtes.

Könnte man einem solchen nicht antworten: Wenn der, der euch um ein Aug gebracht hat, ein Aug weniger hätte, hättet ihr darum eines mehr? Wird euer Bruder dadurch wieder lebendig werden, wenn man seinen Mörder in Qualen sterben läßt? Wartet einige Tage zu; euer gerechter Schmerz wird sich in dieser Zeit etwas mäßigen; ihr werdet es nicht ungern sehen, wenn euch derjenige, der eure Augen verstümmelt hat, eine Summe Geldes bezahlen muß. Ihr werdet euer Leben um desto angenehmer zubringen; überdies soll er euch einige Jahre als Sklave dienen, wenn ihr ihm seine beiden Augen lassen wollt, damit er euch desto nützlicher sein kann.

Was den Mörder eures Bruders anbelangt, so soll er lebenslang euer Sklave sein: dadurch wird er euch, dem Staat und
sich selbst noch nützlich sein.

Seit vierzig Jahren wird dieses in Rußland beobachtet. Man
zwingt die Verbrecher, die das Vaterland beleidigt haben,
dem Vaterland beständig Dienste zu tun. Ihre Strafe ist eine
beständige Lehre; und seit dieser Zeit ist dieser unermeßliche Staat nicht mehr so verwildert.

Es sei ferne von mir, hier jenen wilden Sitten, die zur Zeit
des Zerfalls des römischen Reichs und Karls des Großen geherrscht haben, eine Lobrede zu halten. Wenn einer vierhundert Taler übrig hatte und nicht wußte, was er damit
anfangen sollte, so konnte er nach seiner eigenen Wahl einen
Vasallen oder einen Bischof totschlagen. Jeder Totschlag
hatte seinen gesetzten Preis. In Polen konnte noch bis auf
unsere neueren Zeiten jeder schlechte arme Edelmann, der
Könige wählt und Tyrannen ausrottet, *elector regum, de-
structor tyrannorum*, einen Landmann und Leibeigenen um
30 Franken nach unserer Münze umbringen. In dem alten
Lehensregiment wurde das Leben eines Menschen nicht hö-
her geschätzt.

Meine Absicht ist nicht, Mordtaten zu begünstigen, sondern
vielmehr ein Mittel vorzuschlagen, wodurch sie ohne einen
neuen Mord abgestraft werden — ein Mittel, die Familie zu
rächen, und doch dabei zu vergeben. Wenn ein Mörder in
der Türkei zum Tode verurteilt wird, so steht es dem Erben
des Getöteten frei, ihn zu begnadigen; dieses ist das alte
Gesetz, das die Türken von dem Ufer des hirkanischen
Meers hergebracht und welches alle alten skytischen Völker
beobachtet haben.*

* Eine Gesellschaft, die drei Bände mit viel nützlicher Gelehrsamkeit über den *Geist der Gesetze* angefüllt hat, macht von

Völker, die ihr bei dem Anbau höherer Wissenschaften und angenehmer Künste doch noch in euren rohen Gesetzen den Irokesen gleicht, bedenket, daß ehemals skytische Weltweise die Griechen schamrot gemacht!

Ihr, die ihr an der Verbesserung dieser Gesetze arbeitet, forschet doch mit dem Rechtsgelehrten Beccaria nach, ob es auch der Vernunft gemäß sei, daß die Obrigkeit, um einen Abscheu vor den Mordtaten unter den Menschen zu erhalten, selbst einen Totschlag begehe und einen Menschen mit großem Gepränge hinrichte.

Sehet doch, ob es nötig ist, ihn zu töten, wenn man ihn auf eine andere Art strafen kann, und ob man einen von euren Landsleuten besolden muß, daß er seinen Landsmann mit

einer merkwürdigen Stelle aus den Reisen des Chardin Gebrauch, ich finde sie von dem zweiten Band der Ausgabe 1711 in zwei Kolonnen in Quart, S. 297: »Da ich in Persien ankam, so kamen mir die Perser als Barbaren vor, weil ich sah, daß sie nicht nach der Methode wie wir zu Werk gehen. Es befremdete mich, daß ich bei ihnen keine öffentlichen Gefängnisse, keinen Scharfrichter, weder Ordnung noch gesetzmäßiges Verfahren antraf. Ich dachte, daß dieses daher komme, weil sie nicht so gesittet sind wie wir ... Allein ich sah in den fünfzehn Jahren, die ich im Morgenland zugebracht, daß die Laster nicht so häufig waren. Man hört fast niemals von dem Einbrechen in die Häuser, von Mordtaten reden; man weiß nicht, was der Totschlag, was Schlägereien, was Vergiftung ist. Ich sah während meinem ganzen Aufenthalt in Persien nur einen einzigen Menschen hinrichten.« Hierauf erzählt Chardin, wie der Richter die Familie des Getöteten ermahnt, sich mit dem Mörder zu vergleichen. Allein er berichtet dabei auch, wie die Sophis in ihrer Trunkenheit in unglaubliche Grausamkeiten ausschweifen. Seit Chardin ist Persien der Schauplatz unerhörter Mordtaten geworden. Der bürgerliche Krieg hat alles verwüstet. Dies ist beinahe die Zeit Karls IX. in Frankreich und Karls I. in England, wenn anders etwas unsern Religionskriegen gleichkommen kann.

einer gewissen Geschicklichkeit umbringe; den einzigen Fall ausgenommen, wo kein anderes Mittel mehr möglich ist, das Leben des mehreren Teils zu erhalten. Dies ist eben der Fall, in welchem man einen wütenden Hund tötet.

In jedem andern Fall verurteilet den Missetäter dazu, daß er das Leben, das ihr ihm schenkt, zum Besten des Staats verwenden und beständig für das Land, worin er Schaden verursacht hat, arbeiten muß. Der Tod vergütet nichts; er muß also durch sein Leben soviel möglich vergüten.

Vielleicht wird man einwenden: »Beccaria irrt sich, wenn er mühsame, aber nützliche Arbeiten, die das ganze Leben hindurch fortdauern, andern Strafen vorzieht; denn sein Urteil beruht bloß auf der Meinung, daß diese lange und schimpfliche Arbeit weit schrecklicher als der Tod selbst ist, dessen Empfindung nur eine kurze Zeit dauert.« Man wird behaupten, daß, wenn Beccaria recht hätte, er weit grausamer wäre als der Richter, der zum Galgen, zum Rad oder zum Feuer verurteilt und wegen der Kürze des Leidens noch Nachsicht gegen den Übeltäter hat.

Hierauf kann man ohne Zweifel antworten, daß es hierbei nicht darauf ankommt auszumachen, welche Strafe die gelindeste, sondern vielmehr, welche die nützlichste sei. Der wichtigste Gegenstand ist, wie wir angezeigt haben, das allgemeine Beste, dem man das Strafen unterordnen muß. Ohne Zweifel leistet ein Mensch, der sein ganzes Leben hindurch dazu verurteilt ist, Überschwemmungen durch Dämme von einer Gegend abzuhalten, Kanäle auszugraben, um die Handlung dadurch zu erleichtern, oder ansteckende Sümpfe auszutrocknen, dem Staat wichtigere Dienste als ein totes Gerippe, das an einer eisernen Kette an dem Galgen schwebt oder stückweise auf ein Karrenrad geflochten ist.

Vierter Artikel
Von dem Zweikampf

Werden Sie, meine Herren, nicht auch von dem Zweikampf
reden, der bei unsern neueren Nationen rühmlich und doch
zugleich henkenswert ist? Werden Sie uns nicht sagen, warum die Scipionen, Metellus, Cäsar und Pompejus niemals
auf eine Wiese hinausgingen, sich in Terzen und Quarten
herumzustoßen, und warum ein Unterlieutenant aus Bis-
kayen oder Gaskonien seinen Ruhm darin sucht, aber zur
Belohnung seiner Tapferkeit und Erhöhung in den Ritter-
stand zum Galgen verurteilt wird?
Werden Sie nicht beobachten, daß eine jede Gesellschaft
einen Schelm, von was für einem Stand er sei, fortjagt,
wenn man ihn über einem Betrug im Spiel, gesetzt es wären
auch nur einige Pistolen, ertappt, und daß hingegen eben
diese es sich zur Pflicht macht, Menschen, die sich der zwei
schädlichsten Laster unter den Menschen, des Zweikampfs
und des Ehebruchs, schuldig gemacht, zu beschützen, zu retten und ihnen fortzuhelfen?
Man macht sich keine Bedenken, diese zwei Verbrechen zu
befördern, deren das eine dem Staat seine Beschützer raubt,
das andere so vielen Hausvätern und Fürsten Erben liefert,
die nicht ihre Kinder sind. Finden Sie nicht die Barbaren im
Morgenland, die Türken, weiser als unsere gesitteten Barbaren im Abendland? Jene kennen weder den Zweikampf
noch die Liebeshändel in der Ehe. Und Sie werden doch zugeben, daß es eine glückliche Unwissenheit in Verbrechen
gibt und daß man wohltut, sie zu unterhalten.

Fünfter Artikel
Von dem Selbstmord

Wir haben von den Mördern ihres Nächsten geredet. Nun wollen wir ein Wort von denen sagen, die sich selbst entleiben. Diese bekümmern sich wenig darum, wenn sie ganz tot sind, daß das Gesetz in England verordnet, sie mit einem Stecken durch den Leib auf den Straßen herumzuschleppen, oder daß in andern Staaten die Halsrichter sie an den Füßen aufknüpfen lassen und ihre Güter einziehen. Allein die Sache liegt ihren Erben desto mehr am Herzen. Scheint es Ihnen nicht grausam und ungerecht, ein Kind seines väterlichen Erbteils zu berauben aus keinem andern Grund, als weil es der Vater zu einem Waisen gemacht hat? Diese alten, heutzutag vernachlässigten Gewohnheiten, die jedoch durch kein Gesetz abgeschafft sind, waren ehemals heilige Gesetze. Denn die Kirche teilte mit dem Lehensherrn, er mochte König oder Baron sein, das bare Geld, die Güter und Mobilien eines Menschen, dem das Leben verleidet war. Man sah ihn als einen Sklaven an, der seinem Herrn entflohen, und nahm ihm sein Gut.

Indessen hat das kanonische Recht, welches bei unseren unwissenden und wilden Voreltern die Stelle der Halsgerichtsordnung vertrat, weder in dem Neuen noch Alten Testament eine einzige Stelle finden können, worin der Selbstmord verboten wird.

Vergil sagt im sechsten Buch, daß diejenigen, die sich selbst den Tod angetan, ihre Zeit in dem Vorhof der Hölle zubringen und den Verlust ihres Lebens bedauern.

»... quam vellent aethere in alto
Nunc et pauperiem et duros perferre labores!«

Vergil bedauert sie, obwohl es noch zweifelhaft ist, ob sie so sehr zu bedauern sind, allein er verdammt sie doch nicht. Der Kaiser Antoninus verordnete, daß man ihre Asche nicht stören und ihre Testamente nicht für ungültig erklären solle.

Der Abbé von St. Cyran, der Patriarch der Jansenisten, der ehemals für eine kurze Zeit berühmt war, schrieb im Jahr 1608 ein Buch zur Verteidigung des Selbstmords. Was man über diese Handlung, die man bald als heldenmütig, bald als feig vorstellt, gesagt hat, läuft auf folgendes hinaus. »Ihr gehört dem Staat an — es ist Euch nicht erlaubt, ohne seinen Befehl euren Posten zu verlassen.« Hingegen sagt man, um sie zu rechtfertigen: »Der Staat kann meiner nach meinem Tod wohl entbehren, so wie er mich vor meiner Geburt nicht vermißt hat. Ich bin mit meinem Haus nicht zufrieden, ich verlasse es, auch wenn ich kein besseres finden sollte. Aber welche Torheit ist es von Euch, mich an den Füßen aufzuhängen, wenn ich nicht mehr lebe. Was begeht Ihr für einen Raub, daß Ihr meinen Kindern ihr Erbe nehmt!«

Sechster Artikel
Von den Kindsmörderinnen

Wenn ich die Selbstmörder zu sehr entschuldigt habe, so erschrecke ich, den Müttern, die ihre Kinder wegwerfen, und besonders jenen unglücklichen Opfern der Liebe und der Ehre, oder vielmehr der Schande, zu sehr das Wort zu reden.

Man hat das berühmte Edikt Heinrichs II., Königs in Frankreich, für so gut gehalten und in Aufnahme gebracht, worin verordnet wird, daß jedes Weib oder ledige Tochter, die ihre Schwangerschaft verhehlt hat und mit einem toten Kind, das die Taufe nicht empfangen hat, niederkommt, an dem Leben gestraft werden solle.

Das Gesetzbuch Karls V., das man unter dem Titel *Carolina* kennt, befiehlt, die Mutter nur in dem Fall, wenn das Kind lebendig zur Welt gebracht worden, hinzurichten. Einem noch gelinderen Gesetz in England zufolge entgeht die Mutter der Todesstrafe, wenn sie einen einzigen Zeugen anführen kann, der bezeugt, daß sie mit einem toten Kind niedergekommen.

Der Widerspruch, der in diesen Gesetzen herrscht, sollte auf die Vermutung bringen, daß sie nicht gut sind und daß es besser wäre, Spitäler einzurichten, wo jede Weibsperson, die sich anmeldet und daselbst niederkommen will, Unterstützung fände. Auf diese Art würde die Ehre der Mütter und das Leben der Kinder gerettet.

Die Fürsten haben so oft Geld genug, einen ungerechten Krieg zu führen, die Hälfte von Europa zu verwüsten und mit Blut zu überschwemmen; allein wenn es auf notwendige, dem menschlichen Geschlecht ersprießliche Anstalten ankommt, so mangelt es ihnen immer an Geld.

Siebenter Artikel
Von einer Menge anderer Verbrechen

Sie werden uns vielleicht anzeigen, meine Herren, wie man von der großen Menge der Verbrecher ebensoviel Nutzen für ein Land ziehen kann, als sie ihm Schaden getan haben. Ein Mensch, der seines Nachbarn Scheuern in Brand gesteckt hat, würde nicht mehr feierlich verbrannt werden, weil doch ein wenig Heu und Stroh dem Wert eines Lebens, das unter grausamen Flammen erlöscht, nicht gleichkommt. Vielmehr müßte er die Scheuer wieder aufbauen helfen und sein ganzes Leben hindurch, mit Ketten beschwert und gepeitscht, für die Sicherheit aller Scheuern in der Nachbarschaft wachen.

Mandrin, der großmütigste unter allen Schleichhändlern, würde nach Kanada verschickt worden sein, um sich mit den Wilden zu schlagen, zu einer Zeit, da sein Vaterland dieses noch im Besitz hatte.

Ein Falschmünzer ist ein vortrefflicher Künstler. Man könnte ihn in einem ewigen Gefängnis dazu brauchen, daß er sein Handwerk nun mit echten Landmünzen forttreiben und zum Nutzen des Staates arbeiten müßte, anstatt daß man ihn in einem Kessel mit siedendem Wasser sterben läßt, wie Karl V. und Franz I. verordnet hatten.

Ein Verfälscher würde, sein ganzes Leben an Ketten geschlossen, gute Werke oder die Register seiner Richter und besonders sein Urteil abschreiben. Die Vielweiberei wäre kein Verbrechen zum Henken wie in dem Lustspiel *Pourceaugnac*. Das allzu strenge Gesetz Karls V. und der Engländer würde ganz abgeschafft und ein gelinderes und schicklicheres an dessen Stelle eingeführt werden.

Der Menschenraub oder der Verkauf eines gestohlenen Kindes würde um so weniger nach der Strenge beurteilt werden, da er in dem christlichen Europa selten ist. Was den Bücherraub der Schriftsteller betrifft, so ist dieser so gemein, daß man ihn nicht gerichtlich untersuchen und abstrafen kann.

Wir wollen nun sehen, was man auf andere, weit gemeinere Verbrechen für schreckliche Todesstrafen gesetzt hat.

Achter Artikel
Von der Ketzerei

Man kann die Ketzerei so erklären: sie sei eine von der in einem Land angenommenen Lehre unterschiedene Meinung. Wann hat man angefangen, Lehrer, Priester, Weltliche rechtsförmig zum Strang, zum Schwert, zum Feuer zu verurteilen, weil sie Meinungen lehrten, die niemand verstand? Wenn ich mich nicht irre, so war es unter Theodosius, der nicht wußte, was in seinen Staaten vorging, so wie es seit der Zeit andern Monarchen ebenfalls gegangen.

Die Kirche wurde immer durch Zwietracht beunruhigt. Schon Rom sah einer von den ärgerlichen Trennungen zu, die seit der Zeit in so großer Menge Europa verwüstet und mit Blut angefüllt haben. Gegen das Ende der Regierung des Decius hatte Novatian dem Cornelius das Bistum zu Rom streitig gemacht; dieser heimliche Krieg unter unberühmten, aber reichen Männern, welche die Regierung übel behandelte, wurde bloß durch wechselweise Beschimpfungen merkwürdig. Bald darauf brachte Constantinus, wie bekannt, die christliche Religion auf den Thron und sah sie durch Streitigkeiten über viele dem menschlichen Verstand unauflösliche Fragen zerreißen. Er selbst strafte die Kirche, die er auferzogen hatte. Er verwies die streitenden Parteien des Athanasius und des Arius und flammte den Zank noch mehr an, da er mehrmals eine andere Partei annahm. Das Blut der Christen wurde in Syrien, Thrakien, Kleinasien, Ägypten, Afrika, in allen den Ländern, wo die Christen heutzutag durch nichts als die Sklaverei oder die Handlung bekannt sind, vergossen. Man fiel damals noch nicht darauf, den Glauben von den Richterstühlen wie einen peinlichen Prozeß zu untersuchen und einen Menschen um

eines Schlusses oder Beweises willen zum Tod zu verurteilen.

Zur Zeit des heiligen Augustins brach die grausame Trennung des Donats aus. Die Priester von beiden Seiten gaben
ihren Anhängern in Afrika Keulen in die Hände, weil die
Kirche das Blut verabscheut. Man ermordete sich in diesem
heiligen Krieg in dem Land, das heutzutag von den Seeräu-
bern von Tunis und Algier bewohnt ist; allein diese Ermordung war nicht gerichtlich. Erst die spanischen Bischöfe
fingen an, nach gesetzlicher Form zu töten, so wie sie die
Mordtaten der Inquisition durch das Urteil einer eigenen
Gerichtskammer von dieser Zeit an einführten.

Man kann nicht leicht mit Genauigkeit sagen, über was für
theologische Sätze den Priscilianiten der Prozeß gemacht
worden. Man vergißt die Hirngespinste leicht; aber unmenschliche Grausamkeiten bleiben dem Gedächtnis der
Menschen bis auf die späteste Nachwelt eingeprägt.

Die spanischen Bischöfe, einer namens Itacius, der andere
Idacius, und einige gaskonische, zankten sich mit vieler
Hitze mit den Bischöfen Priscillianus, Instantius und Sal-
vianus herum und folgten ihren Widersachern, mit dem
Geist des Hasses angefüllt, von den pyrenäischen Gebirgen
bis nach Trier. Hier war damals ein Tyrann von Gallien,
namens Maximus, der sich in den Kopf gesetzt hatte, den
Kaiser Theodosius vom Thron zu stoßen, aber ohne seine
Absicht zu erreichen. Dieser Maximus war ein Wollüstling,
ein Trunkenbold, Geizhals und oft ein Verschwender; ein
Soldat, der nicht wußte, von was die Frage war, sich noch
weniger darum bekümmerte, überdies ein Andächtler, der
sich leicht von den Geistlichen beherrschen ließ, wenn er
nur durch ihre Beschützung etwas gewinnen konnte.

Die spanischen und gaskonischen Bischöfe gaben ihm Geld,

das sie zusammenschossen; mit solchem Grimm betrieben sie ihre Sache. Maximus ermangelte nicht, die drei Ketzer durch das Parlament zum Galgen verurteilen zu lassen. St. Martin, der von ohngefähr dabei war, wollte für die Verurteilten eine Fürbitte einlegen, allein man drohte ihm gleichfalls mit dem Galgen, und er machte sich in aller Eile davon.

Da diese Zänker ein so gutes Weidrecht bekamen, so hörten sie nicht mehr auf, Ketzer und Gottlose aufzujagen, schrien von einem Ende Europens zu dem anderen Halali und verwandelten einige Fürsten in Jagdhunde, die ihren Rachen mit dem Blut der von den Bischöfen aufgehetzten Tiere sättigten. Sobald die Fürsten ihnen Widerstand taten, wurden sie selbst aufgeopfert, von Kaiser Heinrich IV. an bis auf den andern Heinrich IV., den besten Menschen und den besten König in Frankreich.

Während dieser Jahrhunderte des Aberglaubens, der Unwissenheit, des Betrugs und der Barbarei schrieb die Kirche, die lesen und schreiben konnte, ganz Europa, wo man sich auf nichts als auf Trinken, Streiten und Beichten verstand, ihre Gesetze vor. Sie nahm den Fürsten bei der Salbung den Eid ab, daß sie alle Ketzer ausrotten und fast alle Bewohner der Erde töten wollen. Denn alle hatten eine von der ihrigen verschiedene Religion.

Die Ketzerei war also das größte Verbrechen; und noch heutzutag fängt bei einer benachbarten, so leutseligen Nation das Strafgesetzbuch aller Parlamente mit der Ketzerei an; diese nennt man die Verletzung der göttlichen Majestät des obersten Beherrschers. Ehemals verbrannte man diese Feinde Gottes ohne Gnade, weil man nicht zweifelte, daß Gott sie selbst sogleich nach ihrem Tod verbrennen werde; entweder daß er ihren auf der Erde zurückgebliebenen Leib oder ihre Seele, die man nicht sieht, der Hölle überliefert.

Alle Richter waren ganz überzeugt, daß sie nichts anderes tun, wenn sie die Gottlosen verbrannten, als Gott nachahmen, daß ihr Urteil nur einige Minuten früher an ihnen vollzogen werde. Gleichsam als wenn der Urheber unseres Lebens an dem Geschrei einer ganzen Familie von Ketzern, die in den Flammen verschmachten, jenes himmlische Vergnügen fände, das ihm jene blutdürstigen Menschenfeinde angedichtet.

In Frankreich hat man schreckliche Gesetze gegen die Ketzer aufgebracht. Im Jahr 1699 kam ein Edikt heraus, durch welches jeder neubekehrte Ketzer auf immer zu den Galeeren verurteilt wurde, wenn man ihn auf der Flucht aus dem Reich ertappte, und alle, welche ihm bei seinem Ausreißen fortgeholfen, das Leben verloren. Auf diese Art wurde der Hauptverbrecher gelinder gestraft als seine Mitschuldigen. Dieses unmenschliche und ungereimte Gesetz ist noch nicht abgeschafft; aber man muß eingestehen, daß es durch die Sitten gemildert ist. Die Strenge hat nachgelassen, seitdem die Kaiserin von Rußland, Beherrscherin von 1 200 000 Quadratmeilen, mit eigener Hand in Gegenwart von 30 Abgesandten von verschiedenen Religionen vor ihre Gesetze geschrieben hat, daß die Intoleranz der schädlichste Fehler sei. Die Vernunft hat wenigstens einen ebenso starken Fortgang in Versailles gehabt, seitdem die Jesuiten oder Jesuisten nicht mehr in diesem angenehmen Reich herrschen.

Sie begreifen also wohl, meine Herren, daß ein Picarde, der sich von Noyon hinweg in eine kleine Stadt an den Fuß der Alpen geflüchtet und in dieser Freistadt das Zutrauen gewonnen, keine Handlung der Liebe begangen, da er einen armen Spanier, der eine andere Meinung liebkoste als der Picarde, zu dem Scheiterhaufen schleppte und ihn mit grünen Reisbüscheln — um die Zeremonie zu verlängern — verbrennen ließ. Er verbrannte den Leib und das Blut des Spaniers in der Tat und nicht nur im Bildnis, währenddem man den Flüchtling von Noyon in mehreren Städten Frankreichs in Erwartung seiner Person selbst in effigie verbrannte.*

Die Guisen waren noch ungerechter und ebenso grausam, da sie den tugendhaften Anne Dubourg, Parlamentsrat von Paris, durch ihre Bevollmächtigten zum Tod verurteilen ließen. Er wurde unter der Regierung Franz II. gehenkt und verbrannt. Er wäre unter Heinrich IV. Kanzler geworden.

Die Welt nimmt nun etwas feinere Sitten an; aber welch ein dicker Rest, welche Nacht der Barbarei liegt noch auf gewissen Provinzen und besonders auf den guten ehrlichen Bauersleuten, die so oft in den Elegien und Eklogen gerühmt werden, auf den unschuldigen Ackersmännern und auf einigen Dorfpfarrern, die um einen Taler ihre Brüder in das Gefängnis schleppen und einen steinigen würden, wenn zwo alte Weiber ihn vorübergehen sehen und ihn als Ketzer in Verruf brächten. Die Welt verbessert sich um etwas; ja, die denkende Welt — aber die rohe Welt wird noch lange ein Haufen von Bären und Affen sein, und immer werden hundert von dem schlechten Pöbel gegen einen auftreten. Nur aus Furcht vor diesem nehmen noch viele, die ihn im Herzen verachten, eine andere Miene an und verstellen sich; ihm will man noch gefallen und das Freudengeschrei »vivat« abnötigen, ihm zulieb führt man prächtige Zeremonien auf und macht aus der Hinrichtung eines Unglücklichen ein großes Schauspiel.

* Gemeint ist mit dieser Passage der Reformator Calvin. (Anm. d. Hrsg.)

Neunter Artikel
Von den Zauberern

Ist es wohl wahr, daß Locke einem ganz wilden Land menschliche Gesetze gegeben und daß Penn Pensylvanien noch gesitteter gemacht hat? Hat uns Blackstone angezeigt, was dieses Kriminalgesetzbuch von England Vortreffliches oder Mangelhaftes enthält? Leben wir in dem Jahrhundert eines Montesquieu und Beccaria, in einem Jahrhundert, von welchem der Verfasser des Buches *De la félicité publique** beweist, daß es sich in vieler Absicht der Weisheit und Glückseligkeit mit starken Schritten nähere? Und doch spricht man immer noch von der schwarzen Kunst!

Öffentliche Blätter haben uns berichtet, daß zu Würzburg gegen das Ende des Jahres 1750 ein Frauenzimmer von Stand aus einem geistlichen Orden wegen der Hexerei verbrannt worden. Ich habe weiter mit diesem Land keine nähere Verbindung. Aber ich verehre den Bischof der dasigen Diözese zu sehr, als daß ich glauben sollte, er habe diese Barbarei, die traurige Frucht der Unwissenheit, zugelassen.

Allein, im Jahr 1730 hat die Hälfte des Parlaments von Provence den blödsinnigen und unverständigen Jesuiten Girard als einen Zauberer zum Feuer verurteilt, währenddem die andere Hälfte ihn völlig lossprach. Die gleiche Torheit, welche diesen Mann zu einem großen Prediger erhoben, brachte ihn auch in den Ruf eines großen Schwarzkünstlers. Man behauptete, in dem Heiligtum der Gesetze, daß er einem Weibsbild mit Namen Cadière in den Mund geblasen und den Geist der Unreinigkeit so stark eingehaucht, daß sie vom Teufel und Bruder Girard zugleich besessen und in beide verliebt wurde.

* Marquis de Chastellux (Anm. d. Hrsg.)

Die Advokaten, welche die Rechtssache gegen die Jesuiten führten, beriefen sich auf das Beispiel des Pfarrers Gauffredi, der vor dem gleichen Parlament angeklagt wurde, er habe der Magdalena La Palud zu Marseille den Teufel in den Mund geblasen: er gestand sein Verbrechen unter den schrecklichen Qualen der Folter ein. Ein sicheres Mittel, die Wahrheit an das Licht zu bringen! Man brachte den bekannten Handel der Ursuliner-Nonnen wieder hervor und behauptete, sie seien von dem Pfarrer Grandier verhext worden. Beide, Grandier und Gauffredi, wurden unter dem Vorwand der Ehre Gottes verbrannt.

Man meldet in der Beschreibung dieses Rechtshandels und der Hinrichtung des unglücklichen Pfarrers, daß, da ihn der Scharfrichter nicht stark genug folterte, um das Geständnis seiner Zauberei herauszubringen, einer von den ehrwürdigen Franziskaner-Mönchen, aus vollem Eifer hinzugelaufen und an der Stelle des Peinigers dem armen Sünder die Werkzeuge der Wahrheit so heftig in die Beine gestoßen, daß das Mark herausgesprungen. Aus diesem allen schloß man, daß man den Pfarrer Girard foltern und verbrennen müsse. Ohne Zweifel hätte er diese doppelte Marter ausgestanden, wenn nur zwei Stimmen mehr in dem Parlament wider ihn gewesen wären: denn schon lange hatte man festgesetzt, daß die Mehrheit von zwei Stimmen zureiche, einen Bürger oder Mönch ohne weiteres Bedenken zu der abscheulichsten Todesstrafe zu verurteilen. Ich werde Ihnen nun bald zeigen, meine Herren, wie die Stimmen von drei vorgegebenen Doktoren oder Sachwaltern in der Provinz schon hinlänglich waren, Kinder zum Feuer zu verurteilen und die irokesische Grausamkeit noch mit besondern Umständen einer unerhörten Unmenschlichkeit zu vermehren.

Der Erfolg von diesem Rechtshandel der Teufel von Loudun ist ganz bekannt. Alle Personen, die damit zu tun hatten, luden nichts als Verwünschungen auf sich: die ebenso unvernünftigen als verbrecherischen Ankläger, die den Pfarrer Grandier gerichtlich belangten, er habe Ursuliner-Nonnen verhext — die einfältigen Nonnen selbst, welche aussagten, sie seien vom Teufel besessen — der unwürdige Richter und Kommissarius Laubardemont, welcher den vorgegebenen Hexenmeister lebendig zum Scheiterhaufen verurteilte — der Kardinal Richelieu, der, nachdem er sich durch seine vielen theologischen Bücher, schlechten Verse und grausamen Handlungen schon genug bekannt gemacht hatte, den Laubardemont abschickte, um den Teufel in den Nonnen zu beschwören, zu verjagen und einen Pfarrer zu verbrennen.

Was noch mehr befremden muß, ist, daß in unserem Jahrhundert, worin die Vernunft einigen Fortgang gemacht zu haben scheint, eine *Untersuchung der Teufel von Loudun* von dem Priester Ménardaie gedruckt worden. Man sucht darin durch verschiedene Stellen aus den Fällen des Pontas zu beweisen, Grandier habe wirklich vierzehn Teufel in die Leiber dieser vierzehn Nonnen gebracht und er sei selbst von dem fünfzehnten besessen gestorben. Ménardaie selbst war kein Hexenmeister!

Was den Prozeß des Pfarrers Gauffredi oder Gaufridi zu Marseille betrifft, so war er wegen der unmenschlichen Todesstrafe noch weit schärfer und unvernünftiger, denn das Parlament verurteilte ihn, daß er sollte an allen Teilen seines Leibes mit glühenden Zangen gezwickt und erst noch lebendig auf den Scheiterhaufen geworfen werden; »weil er einen Vertrag mit dem bösen Geist gemacht habe, um seine Lüste mit der Ursuliner-Nonne Magdalena La Palud zu büßen und alle Mädchen und Weiber, die er nur verlangte, in sein Netz zu ziehen«, das wären doch verhexte Nonnen genug!

Über alle Gegenden, wo die katholische Religion herrschte, verbreiteten sich diese Greuel. Man muß sich darüber um so weniger verwundern, da man selbst bei unsern Nachbarn und Brüdern im Jahr 1652 einem armen Weib Namens Michelle Chaudron beigebracht, sie sei eine Hexe, sie habe einen Bund mit dem Teufel und trage ein Kennzeichen des Satans an dem Leib; diesem zufolge war man ebenso dumm als grausam und verurteilte sie zum Feuer, jedoch, daß sie vorher sollte erdrosselt werden.

Man denke an jene außerordentliche Wut, welche die Torheit des Aberglaubens in den nördlichen Gegenden von Amerika, dem Schauplatz des gegenwärtigen blutigen Kriegs, verübte. Diese höllische Szene fing in dem kleinen Land von Salem ebenso an wie in der Hauptstadt Frankreichs mit dem Lärmen eines Priesters Namens Paris und mit heftigen Erschütterungen. Dieser Besessene bildete sich ein, alle Einwohner seien vom Teufel besessen, und machte die Sache glauben; die Hälfte des kleinen Volks ließ die andere in Bande legen, auf die Folter bringen (wovon man in England nichts weiß) und den Teufel beschwören; sie ließ Greise, Weiber und Kinder hinrichten; allein sie selbst wurde ebenfalls darauf eingeschlossen, gefoltert, beschworen und hingerichtet. Die Provinz wurde eine Einöde; man mußte eine neue Völkerschaft hinschicken: so unglaublich dieses scheint, so wahr ist es. Überschaut man alle die Drangsalen, womit die Schwärmerei die Erde überschwemmt hat, so schämt man sich, ein Mensch zu sein.

Sie wissen wohl, meine Herren, welche Menge von Zauberern während fast tausend Jahren in ganz Europa verbrannt worden. Der Papst Gregorius, den man mit dem

Namen des Großen und Heiligen beehrt, ließ alle alten Bücher verbrennen und war auch der erste, der die Zauberer gerichtlich zum Feuer verurteilte. Wäre es nicht der Klugheit gemäß gewesen, vorher die Möglichkeit des Verbrechens zu untersuchen, ehe man sie verbrannte? Zwei Ratsherren von Rom wurden hingerichtet; und von dieser Zeit an sah man ohne Ende Scheiterhaufen aufführen, um die Schwarzkunst, die für Ketzerei gehalten wurde, zu bestrafen.

Man hat seit Gregorius dem Großen in Europa über hunderttausend verbrannte Zauberer, besessene, beschworene oder unbeschworene gezählt. Je mehr die Richter verurteilten, desto mehr kamen zum Vorschein. Diese Fortpflanzung ist auch ganz natürlich; die Unglücklichen, die ihr ganzes Leben hindurch von der großen Gewalt des Satans, seiner Anhänger und Anhängerinnen, von ihren Reisen durch die Luft, von ihrer Herrschaft über die ganze Natur reden hörten, mußten wirklich die Sache darum für unbezweifelt halten, weil die Richter selbst, die man für verständig und aufgeklärt hielt, keinen Zweifel weder in die Gewalt des Satans noch in seine Gunstbezeugungen und Freigebigkeit gegen seine Günstlinge setzten. Nun stritt man unter dem Volk um die Wette, wer die Gunst des Teufels erhalten würde. Es kostete mehr nicht als einen Hafen voll Fett und einen Besenstiel, um dem Hexentanz beiwohnen zu dürfen. Eingewiegt in diese süßen Vorstellungen glaubte man wirklich auf einem Stecken durch die Lüfte zu fahren und bei Nacht hinter einer Hexe zu reiten. In einem Augenblick langte man in der Versammlung an. Man wurde feierlich empfangen; der Bock ließ sich küssen, und man hatte das Recht zu allen Schätzen und Schönheiten der Natur. Kein Bettler konnte einer so schmeichelhaften Verführung widerstehen! Die Richter setzten sich, wie diese Elenden, die abenteuerlichsten Träume in den Kopf. Anstatt die Sache in dem Tollhaus oder in Bedlam zu untersuchen, wollte man sie in dunklen Gefängnissen, in der Folterkammer oder auf den Scheiterhaufen ausmachen.

Es gab sehr viele Rechtsgelehrte, die so stark für diese Teufeleien eingenommen waren, daß sie nach der Erfindung der Buchdruckerkunst ein Gesetzbuch des Teufels lieferten. Bald hernach warfen sich Bodin, Delrio, Boguet zu Sachwaltern des Teufels auf und gaben alle Fälle an, wo der Teufel entweder selbst die Sache verrichtete oder durch seine Diener verrichten ließ. Man erzählte, wie die Teufel beiderlei Geschlechts sich bald mit Weibern, bald mit Jungen vermischten, und solche Geheimnisse der Unzucht wurden durch diese höllischen peinlichen Rechtshändel hervorgezogen. Der König von Großbritannien, Jakob I., ein berühmter Theologe, schrieb seine Dämonologie. Die ganze Welt wurde endlich voll von Zauberern, Bezauberten und Besessenen.

Die gelehrten Barbaren erwarben sich durch die Einrichtung der Rechtshändel dieser Blödsinnigen Ruhm und Geld und rechtfertigten ihre Aufführung bei diesem Handwerk damit: »Die Zauberkunst ist ein Glaubensartikel. Joseph der Erzvater hatte einen Becher, mit welchem er seine Beschwörungen anstellte. Die Wahrsager des Pharao von Ägypten taten die gleichen Wunder wie Moses. Bileam gab Weissagungen, nachdem er mit seiner Eselin sich unterredet. Saul war besessen, und David trieb den bösen Geist mit der Harfe von sich. Die Hexe von Endor rief den Schatten Samuels aus der Hölle hervor. Der Geist Asmodte wurde in die Sara, Tochter des Raguel, verliebt, erwürgte ihre sieben Männer einen nach dem andern: der Engel Raphael vertrieb ihn nicht nur durch eine auf dem Rost gebratene

Fischleber, sondern fesselte ihn nahe bei Großkairo an, wo er noch ist. Wurde nicht sogar Jesus Christus vom Teufel in eine Wüste, auf ein Gebirge und auf die Zinnen des Tempels fortgetragen?« (Delrio, *Disquisitions magiques*)
Vergebens antworteten die Weisen, daß sich die Zeiten geändert haben und daß dasjenige, was ehemals gut war, es heutzutag nicht mehr ist. Immer teilte sich die Welt in zwei Parteien, in solche, welche an die Schwarzkunst glaubten, und solche, welche diese Gläubigen verbrennen ließen.
Endlich verschwanden die Zauberer auf einmal, da man aufhörte, sie zu verbrennen.*

* Man behauptet noch so, wie man schon gedruckt und oft wiederholt hat, Ludwig XIV. habe verboten, daß das Parlament bei einer Beschuldigung der Zauberei und Schwarzkunst Recht sprechen solle. Sein Edikt von 1682 ist ein Beweis, daß sich die Sache nicht so verhält. Er erneuerte darin die alten Gesetze »wider die Wahrsager und Wahrsagerinnen ... die sich der Gottlosigkeit, Zauberkunst unter dem Vorwand der Magie schuldig gemacht und des Todes würdig sind«. Es scheint, der Sammler dieses Gesetzes habe sich nicht gut ausgedrückt. Man versteht nicht, was Zauberkunst unter dem Vorwand der Magie ist. Es ist ebenso, als wenn man sagte, Zauberei unter dem Vorwand der Zauberei. Die Sache befindet sich also: das Parlament zu Paris, das aus geschickten und scharfsinnigen Männern bestand, ist nicht mehr so einfältig als ehemals, daß es an die Zauberer und Schwarzkünstler glauben sollte. Allein es straft immer solche boshaften Dummköpfe, die ein gewisses Verfahren der Schwarzkunst mit den Giftmischungen verbinden. So verurteilte es 1689 die berüchtigten Hirten von Brie, welche durch ihre Arznei das Vieh ihrer Nachbarn töteten. Sie mischten Arsenik in das Weihwasser und gebrauchten Beschwörungen. Sie hatten Worte ausgesprochen; aber diese Worte mit dem Weihwasser töteten niemand. Ein Teil von ihnen wurde gehenkt; ein Teil auf die Galeeren verwiesen, nicht als Zauberer, die durch eine geheime Wissenschaft töteten, sondern als Giftmischer. Das Wort

Von der Entheiligung geweihter Dinge

Wenn man in einem Land sich an heiligen oder für heilig gehaltenen Gegenständen vergreift und sie beschimpft, so ist dies ein Kirchen-Verbrechen. Der Römer, der eine in Ägypten für heilig gehaltene Katze getötet und von dem Volk aus heiligem Eifer ermordet worden, hatte sich der öffentlichen Entheiligung schuldig gemacht, weil er sich allein gegen die herrschende Religion eines ganzen Volks empört und sie beschimpft hatte. Aber da der König von Persien Kambyses, Überwinder der abergläubischen und feigen Ägypter, ihren Gott Apis getötet, und ihn wahrscheinlicherweise seinem Gott Mithras aufgeopfert, kann man sagen, daß er eine ruchlose Tat begangen? Ohne Zweifel keine. Er bestrafte als Beherrscher ein verachtungswürdiges Volk, das einen Stall in ein Heiligtum verwandelt hatte und den Mist eines Ochsen verehrte.

Der große Lama mag seinen Verehrern den Abgang von seiner Nahrung, in ein Goldblatt eingefaßt, zu küssen oder, wenn man will, zu saugen geben. Gesetzt, der Kaiser von China lasse diese Reliquie in einem gerechten Unwillen an ihren gehörigen Ort werfen; man wird sich gewiß selbst unter dem Lama nicht getrauen zu sagen, der Kaiser von China habe sich an einem heiligen Gegenstand der Ruchlosigkeit schuldig gemacht. Aber gesetzt, ein Untertan des großen Lama aus dem Königreich Boutan vergehe sich auf diese Art an dem geweihten Rest aus den Eingeweiden seines Herrn, so ist er ohne Anstand der Verletzung göttlicher

Magie bedeutet in seinem Ursprung Weisheit. Welche Weisheit heutzutag!

und menschlicher Majestät schuldig. Man muß nicht glauben, daß dieser so große Unterschied nur in dergleichen Fällen statthabe; er erstreckt sich vielmehr auf alle Gesetze, die von Menschen herrühren. »Wahrheit und Gerechtigkeit diesseits des Bachs, Irrtum und Ungerechtigkeit jenseits desselben«, ist der Ausspruch Pascals und vieler anderer vor ihm.

Sie haben ohne Zweifel von dem unglücklichen Zufall, der im Jahr 1766 einigen Kindern in einer kleinen Stadt eines benachbarten Königreichs begegnet, reden gehört. Dieses Königreich enthält eine Art von Menschen, die bei uns unbekannt sind. Sie sind ganz anders als andere Menschen gekleidet. Ihre Schenkel, Schienbeine und Füße sind ganz bloß, ihr Bart hängt bis an den Gürtel herab; sie gürten sich mit einem Strick; sie legen in die Ärmel, was wir in die Tasche stecken; wir reden durch den Mund, sie reden durch die Nase. Die alten Bretonen, die westlich des deutschen Meeres wohnen, glauben nicht, daß diese Tiere Menschen sind. Es ist sogar ein Gesetz vorhanden, daß man auf sie losgehen soll, wenn sie an einer Insel anländen. Aber sie werden in den kleinen Städten des festen Landes, wovon ich rede, an gewissen Tagen, woran sie gewisse in unserm Land verbotene Verrichtungen versehen, so verehrt, daß man sich auf die Knie werfen muß, wenn zwei miteinander durch die Straße gehen.

Eines Tags, da sie vorbeigingen, warfen sich einige Kinder, die vielleicht für ihr Alter zu klug waren, nicht auf ihre Knie. Man behauptet sogar, daß sie einer hölzernen Figur, die wir in unserem Freistaat nicht dulden und der in der Tat (wenn man die schlechte Vorstellung von dem anbetungswürdigen Gegenstand selbst unterscheidet) wenig Achtung verdient, nicht die gewöhnliche Ehrerbietung bewiesen. Allein man konnte den Mangel der Ehrerbietung nicht einmal gegen diese Kinder mit Zeugen dartun. Die Ankläger bestanden nur auf einem schlechten Gassenlied, das sie über Tisch gesungen. Wegen diesem wurden sie der Verletzung göttlicher Majestät angeklagt, sowenig man auch von dem Lied selbst wußte.

Drei obrigkeitliche Personen, deren die eine ein erklärter Feind der Familien dieser Kinder, die andere ein Schweinehändler und dabei Sachwalter und die dritte mir ganz unbekannt ist, nahmen diese Sache vor Gericht.

Man kann schwerlich begreifen, wie man diesen Rechtshandel über die Entheiligung gerechter Dinge solchen vorgegebenen Magistratspersonen hat überlassen können. Nur in den Fabeln der Griechen, einer Nachahmung der Hölle der Ägypter, konnten drei Personen ein vollständiges Gericht ausmachen und die Welt richten. Dem sei, wie ihm wolle, die drei Rademanten des Dorfs verurteilten diese armen Kinder zur gewöhnlichen und außerordentlichen Folter; nach diesem sollte ihnen der Daumen abgehauen, die Zunge mit Zangen herausgerissen und der Körper lebendig in das Feuer geworfen werden.

Der Gebrauch in diesem Land ist, daß die Urteilssprüche, welche man in einem Dorf abfaßt, in einer großen Stadt durchgesehen werden. Dieses höhere Gericht ging den Rechtshandel durch und bestätigte das Urteil mit einer Mehrheit von fünfzehn Stimmen gegen zehn. Fünf Henkerskneckte, die von dem Gericht an den Ort selbst hingeschickt worden, vollzogen das Todesurteil mit aller möglichen Schärfe. Ganz Europa entsetzte sich darüber!

Hier könnte ich Ihnen, meine Herren, zwei Fragen aufwerfen. Erstlich, wie haben doch Menschen, die keine wilden reißenden Tiere waren, sich vorstellen können, daß die Mehrheit einiger wenigen Stimmen ein hinlängliches Recht

gebe, Menschen unter so schrecklichen Martern zu zerflei-
schen? Sollte nicht das Übergewichte von wenigstens drei
Viertel Stimmen notwendig erfodert werden? In England
müssen alle Geschworenen einer Meinung sein; dieses ist der
Billigkeit gemäß. Ist es nicht ebenso ungereimt als abscheulich, daß man das Leben und den Tod eines Mitbürgers auf
das Spiel setzt und sechs gegen vier oder fünf gegen drei
oder vier gegen zwei oder drei gegen eins alles entscheiden?

Man erzählt, die Athenienser hätten, als man ihnen allzu
blutige Schauspiele vorgeschlagen, geantwortet: »Man sollte den Altar des Mitleidens vorher niederreißen.« Gewiß,
die Richter, die über diese Kinder das Todesurteil ausgesprochen, müssen keine solchen Altäre haben!

Für das andere befrage ich Sie über den Gegenstand des
Endurteils selbst. Versteht man wohl, was ein Verbrechen
der verletzten göttlichen Majestät ist? Ist da von einer Ermordung wie jener Mordtat Lycaons die Rede, der den Jupiter bei dem Nachtessen töten wollte? Oder ist die Frage
von einem Kriege, so wie die Riesen und Titanen gegen den
Jupiter einen geführt oder wie die ersten Brachmanen die
Väter der alten Fabeln und Wissenschaften einen erdichtet
haben, worin die Engel gegen den Beherrscher des Himmels
gekämpft? Oder versteht man darunter die völlige Verleug-
nung des Daseins Gottes, deren sich einige ruchlose Weltweise des Altertums schuldig gemacht? Gewiß in keinem
Verstand konnte man diesen unglücklichen Kindern, die
von ihren unwissenden Richtern fünf Henkern überliefert
worden, etwas zur Last legen.

Einer von den Beklagten, der seinen Henkern glücklich ent-
wischt, ist ein sehr verständiger, tugendhafter Offizier. Er
ist in den Diensten eines großen Königs, der durch seine

Gnade gegen ihn die Nationen belehren will, daß man die Beleidigung Gottes durch solche Mordtaten, wodurch man seine Ehre zu retten glaubt, nicht auf das höchste treiben und ohne Überlegung unbedachtsame Jünglinge, welche nützliche und schätzbare Bürger werden könnten, verbrennen müsse.

Wenn man sich vorstellt, wie sonst scharfsinnige Bürger des Morgens eine so blutige Szene unterzeichnen und den Abend in Gesellschaft der Damen zubringen, mit ihren blutigen Händen die Karten mischen, Scherze anhören und treiben können, sollte dieser Kontrast nicht unbegreiflich scheinen? Sollte man nicht in Versuchung geraten, der menschlichen Gesellschaft auf immer zu entsagen?

Elfter Artikel
Von peinlichen Rechtshändeln wegen Schulstreitigkeiten

Niemals hat das Altertum einen Streit zwischen Zeno und Diogenes zu einem Gegenstand eines peinlichen Rechtshandels gemacht. Der Prozeß gegen Sokrates, war bei aller Ungerechtigkeit und Barbarei noch sehr gelind. Man wußte nichts von der gewöhnlichen und außerordentlichen Folter, nichts von einem Rad, auf welches man die mit einer eisernen Stange methodisch zerschlagenen Glieder eines Bürgers geflochten, nichts von einem Scheiterhaufen, auf welchen man die verrenkten Glieder eines noch lebendigen Körpers geworfen, nichts von allen den grausamen Erfindungen der gelehrten Kannibalen des zwölften Jahrhunderts. Dieser siebzigjährige Greis wurde durch die listigen Streiche einiger Heuchler unterdrückt, starb gelassen in den Armen seiner Freunde unter dem Lob Gottes und dem Gespräche über die Unsterblichkeit der Seele. Kaum war diese schöne Seele zu dem Urheber ihres Daseins aufgeflogen, so schämten sich die Athenienser ihres vor Gericht begangenen Frevels, verurteilten nun mit größerem Recht die Ankläger des Sokrates und errichteten ihm einen Tempel. Auf diese Art war der Tod dieses Märtyrers eine Vergötterung der Philosophie.

Aber wie haben sich in dem Unflat der Schulen und unter dem Schmutz der Mönchskutten solche Zänkereien erheben können, die selbst eines Gaukelspielers unwürdig waren und doch vor so vielen Richterstühlen von Europa einen Vorwand der Todesstrafen abgaben?

Kaum traten die Franziskanermönche in der Welt auf, so veranlaßten sie eine Trennung über die Gestalt ihrer Mönchskappe und über andere, ebenso wichtige Gegenstände. Es wurde gestritten, ob ihnen ihre Suppe, wenn sie in dem Speisezimmer seien, als Eigentum oder nur als Nutznießung zugehöre. Ihr General Michel de Césene wurde zu einer immerwährenden Gefangenschaft verurteilt, und als auf der einen Seite Ludwig von Bayern den Papst Johannes XXII. in Rom absetzte und lebendig zum Scheiterhaufen verdammte, auf der andern Seite Johannes den Kaiser in Avignon des Throns unfähig erklärte, so wurde von beiden Teilen die Zänkerei der Franziskaner als ein Hauptbeweggrund des Kriegs angegeben. Seit dieser Zeit haben die Schulstreitigkeiten den Obrigkeiten in manchen Ländern viel zu schaffen gemacht.

Es ist bekannt, daß der Prinz Niger, der noch größer war als sein Vater Eduard III., bei seinem Tod die Krone von England, ohne sie jemals wirklich besessen zu haben, seinem Sohn Richard II. hinterlassen. Dieser junge Prinz wurde in seiner Minderjährigkeit von seinem Beichtvater und Pfaf-

fen so stark beunruhigt und von ihren Schulzänkereien be-
täubt, daß sich der geheime Rat des Königs genötigt sah,
allen und besonders dem Beichtvater zu verbieten, des Jahrs
mehr als viermal bei Hof zu erscheinen.*

In Frankreich mußte das Parlament die Sorbonne oft durch
Ratschlüsse im Zügel halten. Der gelehrte Ramus, ein guter
Geometer für die damalige Zeit, der schon unter der Regierung Franz I. einen guten Ruf hatte, zweifelte nicht, er
werde sich durch die Behauptung eines der Vernunftlehre
des Aristoteles entgegenstehenden Satzes einen schrecklichen
Tod zuziehen: er wurde lange verfolgt und von einem namens Galantius Torticolis vor die weltlichen Richterstühle
gezogen. Von was war denn nun die Frage, da man ihn
sogar mit den Galeeren bedrohte? Der Hauptgegenstand
des Streits war die Art, wie man *quisquis* und *quamquam*
aussprechen solle.

Ramus lebte lange genug, um am Tage Bartholomäi ein
Opfer zu werden! Seine Feinde bestimmten diesen Tag der
Rache und wollten den guten Ruf und das Gute, das er der
Stadt Paris durch Einführung öffentlicher Vorlesungen über
die Geometrie erwiesen, austilgen. Sie schleppten seinen
blutigen Körper vor alle Kollegien, um damit der Welt-
weisheit des Aristoteles eine Ehrenrettung zu tun.

Die eifrigen Schüler des Philosophen von Stagira unter den
Nachkommen der Gallier faßten so viel Mut, daß sie lange
hernach, da die Wut von St. Bartholomäi schon gestillt war,
1624 einen Ratschluß auswirkten, worin bei Lebensstrafe
verboten wurde, eine andere als des Aristoteles Meinung zu
verteidigen.

Die persönliche Feindschaft hat sehr oft den Arm der Ge-

* Man sehe die Geschichte des Hauses der Plantagenet und die
Regierung Richards II. bei Hume nach.

rechtigkeit zur Rache aufgefordert und das Band, womit
ihre Augen verhüllt sind, noch stärker gemacht. Die Jesuiten Coton und Garasse wollten den weisen und gelehrten
Pasquier, der gegen sie im Parlament gesprochen, vor dem
Rat des Königs angreifen; allein da sie mit ihrer verwege-
nen Unternehmung nicht durchdringen konnten, so führte
Garasse die Rechtssache öffentlich gegen ihn und bediente
sich in seiner Rede der ungezogensten, pöbelhaftesten Ausdrücke. Eben dieser Stephan Pasquier sagte den Jesuiten in
einer Anklage vor dem Parlament ihr gegenwärtiges Schicksal voraus. So wenig sein Feind gegen ihn ausrichten
konnte, so glücklich führte er sein Vorhaben gegen den unglücklichen Theophilus aus. Dieser hatte in ein Gedicht die
drei folgenden, sehr wenig beißenden Verse einfließen lassen:

»Cette énorme et noire machine
Dont le souple et le vaste corps
Etend ses bras jusqu'à la Chine!«
(Dieser weitläuftige und schwarze Körper, der einer großen, sehr zusammengesetzten Maschine gleicht, streckt
seine Arme bis nach China aus.)
Sowenig dies eine Beleidigung war, wenn es je eine sein
kann, so behende warf ihm Garasse einen Prozeß an den
Hals, worin er ihn gegen alle Billigkeit der Gottesleugnung
beschuldigte. Einer seiner Mitbrüder namens Voisin verband sich mit ihm, und weil damals ihre Gesellschaft in Kredit und Ansehen stand, so suchten sie sich diese Vorteile
gegen ihren Gegner zunutze zu machen. Sie wurden nicht
nur seine Ankläger, sondern brachten ihn auch selbst in das
Gefängnis des Ravaillac. Ein ganzes Jahr hindurch gaben
sie sich Mühe, das Todesurteil gegen ihn auszuwirken. Wäre
das weise Gesetz, kraft dessen der Ankläger sich der glei-

chen Strafe wie der Beklagte aussetzt und in das gleiche Gefängnis kommt, in Frankreich eingeführt gewesen, so hätte man den Garasse und seine Mitbrüder nicht freigelassen.

Andere Jesuiten waren nicht so verwegen gegen den berühmten Fontenelle, der die tiefe, aber etwas unangenehme Gelehrsamkeit des Van Dale durch die Annehmlichkeit seines Witzes und seiner Schreibart in seiner *Geschichte der Orakel* verschönert hat. Sie konnten ein so schön geschriebenes und gutes Buch nicht wohl vor einem Gerichtshof antasten. Sie begnügten sich also damit, daß sie einen königlichen Befehlsbrief gegen ihn herauszuwirken suchten; allein ihr Ansuchen mißlang ihnen. Aus ihrer ganzen Aufführung sieht man, was für eine unanständige Gegenwehr es ist, wenn man Gründe bloß durch Autorität bestreiten will. Scheint es Ihnen nicht, meine Herren, daß man sich, wenn von Büchern die Frage ist, niemals an die Gerichte und den Landesherrn wenden sollte, außer in dem Fall, wo die Regierung selbst darin verwickelt ist? Verdient das Gesetz in England über diesen Gegenstand nicht, allen Gesetzgebern, die die Menschen die Menschenrechte genießen lassen wollen, zum Beispiel zu dienen? Wie kann man anders mit allen seinen Landsleuten reden als durch Bücher? Man muß sie also drucken lassen, allein zu gleicher Zeit für ihren Inhalt stehen. Ist das Buch schlecht, so wird man es verachten; ist es gefährlich, so wird man darauf antworten; ist es lasterhaft, so wird man den Verfasser strafen; ist es gut, so wird man bald oder spät Nutzen daraus ziehen.*

* [Wie sehr in Deutschland Voltaires Parteinahme für den liberalen Rechtsstaat schon im 18. Jahrhundert suspekt war, belegt die hier anschließende Anmerkung seines zeitgenössischen Übersetzers, eine Verteidigung der Zensur:]
»Der Verfasser hat seine besonderen Absichten, daß er die Frei-

Als man die Gedanken oder den von vielen Seiten vorge-
stellten Gedanken des Herzogs von Rochefaucauld druckte,
wodurch er beweisen wollte, daß die Eigenliebe die Triebfeder der menschlichen Handlungen sei, so glaubte jedermann, er habe recht. Das stärckste, was man gegen ihn
sagte, war, daß das Buch das Bildnis des Malers sei. Allein
keiner von denen, die zur Zeit der Fronde seine Feinde wa-

heit der Presse verteidigt. Sind die Religion, gute Sitten und
Tugend die Grundlage der glückseligen Gesellschaft und also die
Hauptabsicht eines weisen Gesetzgebers, der das Glück des Staats
durch Gesetze als Mittel auswirken will, wie kann er gegen die
Bekanntmachung der Schriften, die die ganze Schnellkraft seiner
Mittel schwächen, gleichgültig sein? Soll man nur Schriften,
worin die Rechte der Obrigkeit angegriffen sind, verbieten und
hingegen andere, die die Rechte Gottes und der Tugend beleidigen, bloß widerlegen? Werden nicht böse Grundsätze schneller
in Anlauf gebracht, weil die Leidenschaften sie begünstigen,
ihre Ausbreitung befördern? Hat ein schlimmes Buch nicht
schon oft großen Schaden getan, ehe die Widerlegung erscheint,
wären auch nur einige dadurch verderbt worden? Ist es nicht der
wahren Staatsklugheit gemäßer, die Freiheit der Presse durch
Gesetze vorher gehörig einzuschränken, als erst nachher ihren
Mißbrauch zu bestrafen, da die Strafe über ein schlimmes Buch
meistens die Ursache ist, daß man es begieriger aufsucht? Ist es
nicht vernünftiger, die Erscheinung des Buchs selbst zu verhindern? Freilich sollten alle Gesetzgeber und Landesregenten darin
übereinkommen und einem Übel, wodurch aller guter Eindruck
der weisesten Gesetze ausgelöscht wird, gemeinschaftlich abhelfen. Böse Schriften sind ein Mittel, die Laster und also oft die
Strafen in der Gesellschaft zu vervielfältigen. Muß der Gesetzgeber, der die Menge der Strafen verhüten will, nicht soviel
möglich der Ursache zuvorkommen: sind die Schriftsteller diejenigen, die den Geist eines Volks bilden, kann die Bekanntmachung schädlicher Irrtümer und die Umstoßung eines in einem
Land anerkannten Lehrgebäudes von Religion, Sitten, Gesetzen
nicht zugelassen werden.«

ren, war so frech, ihn vor dem Gericht zu belangen und sich durch eine Anklage gegen sein Buch lächerlich zu machen.

Hundert Jahre hernach trat ein Mensch auf, der sich eben- sosehr durch seine Sitten als durch seinen Verstand emp- fohlen.* Er dehnte den Gedanken des Rochefoucauld in einem ganzen Lehrgebäude aus. Man gerät wider diesen neuen Schriftsteller in Hitze und hängt ihm einen peinlichen Prozeß an. Wie entsetzlich war der Lärm! Zwei Jahre her- nach vergißt man wieder alles; ein Beweis, wie unnötig es gewesen, die Richter mit einem so unnützen Prozeß zu be- lästigen.

Ein sehr beredter Gelehrter schrieb einen sittlichen Roman über den Belisair. Die darin enthaltene Sittenlehre beweist, daß man Gott als einen Vater und nicht als einen eigensin- nigen Tyrannen ansehen müsse; daß das Laster unseres Hasses aber der Irrtum der Nachsicht würdig sei.

Mehrere gekrönte Häupter nahmen das 15. Kapitel mit Beifall auf; hingegen einige unberühmte Theologen erklär- ten sich laut dagegen, brachten ganze Gesellschaften dage- gen auf, erbitterten angesehene, in Ämtern stehende Män- ner gegen den Verfasser und suchten durch listige Streiche das vornehmste Parlament im Königreich zu bewegen, das Buch und den Verfasser zu verurteilen. Allein das Parla- ment überließ dem Publico ganz weislich das Urteil über ein Buch, das in der Absicht geschrieben worden, die öffent- lichen Sitten zu vervollkommnen.

Das Buch, das den Titel führt *Système de la nature,* war eben für keine so nichtsbedeutende Sache und unnützen Streit einzusehen! Es ist als ein Werk der Finsternis an das Licht gebracht worden! Ein beständiges Gewäsche über das

* Helvétius (Anm. d. Hrsg.)

sittliche und natürliche Übel, das die menschliche Natur auf allen Seiten drückt! Soweit dieses Buch verbreitet worden, so ist es doch noch nicht so bekannt als das Gedicht des Lucretius, von welchem unzählige Ausgaben, Übersetzungen in allen Sprachen vorhanden und so viele Verse überall angebracht sind. Durch die Sorgfalt des tugendhaften Herzogs von Montausier und einiger berühmter Gelehrten, die unter seiner Aufsicht die Erziehung des einzigen Sohns Ludwigs XIV., des Dauphins, besorgten, wurde Lucretius für seinen Gebrauch gedruckt, die Herausgeber hatten keine andere Absicht als die Poesie des Verfassers und die lateinische Sprache. Sie hatten zuviel Verachtung gegen die Unwissenheit des Verfassers in der Naturlehre und seine vielleicht noch schlimmeren Schlüsse, als daß sie das Lesen desselben für gefährlich halten sollten. Können auch schwache Köpfe dadurch verführt werden und das Gift verschlucken, so ist ein starkes Gegengift bei der Hand in den Beweisen des Clarke, Derham, Nieuventyt und vieler andern, welche mit der unüberwindlichen Stärke einer aller Verführung überlegenen Vernunft die Wahrheit gegen die Verse des Lukrez, die am Ende mehr nicht als Verse sind, verteidigt haben. Dies ist die wahre Art zu streiten! Verbrennt man noch so feierlich ein Exemplar von Lukrez, man richtet damit nichts aus: niemals wird der Henker jemand bekehren.

Es war also nötig, das *Système de la nature* zu widerlegen, wenn man hier von einer Widerlegung reden kann, wo man immer eine schwankende wortreiche Deklamation ohne Beweise vor sich hat.

Ein junger Schriftsteller, der in der Gesellschaft der Pères de l'oratoire erzogen worden, wollte durch sein Buch *Philosophie de la nature* das *Système de la nature* in Vergessenheit bringen.* Er schrieb nicht nur, um das Dasein eines Gottes zu beweisen, sondern auch, um die Gründe anzugeben, ihn zu lieben, und sich selbst zum Dank gegen diesen Urheber dieses Lebens und aller damit verknüpften Wohltaten aufzumuntern und sich ihm in den Widerwärtigkeiten zu überlassen. Man erkannte in diesem Buch eine rechtschaffene und empfindsame Seele! Man würde sie noch näher kennen gelernt haben, wenn nicht gerade zu dieser Zeit die Menge so vieler Bücher über die Natur, als die *Untersuchung*, das *Gemälde*, die *Geschichte*, die *Erläuterung der Natur*, die Leser ermüdet hätte. Man war einer Natur überdrüssig, woraus die Schriftsteller so viele abgeschmackte Gemeinplätze entlehnt hatten.**

Einige Männer, die durch eine ungerechte Strenge bei ihren obrigkeitlichen Ämtern das zärtere Gefühl der Menschlichkeit verloren hatten, entdeckten in den naiven Ausdrücken dieses jungen Schriftstellers und sogar in dem Wort *Natur* selbst eine allzu gelinde Philosophie, die sich mit der Härte ihrer Herzen nicht wohl vertrug. Sie beschuldigten ihn, er wolle gerade die Sache, die er zu verteidigen suchte, bestreiten, und warfen ihm vor einem unteren Gericht einen Prozeß an den Hals, so daß er auf ewig des Landes verwiesen wurde. Allein das Parlament zu Paris, welches billiger dachte, hob diesen Urteilsspruch auf. Ohne Zweifel sah es wohl ein, daß es ebenso leicht als unbillig ist, einer unschuldigen Rede einen strafbaren Sinn anzudichten, und erinnerte sich

* Delisle de Sales (Anm. d. Hrsg.)
** Man sollte denken, daß das Wort *Natur* ein unbestimmter Ausdruck ist, der keine Bedeutung hat. Es gibt keine Natur, alles ist Kunst, von der Bildung und den Eigenschaften der Sonne an bis auf die kleinste Wurzel oder ein Sandkorn. Diese Kunst ist so groß, daß unzählige Archimede sie nicht nachahmen könnten.

bei dieser Gelegenheit der Worte, welche der Kaiser Julian, der Beschützer und Rächer von Gallien, in Paris ausgesprochen. Ein rechtsverständiger Ankläger erhitzte sich in seiner Rede gegen einen Bürger, den er zugrunde richten wollte, und sagte: »Kaiser, wird es damit ausgerichtet sein, daß er es leugnet?« Der billige Kaiser antwortete: »Wird es damit ausgerichtet sein, daß ihr ihn anklagt?«

In diesem Augenblick, meine Herren, da ich Ihnen meine geringen Anmerkungen mitteile, lese ich in der Zeitung Ihrer Republik vom 26. Julius, daß man das Inquisitionsgericht in Spanien, wo der Ankläger immer mehr Recht findet als der Beklagte, wieder einführen will. Aberglauben und Ungerechtigkeit errichteten ehemals diesen Richterstuhl. Alle Parlamente in Frankreich haben ebenso wie in Deutschland dieses Gericht niemals anerkannt — die großen Staaten Italiens und besonders die nördlichen Reiche verabscheuen es. Die Inquisition nimmt die Anklage eines Vaters gegen seinen Sohn und eines Sohns gegen seinen Vater an. Sie wirft die Beschuldigten in finstere Gefängnisse, ohne ihnen jemals die Ursache ihrer Verurteilung zu sagen. Sie hat die unzähligen Scheiterhaufen von der Meerenge von Cadix bis an das Ufer des Indus in Flammen gesetzt. Ich will nur eine einzige Anekdote über dieses Tribunal wiederholen. Da Cromwell die Flotte, die den Spaniern Jamaika wegnehmen sollte, ausgerüstet, so befragte ihn der spanische Gesandte, ob er einige Beschwerden gegen seinen König habe, und was er für eine Wiedererstattung verlange. Cromwell antwortete: »Ich will, daß das Meer ganz frei sei und die Inquisition von dem Land weggeschaft werde.« Es fehlte dieser Antwort nichts, als daß sie von keinem Tugendhaften herrührte. Cromwell glich den alten Römern, die den Carthaginensern verboten, Menschen zu opfern.

Zwölfter Artikel
Von der Vielweiberei und dem Ehebruch

Nach dem Gesetzbuch Karls V. werden diese Vergehungen mit dem Tod bestraft. Ist die Strafe nicht schärfer als das Verbrechen? Was zu allen Zeiten in dem ältesten und größten Teil der Welt gestattet war, kann in einem neuern und kleinern Weltteil bloß die Verletzung eines neuen Gebrauchs sein und ist an und für sich kein Verbrechen. Eben der Jude, dem es in Persien das Gesetz, in der Türkei die Nachsicht der Regierung erlaubt, mehrere Weiber zu heiraten, ist in Italien, Deutschland, Spanien, Frankreich strafbar, wenn er dieses sein Vorrecht gebraucht. Könnte man nicht einen Unterschied machen zwischen allgemeinen Pflichten und solchen, die nur an gewissen Örtern statthaben? Die Ehrfurcht gegen die Eltern, ihre Unterhaltung in Bedürfnissen, die Bezahlung der Schulden, die Unterstützung der Leidenden nach Kräften sind Pflichten zu Siam wie zu Rom. Allein die Heirat einer einzigen Frau ist nur eine lokale Pflicht.

Der Ehebruch ist bei allen Völkern der Erde ein Verbrechen; ich verstehe hier den Ehebruch der Weiber, weil die Männer das Gesetz gegeben haben. Sie haben sich als Eigentümer ihrer Frauen angesehen. Der Ehebruch war in ihren Augen der Raub eines Guts, das sie ausschließungsweise besaßen, und eine Einführung fremder Erben in die Familien. Man verbinde mit diesen Gründen noch die Grausamkeit der Eifersucht: wird man sich wundern, daß so viele Völker, die kaum aus dem Zustand der Wildheit emporgekommen waren, die Todesstrafe sowohl den Verführern als den Verführten zuerkannt haben? Heutzutag, da die Sitten gelinder sind, gebraucht man keine so große Strenge gegen ein Verbrechen, das jedermann leicht begehen kann, gegen welche man, wenn es begangen wird, Nachsicht hat; das so schwer zu erweisen ist und worüber man sich nicht vor Gericht beschweren kann, ohne sich lächerlich zu machen. Die Gesellschaft hat einen geheimen Vertrag gemacht, auf Verbrechen, über die man nur lacht, nicht nach der Schärfe der Rechte zu dringen.

Allein, wenn dergleichen Rechtshändel einer Familie an den Tag kommen und der Richter die Verbundenen trennt, so sieht man hier die Hälfte von Europa, wo das kanonische Recht seine Gültigkeit hat, in eine neue Unbequemlichkeit verwickelt. Diese ganz seltsamen Rechte, welche lange Zeit das einzige Gesetz waren, sehen bei der Heirat auf nichts als auf *das sichtbare Zeichen einer unsichtbaren Sache*, so daß, wenn zwei verheiratete Personen nach den Gesetzen des Staats geschieden werden, die unsichtbare Sache noch gültig, hingegen das sichtbare Zeichen aufgehoben ist. Beide Personen sind wirklich völlig getrennt, und doch können sie nach dem Gesetz sich nicht anderswo umsehen. Unverständliche Worte verhindern einen gesetzmäßig geschiedenen Ehemann, eine andere Frau dem Gesetz gemäß zu heiraten, wenn er auch noch so sehr eine nötig hätte. Er bleibt wie verheiratet und ist doch ledig; dieser Widerspruch ist eben nicht der einzige, den man in den Ländern, wo das Kirchenrecht mit dem Staatsrecht vermischt ist, antrifft. Die Könige und Fürsten selbst sind an diese nachteiligen Ketten gebunden. Sie sind gezwungen, vor Gott zu lügen, um eine Ehescheidung durch gnädige Bewilligung eines fremden Geistlichen unter einem andern Namen zu erhalten. Der Geistliche erklärt die Ehe für ganz nichtig, anstatt sie für bloß getrennt zu erklären.

So war der gute und schwache König Ludwig XII. genö-

tigt, einen falschen Eid abzulegen, um zu bekräftigen, er
habe die Ehehandlung mit der Tochter Ludwigs XI. niemals vollzogen, ohngeachtet sie doch achtzehn Jahre hindurch beieinander gelegen hatten. So log Heinrich VIII.,
König von England, vor den Abgesandten Clemens' VII.,
und es ist bekannt, wie die Nation dahin geleitet worden,
ein Joch abzuschütteln, das die Menschen zu Meineiden nötigte. Das tödlichste Gift wird oft zufälligerweise die wohl-
tätigste Nahrung.

So nötigte man Heinrich IV., König in Frankreich, und seiner Gemahlin Margaretha eine Lüge ab, um die unglückliche Maria de Medicis auf den Thron zu setzen. Noch unver-
schämter log die Isabelle von Nemours, Königin von Portugal, um ihren Gemahl zu verlassen und ihren Schwager
zu heiraten.

Solchen Mißbräuchen sind die Reiche ausgesetzt, wenn man
nicht genug gesunden Menschenverstand und Mut hat, ein
für heilig gehaltenes Gesetzbuch abzuschaffen. Sollen verständige Völker, welche Eheleute des Ehebruchs halber
trennen, noch die Todesstrafe hinzufügen? Ist dies nicht ein
schädlicher Widerspruch? Der Mann und das Weib können
jedes für sich dem Staat noch Bürger erzeugen; tötet man
sie, so verliert der Staat seinen Vorteil.

Dürften wir hier unsern schwachen Verstand bis in die
Sphäre eines unzugänglichen Lichtes erheben, so möchten
wir sagen, daß der Gott, des die Rache ist und der ehmals
vier Geschlechter um der Vergehung eines einzigen willen
strafte und der eine Ewigkeit hindurch straft, einer Ehebre-
cherin vergeben hat.

Man hat die Verordnung, kraft welcher Personen, wovon
die eine mit dem Aussatz behaftet ist, geschieden werden,
weil nach göttlichem Gesetz Aussätzige von den Gesunden

abgesondert sein sollen, noch nicht ausdrücklich aus unsern Konsistorialgesetzen abgeschafft. Wir kennen den Aussatz nicht. Es war eine giftige und in einem heißen Erdstrich gewöhnliche Krätze. Das Volk, das damals in der Wüste herumirrte und aller Bequemlichkeiten des Lebens braubt war, konnte um so weniger von dieser ekelhaften Krankheit loswerden. Allein für uns schickt sich dieses Gesetz ebensowenig als ein anderes, das die Eheleute, welche sich während der Monatszeit des Weibes die eheliche Pflicht geleistet, zum Tod verurteilte. Folglich scheint es unnötig, es beizubehalten.

Dreizehnter Artikel
Von der Heirat zwischen Personen von verschiedenen Sekten

Mehrere Nationen haben die Heirat mit Personen, welche die herrschende Religion des Landes nicht bekennen, bei scharfen Strafen untersagt. Die Staatskunst hat dieses Gesetz wohl geben können; allein sie ist veränderlich, und das wahre Beste des menschlichen Geschlechts ist unveränderlich. Erfordert dieses nicht, daß die Geschlechter von entgegengesetzten Religionen sich vereinigen? Gibt es wohl ein gelinderes und sicherers Mittel, diese in Europa so erwünschte, so notwendige Duldung einzuführen, eine Duldung, die von der weisesten Beherrscherin von Rußland zu einem Grundgesetz gemacht, eigenhändig unterschrieben und mit Beifall von der Nation aufgenommen worden? Man sehe Preußen, England, Holland und Venedig an. Sollten nicht die intoleranten Nationen sich endlich schämen?

Vierzehnter Artikel
Von der Blutschande

Es ist erwiesen, daß das Verbot der Blutschande ein Gesetz des Wohlstands ist. Das in Paris gedruckte *Dictionnaire en-cyclopédique* gibt zu, daß die Verbindungen in gewissen, etwas seltenen Fällen, wie im Anfang der Welt und nach der Sündflut, erlaubt gewesen seien. Man kann noch hinzu-setzen, daß diese Vermischung damals eine Pflicht war. Wenn ein Vater und eine Tochter, ein Bruder und eine Schwester allein auf der Erde übrig blieben und die Fort-pflanzung vernachlässigten, so würden sie an dem mensch-lichen Geschlecht Verräter werden.

Die Römer, welche immer Feinde der Perser waren, seit-dem sie ihre Nachbarn wurden, beschuldigten sie, daß sie die Blutschande für rechtmäßig hielten. Lange Zeit ging das Gerücht in Rom, daß bei dem großen König die Mütter ge-wöhnlich bei den Söhnen schlafen und daß man von einem solchen Beischlaf erzeugt sein müsse, um eine Stelle unter den Magiern zu bekommen; Catull sagt es ausdrücklich: »Nam magus ex matre et gnato gignatur oportet.« Man legte diesem wackeren Volk noch mehrere Schandtaten zur Last, seitdem sie den Crassus überwunden und erschlagen hatten, ebenso wie die griechischen Mönche Mahomet II. mit den härtesten, lächerlichsten Entschuldigungen über-häuften, seitdem er Konstantinopel erobert hatte. Dies war eine Mönchsrache — sie schrien Lärm gegen den Ketzer!

Man gibt heutzutag unter einigen Nationen von Europa vor, daß es einem Witwer nicht erlaubt sei, eine Anverwandtin seiner Frau im vierten Grad zu heiraten und daß eine Wit-we sich gleicher Vergehung schuldig mache, wenn sie sich nicht bei dem Papst die Erlaubnis erkaufen. Bei eben dieser

Nation ist noch eine andere Blutschande, die man die geistliche nennt. Es ist eine Art von Entheiligung, deren sich ein
Geistlicher schuldig macht, wenn er bei einem Weibsbild
schläft, die bei ihm gebeichtet oder die er getauft und kon-
firmiert hat. Man sehe bei Pontas nach unter dem Artikel
Blutschande.

Frankreich hat kein ausdrückliches Gesetz gegen diese Ar-
ten von Verbrechen; aber einige Gerichte haben sie aus eige-
ner Vollmacht mit dem Tod bestraft. Hiebei kann man die
Vorzüge der englischen Gesetzgebung beobachten. Jeder
Richter, der eine von dem Gesetz nicht bestimmte Strafe
ansetzen würde, wäre strafwürdig. Diejenigen, welche an
dem Ruder des Staats sitzen, müssen durch ihre Klugheit
Gesetze anordnen, jede Strafe nach der Beschaffenheit des
Verbrechens abwägen und sowohl die Beklagten als die
Richter in Schranken halten.

Wäre es nun Zeit, die Heirat zwischen Geschwisterkindern
nicht mehr als Blutschande anzusehen? Unsere Fürsten
könnten sie wohl zum Besten der Familien gestatten. Der
Papst erlaubt sie um das Geld.

Fünfzehnter Artikel
Von der gewaltsamen Schändung

Den Mädchen oder Frauen, die sich beklagen, geschändet
worden zu sein, hätte man, so scheint mir, nur erzählen
müssen, wie eine Königin einstmals die Anschuldigung einer
Klagenden abwies. Sie nahm die Scheide eines Dolches,
schüttelte sie hin und her und zeigte der Dame auf diese
Weise, daß es gar nicht möglich war, den Dolch in die
Scheide zu stecken.*

Es verhält sich mit der Notzüchtigung wie mit dem Unvermögen zum Beischlaf. Es gibt gewisse Fälle, über welche die Gerichte niemals entscheiden sollen. Frankreich ist das einzige Land, wo man die Probe der Tüchtigkeit zum Ehestand noch angenommen. Die Richter haben sich endlich dessen geschämt.

Sechzehnter Artikel
Von den Vätern und Müttern, welche ihre Kinder der Schande feilbieten

Diese Schandtat kann nur in der niedrigsten Klasse unwürdiger Menschen verübt werden. Sie gehört viel mehr vor einen unteren Polizeirichter als vor eine höhere Gesellschaft von Magistratspersonen. Ohne Zweifel hat sie ihren Ursprung in den großen Städten genommen, wo man eine Menge reicher Wollüstlinge sieht, die ihre lasterhaften Vergnügungen teuer erkaufen, und noch eine größere Anzahl von Bedürftigen, die sie verkaufen.
Mich befremdet es, daß unsere Ausleger des karolinischen Gesetzes von einem solchen Handel reden. Er muß in einem Land, wie das unsrige ist, wo das Glück der Großen niemals das Elend der Geringen mit Schande bedeckt und man die Pracht nicht kennt, ganz unbekannt sein.

* Dieser Absatz fehlt in der Übersetzung von 1778, wohl aus Schicklichkeitsgründen. (Anm. d. Hrsg.)

· Von den Weibern, die mit ihren Bedienten Schande treiben

Wie ist es möglich, daß Constantin, der ausschweifende
Fürst, seine Hausgenossen zum Feuer und ihre Liebhaberin-
nen zum Schwert verurteilt hat? (Tom. 1. 9. tit. 9.) Die bös-
artigsten Fürsten haben sich oft durch die lächerlichsten Gesetze ein gewisses Ansehen geben wollen. Der Kardinal
Fleury nannte die Frauen, welche eine solche Schwäche für
ihre Kammerdiener *(valets)* hatten, *valetudinaires*.

Achtzehnter Artikel
Von der Entführung

Nach dem Gesetzbuch Karls V., verurteilen die Verordnun-
gen in Frankreich einen Entführer zum Tod. Das englische
Gesetz erkennt die Todesstrafe nur in dem Fall, wenn das
Weibsbild sich beklagt, sie sei entführt worden.

Neunzehnter Artikel
Von der Sodomiterei

Die Kaiser Constantin II. und Constantius, sein Bruder,
sind die ersten, welche auf diese Schandtat, die größte Ent-
ehrung der menschlichen Natur, die Todesstrafe gesetzt haben (code liv. 9. tit. 9.); die Novelle 141 des Justinianus ist
das erste kaiserliche Reskript, in welchem das Wort Sodo-
mie gebraucht worden. Dieser Ausdruck war erst lange Zeit
hernach, da die Bücher der Juden in das Griechische und Lateinische übersetzt worden, bekannt. Die Schande, welche

er bezeichnet, wurde vorher durch ein aus dem Griechischen genommenes Wort, *pedicatio*, angedeutet.

Der Kaiser Justinian bestimmt in seiner Novelle keine Strafe. Er beschränkt sich darauf, den Abscheu, den eine solche Schandtat verdient, einzuflößen. Man muß nicht glauben, daß die Gesetze einem Laster, das in der Stadt der Fabricier, der Catone, der Scipione so gemein geworden, gar keinen Einhalt getan. Kraft des scantinischen Gesetzes wurden die Schuldigen zu einer Geldbuße angehalten und aus Rom verjagt. Allein dieses Gesetz kam bald in Vergessenheit, besonders da der Cäsar, Überwinder des verderbten Roms, die Ausschweifung auf den Diktatorsstuhl erhoben und Adrian sie vergöttert hat.

Constantinus II. und Constantius bekleideten die Konsulswürde und wappneten sich gegen ein Laster, das durch den Cäsar selbst gleichsam geehrt worden. Ihr Gesetz *si vir nubit* bestimmt die Strafe nicht ausdrücklich; allein es sagt doch so viel, die Gerechtigkeit solle sich mit dem Schwert wappnen: *Jubemus armari jus gladio ultore,* und man solle ausgesuchte Strafen vollziehen, *exquisitis poenis.* Es scheint, man habe gegen die Verführer der Kinder immer mehr Schärfe als gegen die Kinder selbst gebraucht; und es war wirklich auch billig.

Wenn diese Laster, welche ebenso heimlich als der Ehebruch, ebenso schwer zu beweisen sind wie dieser, den Gerichten angebracht und also ein öffentliches Ärgernis werden, wenn die Richter gezwungen sind, darüber zu entscheiden, sollen sie nicht einen erwachsenen Mann sorgfältig von dem unschuldigen Alter zwischen der Kindheit und der Jugend unterscheiden?

Dieses Laster, welches unter aller Würde des Menschen ist, ist in unseren rauhen Himmelsstrichen nicht so bekannt. In

Frankreich war kein Gesetz vorhanden, weder es zu untersuchen noch zu bestrafen. Man bildete sich ein, es sei eins in
den Verordnungen Ludwigs des Heiligen. »Wenn einer der
Bulgarie wegen in Verdacht kommt, so soll ihn das weltliche
Gericht zu dem Bischof schicken, und wird er überwiesen, so
soll man ihn verbrennen und alle seine Güter dem Baron zu-
stellen.« Das Wort *Bulgarie,* welches nichts anders als Ketzerei bedeutet, wurde für die widernatürliche Sünde genommen. Auf diesen Text hat man sich berufen, um die wenigen
Strafbaren wegen diesem Verbrechen, das mehr in ewige
Vergessenheit begraben als mit den Flammen des Scheiter-
haufens beleuchtet werden sollte, lebendig zu verbrennen.
Der elende Ex-Jesuit, der sich durch so viele Lästerschriften
gegen ehrliche Personen und durch dieses sogar mit Schorn-
steinfegern begangene Verbrechen beschimpft hatte, wurde
dahin verurteilt, daß er in dem Gefängnis zu Bicêtre mit
Ruten heimlich gestrichen werden sollte. Wir haben schon
angemerkt, daß die Gesetze oft willkürlich sind und daß sie
es niemals sein sollten; denn die Gesetze sollen strafen,
nicht die Menschen. Die Strafe dieses Menschen war hinlänglich; allein da sie nicht öffentlich vollzogen wurde, so
konnte sie den Nutzen, den wir verlangen, und den Eindruck des Beispiels nicht haben.

Zwanzigster Artikel
Muß man dem ungerechten Befehl einer rechtmäßigen Gewalt gehorchen?

Vielleicht habe ich mich in die Beschreibung der Verbrechen, worauf die Obrigkeit ihre Aufmerksamkeit richten
soll, zu weit eingelassen. Ich will nicht von den wandelba-

ren Gesetzen reden, die nur so lange bestehen wie die Macht, von welcher sie herrühren; von den Verboten, die länger nicht gelten, als bis die Gefahr vorbei ist; von den vielen Verordnungen des Eigensinns, die entweder unnütz oder unmöglich zu vollziehen sind; allein ich muß Sie noch über die Befehle der Regenten befragen, gegen welche sich die natürliche Billigkeit empört.

Ich gebe zu, daß man denjenigen, welche die Gesetze des Vaterlands machen, solang man in dem Vaterland bleibt, gehorchen muß. Allein gesetzt, es heiße einer Banaja und sei Hauptmann der Wache eines kleinen Königs in einem Land, das 45 Meilen in die Länge und 15 in die Breite hat. Es ist bekannt, daß der verstorbene König zwei Söhne hinterlassen, davon der eine mit einem Weib, die mit zur Ermordung ihres ersten Mannes geholfen, im Ehebruch erzeugt worden; der Vater dieser zwei Kinder begeht dem unzüchtigen Weib zu Gefallen eine neue Ungerechtigkeit und enterbt seinen ältesten Sohn, den Prinzen einer tugend-haften Person. Dagegen setzt er den jüngeren, im Ehebruch und Mord erzeugten Sohn ein. Der unglückliche Enterbte verlangt von dem Besitzer seines Gutes nur diese Gnade, daß er ihm erlauben möchte, eine Weibsperson zu heiraten, die seinem Vater eine Zeitlang gedient und ihn erwärmt hatte. Er bittet in dieser Absicht die alte Mutter seines Bru-ders um ihr Fürwort. Wie nimmt sein Bruder diese Bitte auf? Er befiehlt dem Banaja, dem Hauptmann von zwanzig Mördern, er solle seinen Bruder statt einer Antwort durch seine Wache hinrichten lassen. Der ältere Bruder schreit um Erbarmung, ruft seinen Gott an, umfaßt die Hörner des Al-tars. Der jüngere befiehlt, seinen älteren, den rechtmäßigen König, an dem Altar zu ermorden. Ich frage, muß Banaja in diesem Fall gehorchen?

Ich finde, daß Gott selbst in seiner ganzen Majestät aus dem Empyreum hätte herabsteigen und diesen Brudermord mit seinem eigenen Munde befehlen müssen, aus den schwachen Sterblichen unbekannten Gründen. Was mich betrifft, so hätte ich geantwortet: »Herr, meine Hand zittert, erweise mir die Gnade, einen anderen Juden mit diesem Geschäft zu beauftragen.«*

Weil man sich noch heutzutag Mühe gibt, Beispiele des Betragens bei dem Volk aufzusuchen, das von Gott selbst ehemals beherrscht worden, oft so treulos an ihm gewesen, das uns den Weg des Heils gebahnt und das nun der Gegenstand unseres Abscheus ist; weil man so oft seine Verbrechen mit dem natürlichen und göttlichen Gesetz, das sie verurteilt, verwirrt hat, so will ich unter vielen andern Beispielen noch dieses auswählen.

Da Simeon und Levi einen Vertrag mit den Einwohnern von Sichem, dem heutigen Nablus, machten und das Haupt des Volks bewogen, sich, seine Söhne und alle Einwohner beschneiden zu lassen; da drei Tage hernach diese neuen Brüder ihre Kräfte durch ein auf die Operation erfolgtes Eiterfieber verloren und Simeon und Levi das Haupt des Volks, seine ganze Familie und das Volk ermordeten, so waren ohne Zweifel ihre Knechte und Sklaven dabei und halfen ihren Herrn. Ich behaupte, daß diese Sklaven ebenso strafbar als ihre Herren waren und daß es, wenn auch die Juden damals schon einen Propheten, Priester und Synhedrium gehabt hätten, ein abscheuliches Verbrechen gewesen wäre, ihren Befehlen zu gehorchen.

Wäre der Weiberraub des Romulus eine weniger unmenschliche Räuberei gewesen, wenn er ihn auf die Beratschlagung

* Dieser Abschnitt fehlt in der Übersetzung von 1778. (Anm. d. Hrsg.)

des Senates vollzogen hätte? Würde der Mord von St. Bartholomäus heutzutag weniger abscheulich sein, wenn das Parlament einen Befehl ausgestellt hätte, kraft dessen jeder Rechtgläubige auf das Zeichen der Glocke aus seinem Bett aufstehen und seinen Nachbarn, Freunden, Anverwandten, Brüdern, die in die Predigt gehen, den Dolch in die Brust stoßen soll? Wären die elenden Edelleute, die den Namen der 45 trugen und den Herzog von Guise so schändlich ermordeten, weniger strafbar gewesen, wenn der Rat sie durch einen Befehl dazu berechtiget hätte? Ohne Zweifel nicht! Ein Laster bleibt immer ein Laster, es mag entweder von dem Fürsten in einem jähen Anfall des Zorns befohlen oder durch Patente, die er mit aller Formalität und kaltem Blut versiegelt, genehmigt sein. Die Staatsgründe sind ein Ausdruck, wodurch Tyrannen sich entschuldigen wollen. Nur alsdann sind sie gültig, wenn man, anstatt selbst Verbrechen zu begehen, sich gegen die Verbrechen seiner Feinde in Sicherheit setzt. Es ist noch über dies widersinnig, wenn ihr ihnen selbst ein Beispiel gebt, wie sie euch zugrunde richten sollen.

Der Abbé von Caveyrac gewinnt damit nichts, wenn er das Blutbad von St. Bartholomäus für einen Staatsstreich angesehen haben will. Dieses wäre die Staatsklugheit der Höllenhunde und Furien.

Man sagt, daß die Vollzieher der Befehle und die Gerichtsdiener blindlings gehorchen müssen, ohne zu untersuchen, ob die Strafe, die sie nur als Werkzeuge vollziehen, gerecht ist oder nicht. Ich meines Orts halte diese Leute für ebenso sträflich als die Richter, wenn sie einen vor dem Richterstuhl des Gewissens offenbar ungerechten Gerichtsspruch vollstrecken.

Ein etwas seltsamer Schriftsteller sagt in seinem Romane,

Emile, dessen Held ein Tischler von Adel ist, »daß der Dauphin von Frankreich die Tochter des Henkers heiraten sollte, wenn er seinen Vorteil dabei fände«. Ich getraue mir zu behaupten, daß, wenn der Scharfrichter von Paris die Marschallin von Ancre durch seine Verweigerung hätte retten können, es für ihren Sohn nicht unanständig gewesen wäre, die Tochter eines Vaters, der seine Mutter gerettet, ohngeacht seines abscheulichen Handwerks zu heiraten.

Dieses wäre ein Teil von dem Gesetzbuch, das ich den Anhängern von Brunehaut und Frédégonde, den Fraktionen der weißen und roten Rose, den Armagnacs und Burgundern, den Betrügern der beiden Partien in der großen abendländischen Kirchentrennung, den schimpflichen Parlamenten Heinrichs VIII., eines Tyrannen, vorgelegt hätte. Wir muten Ihnen nicht zu, meine Herren, daß Sie von den vorgegebenen Gesetzen, die zur Zeit der herrschenden Tyrannei und Raubsucht gegeben worden, etwas reden sollen.

Jener Spruch der englischen sogenannten Sternkammer (star-chamber), kraft dessen dem Advokat Prynne wegen der Verfertigung seines Buchs gegen die Komödie 1633 die Ohren an dem Pranger abgehauen worden und er noch überdies eine Geldbuße von 1000 Pfund Sterling bezahlen sollte, kann nicht als gesetzmäßig angesehen werden. Es geschah gerade zu der Zeit, da der Kardinal Richelieu die Schaubühne in Frankreich einführen wollte und die Königin Henriette, Tochter Heinrichs IV. des Großen, Gemahlin des unglücklichen Karls I., die Schauspiele und schönen Künste in London beschützte. Prynne war ein schwärmerischer Dummkopf, der keine so strenge Strafe verdiente. Allein damals fing die Hofpartei und ihr Gegenpart an, die Gesetze mit aller Strenge auszulegen.

Es ist allzu bekannt, daß diese damals verwilderte Nation in ihrer finstern Wut die Verbindung der Formalitäten des Gesetzes mit der Grausamkeit der Staatsklugheit so weit getrieben, daß sie ihren König, den die Schottländer den Engländern um Geld ausgeliefert, vor einem sogenannten Gerichtshof zum Tod verurteilen ließ. Ein gewisser Stuard *Sergent at Law* hatte dabei den Vorsitz; ein Schuhmacher und ein Fuhrmann machten mit einem Haufen von 38 Obristen die ganze Gerichtsversammlung aus. Dieses ist wohl die feierlichste und ruhigste rechtsförmige Ermordung, deren sich jemals eine Nation gerühmt hat.

Könnte man noch ein Verbrechen, das mit dem äußerlichen Gepränge der Gerechtigkeit öffentlich vollzogen worden, mit diesem stolzen Frevel eines Cromwell vergleichen, so ist es die Hinrichtung des jungen Konradin, des rechtmäßigen Königs von Neapel, die der Papst selbst bewilligte.*

* Wer weiß nicht schon, daß Konradin von seinem Vater Konrad und seinem Großvater Kaiser Friedrich II. her ein Geburtsrecht zu der Krone beider Sizilien hatte und daß der junge Prinz, die Hoffnung Deutschlands, das er einst beherrschen sollte, in einem Alter von sechzehn Jahren Mut genug besaß, sein Erbrecht gegen Karl von Anjou, dem die Päpste beide Sizilien zugestanden, zu verfechten? Seine Untertanen und die Römer ließen ihn bitten, den Thron zu besteigen. Konradin und sein Geschwisterkind Friedrich von Österreich, deren Freundschaft lange Zeit in Italien ebenso berühmt war als des Pylades und Orestes in Griechenland, landeten in Sizilien an. Heinrich, Bruder des Königs von Kastilien, und eine Menge kastilianischer Ritter unterstützten sie. Die Muselmänner und Christen vereinigten sich mit ihnen gegen ihre Feinde. Allein diese so ansehnliche Armee wurde durch eine Kriegslist zugrunde gerichtet. Konradin und sein Freund wurden an Karl von Anjou ausgeliefert. Dieser Prinz unterwarf sich dem Papst als Vasall, fragte Clemens IV., seinen Oberlehensherrn, um Rat, wie

Ich will von andern Mordtaten, die an vielen andern Orten unter dem Vorwand des Rechts begangen worden, nichts sagen. Wir bitten Sie nur für gesittete und würdige Völker um ein Gesetzbuch.

Einundzwanzigster Artikel
Von den Schmähschriften

Bei den Römern waren *famosi libelli* oder Schriften, die den guten Namen angriffen, ein Verbrechen der beleidigten Majestät, wenn der Kaiser selbst darin angegriffen war. Tribonianus legt seinem Kaiser Justinian die Worte in den Mund: »Non lubricum linguae facile ad poenam trahendum est« — »Man muß nicht sogleich schlüpfrige Reden, die aus Leichtsinn entwischen, bestrafen.« Noch merkwürdiger und einem Regenten anständiger sind die Worte, die man dem Theodosius in dem Gesetzbuch beilegt: »Ist es Leichtsinn, so wollen wir es verachten, ist es Torheit, so wollen wir Mitleid haben; ist es eine Absicht zu schaden, so wollen wir vergeben.« »Si ex levitate processerit, contemnendum; si ex insania, miseratione dignissimum, si ab injuria, remittendum.«

er sich gegen die zwei Gefangenen zu verhalten habe. Die Antwort des Papstes war: »Das Leben Konradins ist der Tod des Karls.« Karl ließ hierauf den König beider Sizilien und den Herzog von Österreich als Beleidiger göttlicher und menschlicher Majestät verurteilen. Der Scharfrichter schlug ihnen auf einem öffentlichen Platz den Kopf ab, und Konradin starb, indem er den Kopf des Herzogs von Österreich küßte. Wir haben die Briefe nicht, in welchen ohne Zweifel Ludwig der Heilige seinem Bruder, Herzog von Anjou, Vorwürfe über ein so grausames feiges Verbrechen gemacht haben wird.

Der Kaiser Julian, der Weltweise, tat noch besser. Er vergab immer. Ich führe Ihnen diesen so großen Mann an, weil unsere Provinzen, so wie Gallien, sich unter seiner Regierung wieder erholt, weil er die Auflagen um zwei Drittel vermindert, die Gerechtigkeit so genau als Cato verwaltet, durch seinen Mut und Wachsamkeit die Macht der Sicambrer und andrer Völker jenseits des Rheins, die uns nachmals unterjochten, zurückgehalten. Einem solchen Helden und Wohltäter sind wir doch immer eine Erkenntlichkeit schuldig!

Eine Verleumdungsschrift ist strafbar, je nachdem der Schaden, den sie anrichtet, groß ist. Hat man zu befürchten, sie möchte einen Zunder zum Aufruhr gegen den Regenten anlegen, so muß sie mit Schärfe unterdrückt werden: so haben die römischen Richter oft entschieden. Allein greift die Verleumdung nur den Geschmack, die Schwäche, die lächerliche Seite eines Menschen an, so hüte man sich, einen Rechtshandel darüber anzufangen; denn man könnte sich damit nur noch lächerlicher machen.

Unter die Schmähschriften, die von den gewöhnlichen Gerichten unterdrückt werden sollen, rechne ich hier nicht gewisse Bullen, welche verschiedene Parlamente in Frankreich zum Feuer verurteilt haben. So ist im Jahr 1585 eine Bulle auf Anstiften der Ligue wider Heinrich IV., unsern Bundesgenossen, und seinen Nebenbuhler in Mut und Tugend, den Prinz von Condé, in Rom bekannt gemacht worden. In dieser Schmähschrift werden beide genannt »Proles detestabilis ac degener familiae Borboniorum. Pronuntiamus illos haereticos, relapsos, haereticorum duces, impoenitentes, laesae majestatis divinae reos. Privamus illum Henricum Navarrae regno, hunc et utrumque eorumque posteros omnibus principatibus ducatibus, dominiis et officiis regiis.« »Ein ausgearteter und verabscheuungswürdiger Abkömm-

ling der bourbonischen Familie. Wir erklären sie für Ketzer, Rückfällige, Anführer der Ketzer, Unbußfertige und
der beleidigten göttlichen Majestät Schuldige. Wir berauben den Heinrich von Navarra seines Reichs; und beide mit
ihren Nachkommen aller Fürstentümer, Herzogtümer,
Herrschaften und königlichen Ämter.«

Ein Gustav Adolf, ein Karl XII., ein Friedrich von Preußen hätten an der Spitze einer Armee in Rom geantwortet. Heinrich IV., ebenso tapfer wie sie, ließ an die Mauern
des Vatikans eine öffentliche Erklärung der Unwahrheit
anschlagen. Damals hatte er keine Armee auf den Beinen;
gerade zu der Zeit, wo sie am vollständigsten war, brachte
ihn der Schandfleck der Menschheit auf Angeben der
Schwärmer ums Leben.

Zweiundzwanzigster Artikel
Von der Beschaffenheit und Stärke der Beweise und den
Mutmaßungen

§ 1.
Von dem Fall, wo der Verbrecher auf frischer Tat ange-
troffen wird

Die Ertappung über der Tat selbst ist der erste Beweis.
Allein ohngeachtet sie die Tatsache selbst dartut, so beweist
sie noch nicht, daß die frische Tat selbst ein Verbrechen ist.
Man sieht einen Menschen, der den andern tötet. Wenn er
nur den Mörder seines Vaters tötet, indem er ihn sogleich
nach der Mordtat verfolgt, so verdient er nichts als Beifall.
Tötet er seinen Gegner, der ihn angegriffen, so darf man
ihm keine Vorwürfe machen. Tötet er wegen einem bittern
Schimpf in der ersten Bewegung des Zorns, so muß ihm so-

gar das Gesetz vergeben, jedoch zur Entschädigung der Familie des Verstorbenen anhalten. Überhaupt kann die gleiche Handlung unter einem verschiedenen Gesichtspunkt angesehen werden.

§ 2.
Von den Zeugen

Das Zeugnis ist der zweite Beweis. Ist es in allen Fällen zureichend, einen Beklagten zu verurteilen, wenn zwei standhafte, unveränderliche Zeugen in ihrer Aussage sich immer gleich bleiben? Zwei Menschen, die gleich für oder wider eine Sache eingenommen sind, betrügen sich so oft und glauben gesehen zu haben, was sie nicht gesehen, besonders wenn die Gemüter durch den Schwindelgeist der Faktion erhitzt und von falschem Religionseifer bezaubert sind.

In dem Rechtshandel des Sirven 1762 waren zwei eifrige Katholiken, ein Arzt und ein Chirurgus. Beide glaubten in dem Magen der von ihnen geöffneten Tochter des Sirven Wasser zu sehen und urteilten, der Vater habe sie ersäuft, weil er ein Protestant war; ohngeachtet bei einer besseren Naturkenntnis das Wasser im Magen ein Beweis gewesen wäre, daß sie nicht ersäuft worden.

Eine Kabale des Pöbels in Lyon war 1772 die Ursache, daß man vorgab, junge Leute hätten den toten Leichnam eines Weibsbilds, das sie geschändet und ermordet, unter Tanzen und Singen herumgetragen. War es nicht die allgemeine einstimmige Aussage vor dem Richter? Dennoch erkannten die Richter feierlich in ihrem Endurteil, daß kein Weibsbild geschändet, kein Körper herumgetragen, weder getanzt noch gesungen worden.

Noch lange wird die Verurteilung des unschuldigen Edelmanns Langlade zur Folter und zu den Galeeren, worauf

er gestorben, im Gedächtnis bleiben. Die Aussage von zwei
Bedienten war die erste Ursache, daß man ihn des Dieb-
stahls beschuldigte. Sie glaubten, er und seine Frau seien bei
dem ersten Anblick des Montgomery, der sich erst nachmals
über den Diebstahl beklagte und vorher keinen Argwohn
hatte, erblaßt. So gewöhnlich und schädlich sind solche
übereilte Urteile!

Wir wollen noch zwei bekannte und unverwerfliche Beispiele anführen. Wie unglücklich ist jener Vorfall des Pi-
vardière! Madame de Chauvelin, die sich zum zweiten
Mal mit ihm verheiratet, wird angeklagt, sie habe ihn auf
seinem Schloß ermorden lassen. Zwei Mägde waren Zeugen
der Mordtat. Seine eigene Tochter hat das Geschrei und die
letzten Worte ihres Vaters mit angehört: »Mon Dieu ayez
pitié de moi!« Eine von den Mägden, die tötlich krank
wurde, nimmt bei dem Empfang des Sakraments Gott zum
Zeugen, ihre Herrin habe ihren Mann ermorden lassen.
Mehrere andere Zeugen sahen die Leinwand mit Blut befleckt. Andere hörten den Flintenschuß, mit welchem die
Mordtat angefangen worden. Sein Tod wird völlig erwiesen. Dem ohngeachtet geschah kein Flintenschuß, keine
Mordtat, keine Blutvergießung.

Das Ende dieser Szene ist noch außerordentlicher. Pivar-
dière kommt nach Haus; er stellt sich vor die Richter der
Provinz, die seinen Tod rächen wollten, die Richter wollen
den Rechtshandel nicht verlieren und behaupten, er sei tot
und ein Betrüger, weil er das Gegenteil behaupte; er verdiene um seiner Lüge willen gestraft zu werden; ihre rechtsförmige Untersuchung verdiene mehr Glauben als er. Dieser peinliche Prozeß währte 18 Monate, ehe der arme Pi-
vardière endlich einen Rechtsschluß herausbrachte, er sei
noch am Leben!

Gott der Gerechtigkeit! Welche Menge von Beispielen solcher Irrtümer, der Quelle so vieler Mordtaten, die jährlich in Europa fast vor allen Richterstühlen, wo die zusammengestoppelten Tribonianischen Gesetze oder die alten Gebräuche der Feudalregierung herrschen, erneuert werden. Diese unglücklichen Zufälle machen nicht immer das gleiche Aufsehen wie die Geschichte des Calas, und die Klagen dringen nicht immer bis vor den Thron. Die Schwärmerei verhindert soviel möglich den schrecklichen Ruf, der bis in das Innerste der Seelen dringt. Indes war der Tod des sogenannten Montbailli zu St. Omer und die Verurteilung seiner Frau zum Feuer noch schrecklicher und noch weniger zu entschuldigen als die Hinrichtung des alten Vaters der Familie Calas.*

In diesem Augenblick geht in der Bretagne eine Szene vor, die beinahe ebensosehr jedes fühlbare Herz empört. Ich war von mehreren dergleichen Zeuge. Das Herz zer-

---

* Im Jahr 1770 nimmt es das Obergericht zu Arras auf sich, einen jungen Mann Montbailli ohne vorhergehende Gründe der Wahrscheinlichkeit seines Verbrechens zu verurteilen. Sein Urteil war, er solle die gewöhnliche und außerordentliche Folter ausstehen; man solle ihm den Daumen abhauen, ihn rädern und lebendig in das Feuer werfen; seine Frau solle mit ihm verbrannt werden; der Mann als Mörder seiner Mutter, die Frau als Mitschuldige. Die Richter fällen diesen Urteilsspruch aus eigenem Antrieb, ohne Ankläger und ohne Zeugen. Es scheint, es sei ein Vergnügen für sie, Bürger in der Qual sterben zu sehen. Der Mann wird hingerichtet; die Frau ging seit dem dritten Monat schwanger, und ihre Hinrichtung wird bis nach ihrer Niederkunft aufgeschoben. Hätte der Reichskanzler von Frankreich nicht von ohngefähr Nachricht davon bekommen, so wäre dieses Unrecht gänzlich vollzogen worden. Allein was für eine Entschädigung bekam die unglückliche Frau? Kaum war diese Barbarei recht bekannt!

fließt mir in Wehmut und meine Hände zittern, wenn ich daran gedenke, wieviel grausame Handlungen gleichsam in dem Schoß der Gesetze erzeugt worden. Möchte man nicht fast wünschen, daß alle Gesetze abgeschafft würden und daß es keine anderen gebe als die Vorschrift des Gewissens und des gesunden Menschenverstands der obrigkeitlichen Personen? Allein, wer wird uns gut dafür stehen, daß dieses Gewissen und dieser Menschenverstand sich niemals verirren werden? Bleibt uns noch ein anderes Hilfsmittel übrig, als unsere Augen zum Himmel zu erheben und die menschliche Natur zu beweinen?*

Wir haben aus den Briefen vieler Rechtsgelehrten aus

* Der Vorfall in der Bretagne ist dieser: Zwei Schuldige werden von dem Parlament mit ihren ebenfalls für schuldig gehaltenen Weibern zum Tod verurteilt. Die Männer erklären durch ihr letztes Vermächtnis die Weiber für unschuldig. Der Vorträger des Rechtshandels führt dagegen an, daß das Gesetz eine so späte Rechtfertigung nicht mehr anhöre und daß also alle vier gehenkt werden sollen. Der Henker, der mehr Mitleiden hatte und besser urteilt als der Rat, gab, nachdem er die zwei Männer und ein Weib schon gehenkt hatte, dem andern Weib ganz leise den Rat, sie solle laut rufen, sie sei schwanger. Die Hinrichtung wird aufgeschoben; man schreibt nach Versailles, und dies Weib wird gerettet. Sah man nicht in dem berühmten Rechtshandel des Grafen von Morangiés zwei Zeugen auftreten, die mit einer unveränderlichen Halsstarrigkeit die abgeschmacktesten Lügen behaupteten und den Unterrichter so hintergingen, daß er ihnen glaubte? Einer davon war ein Kutscher, den der Pöbel als einen tugendhaften Feind des Adels ansah und rühmte. Auf das Geschrei dieses Aufrührers hin unterstand sich der Richter, den guten Namen eines ohne Ursache angeklagten Feldmarschalls zu beschimpfen. Ein Jahr hernach wurde der großmütige Kutscher als ein öffentlicher Dieb und Verfälscher entdeckt und zur verdienten Strafe gezogen. Hatte der Richter, der ihm vorher geglaubt, nicht Ursache, seinen Irrtum zu bereuen?

Frankreich ersehen, daß kein Jahr vergeht, wo nicht ein Gericht unglückliche Menschen zum Tod verurteilt, deren Unschuld nachmals an den Tag kommt, aber nicht gerächt wird. Man muß Geld haben, wenn man einen Rechtshandel vor dem Richter von neuem will durchsehen lassen, allein die armen Familien, die es verlangen wollten, sind an den Bettelstab gebracht. Indessen zanken sich in der Hauptstadt drei bis viermal hunderttausend Müßiggänger, nachdem sie sich vorher zwanzig Jahre hindurch über Konvulsionen unterhalten, über ein Vauxhall, über eine komische Oper und doppelt geschwänzte Noten.

§ 3.
Von den Anklägern, welche die Beweise eines Verbrechens anführen

Glücklich sind die Nationen, welche so weise gewesen sind und festgesetzt haben, daß jeder Ankläger, der den Beklagten einsetzen läßt, mit in das Gefängnis gesetzt werden soll. Dieses ist unter allen Gesetzen das billigste; dem ohngeachtet haben die Angeber noch Mittel gefunden, sich davon loszuziehen. Calvin ließ den Servet durch seinen Bedienten und Schüler in der Gottesgelahrtheit, Lafontaine, anklagen; und da er sich auf diese Art vor dem Gesetz sichergestellt, so betrieb er seine Anklage nur desto eifriger. Indes bleibt das Gesetz immer billig. Es gleicht den Gesetzen bei den Gefechten in ungeschlossenen Schranken, worin jeder Fechter mit gleichen Waffen fechten und der Sonne und dem Wind gleich ausgesetzt sein soll. Die Art zu streiten war vernünftig und billig, ob es wohl an sich sehr unvernünftig und ungerecht war, die Wahrheit auf ein Gefecht ankommen zu lassen.
Wieviel Zeugen und Ankläger liefen bis 6000 Meilen nach

Paris, um den General Lally zu beschuldigen, er sei der Verräter des Vaterlands, er, der mit seiner ganzen Familie sein Blut für ganz Frankreich vergossen hatte. Man berichtet uns, dieser Prozeß werde unter der Regierung des wirklichen gerechten Königs von neuem durchgegangen. Welchen Ruhm wird sich der Rat erwerben, wenn er durch seine Billigkeit und durch die Gesetze das harte Urteil, das man unter dem Vorwand der Gesetze gegen den Lally ausgesprochen, widerrufen lassen wird!

§ 4.
Ob jeder Zeuge angehört werden soll

Ich wäre geneigt zu glauben, daß jederman, wer er auch sei, zum Zeugen angenommen werden könne. Der Blödsinn, die Verwandtschaft, die häuslichen Verbindungen oder Hausgenossenschaft, ja sogar ein unehrlicher Name hindern nicht, daß man gut sehen und gut hören kann. Die Richter müssen das Gewicht des Zeugnisses abwägen und die Einwürfe, die man dagegen machen kann, überlegen. Die Aussage eines Anverwandten, eines Vergesellschafteten, eines Hausgenossen, eines Kinds soll in nichts entscheiden. Aber man kann sie anhören, weil sie in einer Sache neues Licht geben können.

Man setze, es sei einer wegen Schulden in Verhaft; ein Gefangener ermordet einen andern, und dreißig Gefangene, die der Mordtat zugesehen, bezeugen, daß der Schuldner keinen Anteil daran habe. Sollte ihre Aussage etwa nicht angehört werden, unter dem Vorwand, ihre Personen seien aller Ehre verlustig und würden für bürgerlich tot gehalten? Sollte das Zeugnis von zwei andern, denen noch kein öffentlicher Schimpf angetan worden, allein gültig sein? Sollte der Unschuldige darum das Opfer werden?

§ 6.

Soll der Richter den Zeugen allein im Verborgenen anhören;
und kann dieser bei nochmaligem Verhör sein Zeugnis
widerrufen?

Dieses rechtliche Verfahren im Verborgenen gleicht vielleicht nur allzusehr einer Lunte, die man unvermerkt an-
steckt, um die Bombe loszubrennen.

Steht es der Gerechtigkeit an, sich zu verbergen? Nur das
Laster muß sich verstecken. Dies ist das Verfahren der Inquisition. Dadurch schaffte man so viele tugendhafte, aber
allzu reiche Tempelherren aus dem Weg, weil man sich nach
ihrem Tod ihrer Güter bemächtigen wollte. War dieses nicht
der erste Auswurf der Hölle, der von weitem die Wolken
von St. Bartholomäus ankündigte? In Frankreich wird der
Zeuge, der bei seinem wiederholten heimlichen Verhör sein
Zeugnis umstößt, bestraft. Man soll ihn strafen, wenn er
sich hat bestechen lassen, aber nicht sogleich auf die erste
Mutmaßung, er habe können bestochen werden.

Dreiundzwanzigster Artikel
Soll man den Beklagten einen Rat oder Sachwalter zugeben?

Wenn man einen Menschen in ein finsteres Gefängnis wirft
und ihn seiner Bestürzung und Verzweiflung ganz allein
überläßt, wenn man ihn befragt zu einer Zeit, wo sein Gedächtnis durch die Angst und heftige Bewegung seines Körpers ganz zerrüttet ist, heißt das nicht ebensoviel, als einen
Reisenden in eine Räuberhöhle hineinschleppen, um ihn
darin zu ermorden? Dieses ist die Methode der Inquisition.
Das bloße Wort erweckt einen Schauer.

In England, einer durch ebenso weise Gesetze als grausame

Handlungen bekannten Insel, waren die Geschworenen selbst die Sachwalter des Beklagten. Seit der Zeit
Eduards VI. kamen sie seiner Schwäche zu Hilfe und gaben
ihm alle Mittel zu seiner Verteidigung an. Aber unter der
Regierung Karls II. gestand man jedem Beklagten den Beistand von zwei Sachwaltern zu, weil man in Erwägung zog,
daß die Geschworenen nur Richter der Tat, hingegen die
Sachwalter in den Fallstricken und Ausflüchten der Rechtsgelahrtheit bewanderter sind. In Frankreich scheint die peinliche Halsgerichtsordnung gerade auf das Verderben der
Bürger eingerichtet zu werden; in England sucht man sie
damit vielmehr zu beschirmen. Nicht nur der Bürger, selbst
der Fremde findet seine Sicherheit in dem Gesetz, weil er
sich sechs Fremde wählt, um die Anzahl der zwölf Geschworenen, die ihn richten, vollständig zu machen. Dieses ist ein
Vorrecht zugunsten der ganzen Welt.

Vierundzwanzigster Artikel
Von der Folter

Weil es noch christliche Völker — was sage ich? christliche
Pfaffen und Mönche gibt, die die Folter als den stärksten
Beweis gebrauchen, so muß man damit anfangen, ihnen zu
sagen, daß die Caligula und Nerone sich niemals unterstanden, an einem römischen Bürger diese Wut auszuüben.
Sie ist in dem russischen Reich mit feierlicher Verwünschung
verboten, in allen Staaten des Helden dieses Jahrhunderts,
des Königs in Preußen, des gerechten und wohltätigen
Landgrafen von Hessen-Kassel abgeschafft; in England und
andern Reichen bleibt sie ein Gegenstand des Abscheus.
Was bleibt also den Provinzen, die eine solche Gesetzgebung noch nicht angenommen haben, zu tun übrig?

Das berühmte Gesetzbuch Karls V. spricht immer von der Folter. In allen peinlichen Rechtshändeln geschah damit der Anfang. In Frankreich brachten die von König Franz I., dem Vater der Wissenschaften, ernannten Kommissaire den Grafen Montecuculi, einen Untertan Karls V., auf die Folter, weil er angeklagt wurde, er habe den jungen Dauphin vergiftet. Der unschuldige Edelmann wurde hierauf geviertteilt.

Überall trifft man in den Büchern, die in Frankreich anstatt eines Gesetzbuchs dienen, die schrecklichen Worte an: vorläufige Folter, Vorbereitungsfolter, gewöhnliche, außerordentliche Folter, Folter mit oder ohne Vorbehalt der Beweise, Folter in Gegenwart von zwei Räten, Folter in Gegenwart eines Arzts, eines Chirurgus, Folter für die Weiber und Töchter, im Fall sie nicht schwanger sind. Scheint es nicht, diese Bücher alle seien von einem Henker verfertigt?

Man muß sich wundern, wenn man in diesem Gesetzbuch der Unmenschlichkeit den Brief des Kanzlers d'Aguesseau vom 4. Jänner 1734 mit folgenden Ausdrücken findet: »Entweder ist der Beweis von dem Verbrechen vollständig, oder er ist es nicht. Im ersten Fall ist kein Zweifel mehr übrig, daß man die Strafe den Verordnungen zufolge zuerkennen muß. Aber in dem letzten Fall ist es gewiß, daß man nichts anders vornehmen kann als die Folter oder die Sache auf nähere Untersuchung aussetzen.«

Wie stark ist die Macht des Vorurteils, möchte man diesem angesehenen Haupt der Obrigkeit sagen. Was? Ohne weitere Beweise soll man einen unglücklichen zwei Stunden lang einen tausendfachen Tod leiden lassen, um seinen Richtern ein Recht zu geben, ihn in einem Augenblick zu töten? Ist nicht die Folter ein sicheres Geheimnis, alles von einem Unschuldigen herauszubringen, der zarte Muskeln hat, und einen starken Verbrecher zu retten? Schon so oft hat man dieses gesagt! So viele Beispiele sind vorhanden. Ist es möglich, daß es einem so einsichtsvollen Richter gleichgültig sein kann, schreckliche Qualen oder eine weitere nähere Untersuchung zur Wahl vorzulegen? Ist es nicht lächerlich und ganz befremdend?

Ich möchte glauben, es habe nur einen einzigen Fall gegeben, wo die Folter nötig schien, nämlich bei der Ermordung Heinrichs IV., des Freunds von unserm Freistaat, von ganz Europa, vom ganzen menschlichen Geschlecht. Seine Ermordung war ein Verbrechen, wodurch Frankreich zugrunde gerichtet, unsere Provinzen in Gefahr gesetzt und zwanzig Staaten beunruhiget worden. Es lag der Welt daran, die Mitschuldigen des Ravaillac zu wissen. Allein, die Strafe, daß seine Glieder mit glühenden Zangen gezwickt und siedendes Blei darauf gegossen, daß er von vier Pferden in Stücke zerrissen werden sollte, war lang genug, um seine Mitschuldigen, wenn er gehabt hätte, zu entdecken. Es ist wahrscheinlich, daß an seinem Verbrechen niemand als der Geist der Ligue und der römischen Kurie Anteil gehabt, ich sage der damaligen römischen Kurie, denn gewiß würde die heutige sich keines solchen Frevels schuldig machen.

Sehen Sie, meine Herren, ob nicht (das Verbrechen des Ravaillac, das ganz Europa anging, ausgenommen) die Folter in jedem andern Umstand weit schrecklicher als nützlicher ist. Man darf sich nur erinnern, wie in dem gleichen Jahr der unschuldige Langlade und Lebrun durch diese Strafe ums Leben gebracht worden. Wir haben ihre Geschichte schon angeführt, und sie muß jedermann, der von den irrigen Urteilen in Rechtssachen reden gehört hat, bekannt sein. Diese beiden Märtyrer der Formalitäten des Gesetzes, das bei unsern Nachbarn eingeführt ist, geben überzeugende Beweistümer, daß die Folter kein Mittel ist, die Wahrheit zu entdecken, sondern nur einen langsamen und schmerzhaften Tod verursacht. Erst nach dem Tod dieser Unschuldigen kam ihre Unschuld ans Licht; ihre Richter beweinten sie; aber ihre Reue hob das Gesetz doch nicht auf. Ich begreife nicht, wie die unglücklichen Richter in andern Fällen noch so verwegen sein konnten, die Folter vorzunehmen, und wie Ludwig XIV. es gelitten. Aber hat ein König auch Zeit, mitten unter seinen Festen, Eroberungen und Maitressen an solche abscheulichen, aber für ihn unbedeutenden Vorfälle zu denken? Möchte sich doch Ludwig XVI., er, der keine solchen Zerstreuungen hat, damit beschäftigen.

Fünfundzwanzigster Artikel
Von den Gefängnissen und der Gefangennehmung

Die Gefängnisse, die zu Madrid auf dem großen Platz erbaut sind, haben von vorne ein schönes Aussehen. Ein Gefängnis soll keinem Palast gleichen, aber ebensowenig einem Beinhaus. Man beklagt sich, daß die meisten Kerker in Europa Kloaken sind, welche Krankheiten und Tod nicht nur innerhalb derselben, sondern in der Nachbarschaft umher ausbreiten. Sie sind ganz finster, und die Luft hat keinen freien Umlauf darinnen. Die Gefangenen teilen sich nichts als ansteckende Ausdünstungen mit; sie stehen, schon ehe sie gerichtet werden, eine harte Strafe aus. Liebe, mit einer guten Polizei verbunden, sollte einer so unmenschlichen und gefährlichen Nachlässigkeit abhelfen.
Die Gefangensetzung ist schon an und für sich eine Strafe, sie muß also ein Verhältnis zu dem Verbrechen haben, des-

sen der Gefangene beschuldigt wird. Soll man einen unglücklichen Schuldner, der nicht mehr bezahlen kann, und
einen Frevler, der den Argwohn einer grausamen Mordtat
gegen sich hat, in das gleiche finstere Loch stecken? Man
muß auch bei jeder Strafe nach ihrer Beschaffenheit und ihrem Unterschied von andern das wahre Verhältnis treffen.
Wir sehen, daß der weise Ludwig XVI. diesen Mißbrauch
zum Teil abschafft, indem er durch ein Edikt etlich hundert
Ämter solcher kleinen Tyrannen und Unterrichter aufhebt,
welche notleidende Familien wegen einer Geldbuße in finstre
Kerker steckten.

Eine gesetzmäßige Gefangensetzung wird, so empfindlich
sie ist, von den Richtern nicht als eine Strafe angesehen. In
ihren Augen ist sie nur ein Mittel, sich des Beschuldigten zu
versichern, wenn sie ihn befragen und richten wollen.

Indessen, wenn ein Staatsminister in England einen Menschen ohne Ursache, unter dem Vorwand, ihn im Notfall
sogleich zur Hand zu bekommen, und weil er das Gefängnis für keine Strafe hält, einsetzen läßt, so muß er dem Gesetz zufolge für die erste Stunde vier und für jede folgende
Stunde des Verhafts zwei Guineen bezahlen. Die Gefangenschaft ist, so kurz sie währet, eine Strafe. Dauert sie lebenslänglich, so ist sie unerträglich. In vielen Staaten sieht die
Art wie man sich eines Menschen versichern will, einem
Anfall von Räubern ähnlich.

Billigen Sie nicht das glückliche Verfahren einer Nation,
die dem Gesetz allein eine so starke Macht beigelegt hat,
daß sich kein Beschuldigter widersetzt, wenn ihm ein einziger Gerichtsdiener die Kennzeichen seines Amts, das er
bekleidet, aufweist? Wie ist sie dazu gelangt, jedem Bürger
die Gesetze so ehrwürdig zu machen? Ohne Zweifel dadurch, daß die Nation selbst sie verfertigt hat.

Sechsundzwanzigster Artikel
Von ausgesuchten Strafen

Wie konnte doch der Benediktiner Calmet ein Vergnügen daran finden, alle bei der kleinen jüdischen Nation üblichen Strafen und Todesarten in Kupferstichen zu sammeln? Man stürzte den Missetäter von einem hohen Felsen auf Kieselsteine herab, oder man steinigte ihn mit Kieselsteinen, mit welchen das Land überdeckt ist, und henkte ihn an einem Galgen auf, wo er das Leben endigte, oder man begrub ihn lebendig in einen Aschenhaufen und zerquetschte ihn mit eisernen Schlitten oder tötete ihn mit Dornen, Rädern, warf ihn unter die Füße der Pferde, Elefanten (wenn nämlich dieses Volk dergleichen haben konnte, welches selten geschah;) oder man schändete ihn vom Haupt bis auf die Füße, riß ihm die Rippen und Eingeweide mit eisernen Zacken heraus, oder man verbrannte ihn mit brennenden Fackeln oder auf dem Scheiterhaufen, oder man sägte ihn entzwei. Welche unanständige Art, seine Leser mit solchen Werken zu belustigen!

Man behauptet, das Rädern sei in Deutschland erfunden und in Frankreich erst unter Franz I. an den Straßenräubern vollzogen worden. In England ist noch heutzutag ein Gesetz, daß ein Mensch, der sich des Hochverrats schuldig gemacht, mit bloßem Haupt durch die gepflasterten Straßen bis zum Galgen geschleppt, daran lebendig aufgehenkt und ihm die Eingeweide und das Herz herausgerissen, um die Backen geschlagen werden und daß der Henker, indem er das Herz des Missetäters aufweist, laut sagen solle: »Sehet! das Herz des Verräters.« Allein diese Todesart wird nicht nach der Schärfe vollzogen. Man schleppt den Strafbaren nicht mehr auf dem Pflaster und reißt ihm das Herz nicht

heraus, solang er noch am Leben ist. Nur die einfache Todesart wird heuzutag gelitten. Endlich nach langer Zeit ge-
langte die englische Nation dazu, daß das Mitleiden mit der
Gerechtigkeit bei den Strafen vereinigt wurde.

Siebenundzwanzigster Artikel
Von der Einziehung der Güter

Wenn der Strafbare hingerichtet ist, so hat man weiter nichts
mehr zu tun, als seine Güter an sich zu ziehen. Ich glaube,
ich werde am besten tun, wenn ich Ihnen hier das wiederhole, was in einem moralischen Buch, das die Gestalt eines
Wörterbuchs hat, gedruckt ist.*
»Der Fiskus, sei es der öffentliche, königliche, kaiserliche
oder herrschaftliche, war ein Korb von Binsen oder Wei-
den, in welchen man das Geld der Republik, des Monarchen oder des Landesherrn legte. Dieses ist eine fast in allen
Gerichtsbarkeiten angenommene Maxime — wer den Leib
in seine Gewalt bekommt, bekommt auch völlige Gewalt
über die Güter, *qui confisque le corps, confisque les biens.*
Die Konfiskation des Leibs besteht nicht darin, daß man den
Leib in das Körbchen seines Landesherrn legt, sondern, nach
der barbarischen Sprache der Gerichtsstube, daß man sich
von dem Leib eines Bürgers Meister macht, entweder um
ihm das Leben zu nehmen oder ihn zu einer lebenslänglichen
Strafe zu verurteilen; man bemächtigt sich seiner Güter, sobald man ihm das Leben genommen hat oder sobald er dem
Tod durch die Flucht entgangen ist.
Also ist es nicht genug, einem Menschen um seiner Ver-

* Hier folgt ein langes Selbstzitat Voltaires aus dem Artikel
»Confiscation« der *Questions sur l'Encyclopédie.* (Anm. d. Hrsg.)

gehungen willen das Leben zu nehmen; man muß noch überdies seine Kinder vor Hunger sterben lassen. Diese Rechtsgelahrtheit, welche in der Beraubung des Unterhalts der Waisen besteht, war zu keiner Zeit in dem römischen Freistaat bekannt, Sulla führte sie durch seine Achts-Erklärungen ein. Man muß zugeben, daß ein Raub, den Sulla eingeführt, kein Beispiel zur Nachahmung ist. Dieses von Geiz und Grausamkeit eingegebene Gesetz wurde weder vom Cäsar noch von dem guten Kaiser Trajan noch von den Antoninen — Namen, die alle Nationen mit Ehrfurcht und Liebe wiederholen — befolgt. Unter der Regierung des Kaisers Justinian hatte die Einziehung der Güter nur bei dem Verbrechen der beleidigten Majestät statt. Da diejenigen, die man dessen beschuldigte, größtenteils große und reiche Herren waren, so scheint es, Justinian habe diese Güter-Einziehung aus Geiz befohlen.

Man glaubt, daß zur Zeit der Feudal-Anarchie die Fürsten und Herren, die damals noch nicht so reich waren, ihren Schatz durch die Güter ihrer Untertanen zu vermehren und sich von ihren Verbrechen Einkünfte zu verschaffen gesucht haben. Die Gesetze waren bei ihnen willkürlich, die römische Rechtsgelahrtheit unbekannt, und die Gebräuche, so widersinnig oder grausam sie waren, bekamen die Oberhand. Allein heutzutag, da die Gewalt der Landesherren auf sicheren und unermeßlichen Reichtümern beruht, haben sie nicht nötig, ihren Schatz mit den Trümmern einer unglücklichen Familie anzuhäufen. Sie überlassen gemeiniglich die eingezogenen Güter dem ersten, der sie verlangt. Aber kommt es einem Bürger zu, sich mit dem übrigen Fleisch seines Mitbürgers zu mästen? Die Konfiskation wird in den Ländern, wo das römische Recht eingeführt ist, nicht zugelassen, ausgenommen in der Gerichtsbarkeit des Parlaments von Toulouse. Auch in einigen Ländern, wo man sich nach den alten Gebräuchen richtet, wie im Bourbonischen, in Merri, Maine, Poitou, Bretagne, hat sie nicht statt, oder sie greift wenigstens die unbeweglichen Güter nicht an. Sie war ehemals zu Calais im Schwang, allein die Engländer hoben sie auf, sobald sie Meister von dem Ort waren. Es ist seltsam, daß die Einwohner der Hauptstadt unter einem strengeren Gesetz leben als in diesen kleinen Städten: unstreitig waren die Rechte gar oft ein Werk des Zufalls, worin weder Ordnung noch Einförmigkeit herrscht, so wie man in Dörfern Hütten baut.« Man höre, wie der General-Advokat Omer Talon in dem schönsten Jahrhundert von Frankreich, Anno 1673, aus Gelegenheit der eingezogenen Güter der Jungfer von Canillac vor dem ganzen Parlament gesprochen hat. Ich bitte meine Leser, seine Rede mit Bedacht zu lesen; ob sie schon nicht in dem Geschmack der Reden eines Cicero ist, so ist sie doch merkwürdig.*

Achtundzwanzigster Artikel
Von den Gesetzen Ludwigs XVI. über das Ausreißen. Beschluß des Werks

Ich habe mit Ihnen, meine Herren, eine traurige Laufbahn, wo uns bei jedem Schritt Laster und Strafen vorkamen, durchlaufen! Dieses ekelhafte Schauspiel wird sich in angenehmere Auftritte verwandeln, wenn Sie den Regenten von Europa die Mittel beibringen, wodurch selbst die Verbrecher noch zum Dienst des Vaterlands gebraucht und zwar

* An dieser Stelle folgt die Rede des Omer Talon, die im »Kommentar zu dem Buch *Über Verbrechen und Strafen*« schon zitiert ist. (Anm. d. Hrsg.)

abgestraft werden, aber ohne ein dem Staat notwendiges Blut zu vergießen.

Der König in Frankreich hat gleich bei dem Antritt seiner Regierung ein großes Beispiel gegeben, zwar nicht an Verbrechern, sondern an Menschen, die aus Unbeständigkeit, Leichtsinn, Ausschweifung oder auf Anstiften von andern ihre Pflichten verletzt — ich will sagen, an Ausreißern. Er war von Mitleiden gerührt sowohl über sie als über Frankreich, das mit ihnen seine Verteidiger verlieren würde. Er schenkte ihnen die Todesstrafe und gab ihnen gute Gelegenheit, ihren Fehler zu vergüten, indem er ihnen etliche Tage Bedenkzeit ließ, während welcher sie zu ihrer Fahne zurückkehren konnten. Wenn man sie straft, so schließt man sie an, daß sie dem Vaterland, das sie verlassen haben, dienen müssen. Sie sind einige Jahre hindurch Galeerensklaven. Diese Soldaten-Rechtsgelahrtheit hat man einem einsichtsvollen und wackern Minister zu verdanken. Ein anderer Minister von ebenso gutem Charakter hatte schon vorher Versuche gemacht, um dem Ausreißen zuvorzukommen. Er verband mehr Ehre mit dem Soldatenstand, gestattete dem Soldaten solche Vorzüge, daß er den Dienst lieber und das Ausreißen als eine ihm unanständige Feigheit ansehen sollte.

Ich wage, meine Herren, Sie aufzufordern, das zum Vorteil der Bürger zu tun, was Ludwig XVI. für die Soldaten gut gefunden. Ich frage Sie, ob man die Anzahl der Verbrechen dadurch vermindern könnte, wenn man mehr Schande und weniger Grausamkeit mit den Strafen verknüpfte. Bemerken Sie nicht, daß die Länder, wo die schrecklichsten Schauspiele der Strafen aufgeführt werden, gerade die häufigsten Laster aufweisen? Sind sie nicht überzeugt, daß die Liebe zur Ehre und die Furcht vor Schande mit mehr Stärke zu guten Sitten antreiben als die Henker? Sind die Länder, worin man Preise auf die Tugend setzt, nicht gesitteter als diejenigen, worin man immer neue Vorwände sucht, Blut zu vergießen und die Strafbaren zu beerben? Erwägen Sie diese Maximen und vervollkommnen oder verbessern Sie dieselben, nicht nur zum Besten eines kleinen Winkels der Welt, auch nicht eben zur Glückseligkeit der Erde, sondern zur Linderung der Marter, mit welchen sie geplagt war. Sehen Sie, wie heutzutag alle Regenten einer Philosophie huldigen, die vor fünfzig Jahren niemals einen Zugang zu ihnen zu finden schien. In allen Provinzen findet man doch wenigstens einen Weisen, der an der Verbesserung böser Menschen und Verminderung ihres Unglücks arbeitet. Überall macht man neue Verfügungen, um die Arbeit und also auch die Tugend mehr in Schwang zu bringen; überall ruft man die Vernunft herbei und schreckt die Schwärmerei zurück. Bloß in dem nördlichen Amerika brennt die Zwietracht. Die Fürsten streiten um den Vorzug, wer am meisten Gutes tun könne. Machen Sie sich diese Augenblicke zunutze, vielleicht verschwinden sie bald.

A. B. C.
Oder Dialoge zwischen A. B. C.
Aus dem Englischen durch Herrn Huet übersetzt

Erste Unterredung
Über Hobbes, Grotius und Montesquieu

A: Nun, Sie haben Grotius, Hobbes und Montesquieu gelesen, was halten Sie von diesen drei berühmten Männern?
B: Grotius hat mich oft ennuyiert, aber er ist grundgelehrt.
Er scheint Vernunft und Tugend zu lieben, aber Vernunft
und Tugend machen wenig Eindruck, wenn sie ennuyieren;
zudem, so kommt mir's vor, als wenn er unterweilen sehr
übel räsonnierte. Montesquieu hat viel Imagination über
einen Stoff geäußert, der nichts als Urteilskraft zu erfordern
schien. Er irrt sich oft in den angeführten Tatsachen, ich
glaube aber auch, daß er sich bisweilen irrt, wenn er räsonniert. Hobbes ist sehr rauh, so wie sein Stil; mir ist aber
bange, daß seine Rauhheit oft an Wahrheit grenzt. Mit
einem Worte, Grotius ist ein ausgemachter Pedant, Hobbes
ein trauriger Philosoph und Montesquieu ein menschen-
freundlicher schöner Geist.
C: Ich bin sehr dieser Meinung. Das Leben ist zu kurz und
man hat zu vielerlei zu tun, um von Grotius zu lernen, daß
nach Tertullian Grausamkeit, Betrug und Ungerechtigkeit
Gefährten des Krieges sind; daß Karneades das Falsche
ebenso wie das Wahre verteidigt; daß Horaz in einer Satire
gesagt hat: die Natur könne Recht von Unrecht nicht unter-

scheiden*; daß nach Plutarch die Kinder Mitleid haben; daß Chrysipp gesagt hat: der Urquell des Rechts liegt im Jupiter; daß, wenn man Florentin glaubt, die Natur eine

* »Nec natura potest justo secernere iniquum.« Dieser grausame Vers findet sich in der dritten Satire. Horaz will gegen die Stoiker beweisen, daß nicht alle Verbrechen einander gleich sind. Die Strafe, sagt er, muß mit der Vergehung im Verhältnis stehn.
»Regula peccatis quae poenas irrogat aequas.« Die Vernunft, das Gesetz der Natur lehren diese Gerechtigkeit; die Natur kennt also Recht und Unrecht. Es ist sehr evident, daß die Natur alle Mütter lehrt, es sei besser, sein Kind zu züchtigen, als es zu töten, besser, ihm Brot zu geben, als ihm ein Auge auszustechen, rechtschaffner gehandelt, seinem Vater zu Hülfe zu kommen, als ihn von einem wilden Tiere fressen zu lassen, und rechtschaffner, sein Versprechen zu halten, als es zu brechen.
Im Horaz befindet sich vor diesem böse Beispiele gebenden Verse: »nec natura potest justo secernere iniquum«, die Natur kann Recht von Unrecht nicht unterscheiden, ein andrer Vers, der ganz das Gegenteil sagen will: »Jura inventa injusti fateare necesse ist.« Man muß gestehen, daß die Gesetze nur aus Furcht vor Ungerechtigkeit erfunden worden sind.
Die Natur hatte mithin Recht und Unrecht unterschieden, bevor es Gesetze gab. Warum sollte er andrer Meinung sein als Cicero und andre Moralisten, die das Naturgesetz annehmen? Horaz war Lüstling, der den Genuß von Freudenmädchen und jungen Knaben anempfiehlt, der arme alte Frauen zum Besten hat, das geb' ich zu; der dem Oktav auf's niederträchtigste schmeichelt, der nur im Dunkeln befindliche Bürger des Staats grausam angreift, das ist wahr; der oft seine Meinung ändert, das tut mir leid; aber ich vermute, daß er hier ganz das Gegenteil von dem sagt, was man ihn sagen läßt. Ich meines Orts lese »et natura potest justo secernere iniquum.« Andre mögen, wenn sie wollen, ein *nec* an die Stelle des *et* setzen. Ich finde den Sinn der Worte mit *et* sowohl moralisch als grammatisch besser.
Wenn die Natur nicht Recht von Unrecht unterschiede, so würde es keinen moralischen Unterschied in unsern Handlungen geben;

Art Anverwandtschaft unter den Menschen errichtet hat; daß Karneades gesagt hat: Nutzen ist die Mutter der Gerechtigkeit.

Ich gestehe, daß Grotius mir viel Vergnügen macht, wenn er im ersten Kapitel seines ersten Buchs sagt, daß das Gesetz der Juden den Ausländern keine Verbindlichkeiten auflege. Ich denke wie er, daß Alexander und Aristoteles nicht verdammt worden sind, weil sie ihre Vorhaut behalten und den Sabbat nicht mit Nichtstun hingebracht haben. Wackre Theologen sind mit ihrer gewöhnlichen Ungereimtheit gegen ihn zu Felde gezogen; aber ich, der ich, Gott sei Dank, kein Theologe bin, finde Grotius als einen sehr braven Mann.

Ich räume ein, daß er nicht weiß, was er spricht, wenn er behauptet, die Juden hätten die Beschneidung andre Völker gelehrt. Heutzutage ist es hinlänglich bekannt, daß die kleine jüdische Horde alle ihre lächerlichen Gebräuche von den mächtigen Völkern angenommen hatte, womit sie umringt war; aber was hat die Beschneidung mit dem Rechte des Krieges und des Friedens zu tun?

es würde alsdann scheinen, die Stoiker hätten mit ihrer Behauptung recht, daß alle Verbrechen gegen die Gesellschaft gleich sind. Sehr seltsam ist es, daß der heilige Jakob in den Exzeß der Stoiker geraten zu sein scheint, wenn er in seiner Epistel sagt: »Wer das ganze Gesetz hält und sündigt an einem, der ist's ganz schuldig.« Der heilige Augustin trumpft den Apostel Jakob dafür ein wenig und entschuldigt ihn hernach, indem er sagt: wer sich einer Übertretung des Gesetzes schuldig gemacht hat, ist aller Übertretungen desselben schuldig, weil er gegen die christliche Liebe gehandelt hat, die alles in sich begreift. O Augustin! wie hat ein Mensch, der sich betrunken, der Unzucht getrieben, gegen die christliche Liebe gehandelt. Du mißbrauchst beständig die Worte, afrikanischer Sophist. Horaz hatte einen weit richtigeren und feineren Verstand als Du.

A: Wohl wahr! Die Zusammenstoppeleien des Grotius verdienten den Zoll der Achtung nicht, den die Unwissenheit ihnen entrichtet hat. Die Gedanken alter Schriftsteller anführen, die über das Dafür und Dawider geschrieben haben, heißt nicht denken. Daher kommt's, daß er sich in seinem Buche *De veritate religionis Christianae* gar gröblich irrt, wenn er die christlichen Schriftsteller abschreibt, die gesagt haben, die Juden, ihre Vorfahren, hätten die Welt unterrichtet; indes die kleine jüdische Nation diese übermütige Prätention nie selbst gehabt hätte, indes sie, von den Felsen von Palästina eingeschlossen, nicht einmal die Unsterblichkeit der Seele anerkannt hatte, die alle ihre Nachbarn annehmen.

B: Daher kömmt's, daß er das Christentum durch Istaspas und durch die Sybillen, das Abenteuer mit dem Walfisch aber, der den Jonas verschlang, durch eine Stelle aus dem Lykophron beweist. Pedantismus verträgt sich nicht mit richtiger Unterscheidungskraft.

A: Montesquieu ist kein Pedant, was halten Sie von seinem *Geist der Gesetze*?

B: Er macht mir großes Vergnügen, weil sich viel Pläsanterien, viel wahre, kühne und starke Sachen und ganze Kapitel darin befinden, der *Persischen Briefe* völlig würdig. Das neunundzwanzigste Kapitel des neunzehnten Buchs ist ein Gemälde Ihres Vaterlandes, Großbritannien, im Geschmack des Paul Veronese. Die Farben sind schimmernd, der Pinsel verrät Leichtigkeit, und man trifft einige Verstöße gegen das Kostüm darin an.

Das Kapitel von der Inquisition und das von den Negersklaven sind weit über Callot. Überall bekämpft er den Despotismus, macht die Finanzbedienten verhaßt, die Höflinge verächtlich, die Mönche lächerlich; auf die Art liest ihn alles mit Entzücken, was weder Mönch, noch Finanzier und Minister ist. Der Fall trifft zumal in Frankreich zu.

Mir tut's leid, daß dies Buch ein Labyrinth ohne Faden ist und gar keine Methode hat. Es ist sonderbar, daß ein Mann, der über die Gesetze schreibt, in seiner Vorrede sagt, man würde in seinem Werke keine munteren Einfälle finden; und noch besondrer ist es, daß sein Buch eine Sammlung munterer Einfälle ist. Er ist Michel Montaigne als Gesetzgeber, auch hatte er mit Michel Montaigne ein Vaterland.

Ich kann mich des Lachens nicht erwehren, wenn ich mehr denn hundert Kapitel durchlaufe, die nicht zwölf Zeilen enthalten und viele, die nur aus zweien Zeilen bestehen. Es scheint, der Verfasser habe stets in der ernsthaftesten Materie mit dem Leser Scherz treiben wollen.

Man lacht von neuem, wenn er nach Anführung der griechischen und römischen Gesetze im Ernst von den Gesetzen in Bantam, Kochin, Tunquin, Borneo, Djakatra und Formosa spricht, als ob er von den Regenten aller dieser Länder getreue Urkunden hiervon erhalten hätte. Er vermischt zu oft das Falsche mit dem Wahren im Physischen, Moralischen und Historischen. Er sagt Ihnen z. B. auf Angabe Pufendorfs, daß zur Zeit König Karls IX. sich zwanzigtausend Millionen Menschen in Frankreich befunden hätten. Pufendorf sprach auf gut Glück hin. Man hatte nie in Frankreich eine Zählung der Volkszahl veranstaltet; man war zu unwissend, um bloß auf die Vermutung zu kommen, daß man die Anzahl der Einwohner aus der Anzahl der Gebornen und Gestorbnen erraten könne. Frankreich hatte damals weder Lothringen, Elsaß noch Franche-Comté, weder Roussillon, Artois, Cambresis noch einen Teil von Flandern; und heutzutage, da es alle diese Provinzen besitzt, ist vermöge der 1751 genau veranstalteten Zählung der Feuerstellen erwiesen, daß es nicht mehr als höchstens ungefähr zwanzig Millionen Seelen enthält.

Eben dieser Schriftsteller versichert auf Treu und Glauben Chardins, daß einzig und allein der kleine Fluß Cyrus in Persien schiffbar sei. Chardin hat diesen Schnitzer nicht begangen. Er sagt im ersten Kapitel des zweiten Bandes, daß es im Innern des Königreichs keinen Fluß gibt, der einen Kahn trägt; allein ohne den Euphrat, Tigris und Indus zu rechnen, sind alle Grenzprovinzen von Flüssen durchströmt, die zum leichtren Betrieb des Handels und zur Fruchtbarkeit des Bodens beitragen. Der Zinderud geht durch Ispahan, der Agi vereinigt sich mit dem Kur usw. Und dann fragt sich's, was für ein Zusammenhang kann wohl zwischen dem *Geist der Gesetze* und den Flüssen Persiens stattfinden?

Die Gründe, die er von der Einrichtung großer Reiche in Asien und der Entstehung der Menge kleiner Mächte in Europa anführt, scheinen ebenso falsch zu sein als das, was er von den persischen Flüssen sagt. »In Europa«, schreibt er, »haben große Reiche nie bestehen können«; gleichwohl hat die Macht der Römer mehr denn fünfhundert Jahre hindurch bestanden. »Die Ursache der Dauer dieser großen Reiche«, fährt er fort, »besteht in den großen Ebenen, die sich dort befinden.« Er hat nicht daran gedacht, daß Persien von Bergen durchschnitten ist; hat sich nicht auf den Kaukasus, Taurus, Ararat, Imaus, Saron usw. besonnen. Man sollte weder Gründe von Dingen angeben, die nicht existieren, noch falsche Gründe von Dingen, die wirklich existieren.

Sein angeblicher Einfluß des Klimas auf die Religion ist aus dem Chardin genommen und hält ebensowenig Stich. Die mahomedanische Religion, auf dem dürren und brennenden

Boden Mekkas erzeugt, blüht heutzutage in den schönsten Gegenden von Kleinasien, Syrien, Ägypten, Thrazien, Mysien, Nordafrika, Serbien, Bosnien, Dalmatien, Epirus, Griechenland; sie hat in Spanien geherrscht, und es hat wenig daran gefehlt, daß sie nicht bis nach Rom drang. Die christliche Religion ist auf dem steinichten Boden Jerusalems und im Lande der Aussätzigen geboren, wo das Schwein fast ein tödliches Nahrungsmittel ist. Jesus aß nie Schweinefleisch, und man ißt es bei den Christen. Ihre Religion herrscht heutzutage in morastigen Ländern, wo man sich von nichts denn von Schweinen nährt, wie in Westfalen. Man würde nie zu Ende kommen, wenn man die Irrtümer dieser Art untersuchen wollte, wovon dies Buch wimmelt.

Auch das ist noch einem nur etwas unterrichteten Leser zuwider, beinahe durchgängig falsche Zitationen zu finden. Der Verfasser nimmt beinahe stets seine Einbildungskraft für sein Gedächtnis.

Er behauptet, daß in dem Kardinal Richelieu fälschlich zugeschriebenen Testamente gesagt wird, daß, wenn sich im Volke irgendein unglücklicher Biedermann befände, man sich seiner nicht bedienen müsse, so wahr ist es, daß Tugend nicht die Triebfeder der monarchischen Regierungsform ist.

Das elende Testament, das dem Kardinal Richelieu fälschlich beigelegt wird, sagt grade das Gegenteil. Hier sind dessen Worte aus dem vierten Kapitel: »Man kann kühn sagen, daß von zwei Personen von gleichen Verdiensten diejenigen der andern vorzuziehen ist, deren Vermögensumstände sich in besserer Verfassung befinden, da es ausgemacht ist, daß eine arme obrigkeitliche Person eine Seele von sehr großer Festigkeit haben muß, um sich nicht bisweilen aus Rücksicht auf ihr Interesse erweichen zu lassen.

Auch lehrt uns die Erfahrung, daß die Reichen minder zu Bedrängungen und Abpressungen geneigt sind als die andern und daß die Armut einen dürftigen Beamten zwingt, sehr sorgfältig auf Einnahme zu denken.«

Montesquieu, man kann es nicht in Abrede stellen, zitiert die griechischen Schriftsteller nicht richtiger als die französischen. Er läßt sie oft ganz das Gegenteil von dem sagen, was sie gesagt haben.

Indem er von dem Zustande der Frauenzimmer in den verschiedenen Staatsverwaltungen spricht oder davon zu reden verspricht, behauptet er, bei den Griechen sei die Liebe von einer Art gewesen, von der man sich nicht zu sprechen erkühne. Er stellt sogar, ohne Anstand zu nehmen, den Plutarch als seinen Gewährsmann auf. Er läßt diesen Schriftsteller sagen, daß die Frauen an der wahren Liebe keinen Anteil hätten. Er bedenkt nicht, daß Plutarch verschiedene Personen miteinander sprechen läßt. Darunter befindet sich einer namens Protogen, der gegen die Weiber deklamiert, allein Daphneus nimmt ihre Partei und Plutarch entscheidet für die Daphneus. Er hält eine sehr schöne Lobrede auf die himmlische und eheliche Liebe und führt zum Schluß viele Beispiele von der Treue und dem Mute der Weiber an. Selbst in diesem Dialoge findet man die Geschichte der Camma und die der Eponime, der Frau des Sabinus, deren Tugenden Stoff zu Theaterstücken geliefert haben.

Kurz, es ist klar, daß Montesquieu im *Geiste der Gesetze* den Geist Griechenlands verleumdet hat, indem er einen Einwurf, den Plutarch widerlegt, für ein Gesetz nimmt, das Plutarch anempfiehlt.

Die Kadis, sagt dieser Schriftsteller an einem andern Orte, »haben behauptet, daß der Großsultan nicht verbunden sei, sein Wort und seinen Schwur zu halten, wenn er dadurch seine Autorität begrenzt.«

Ricaut, der an diesem Orte angeführt ist, sagt bloß pag. 18 der Amsterdamer Edition von 1671: »Es gibt selbst solche Leute, die behaupten, der Großsultan könne sich von Versprechungen losmachen, die er mit einem Schwur geleistet hat, wofern er zu deren Erfüllung seiner Autorität Grenzen setzen muß.«

Dies ist sehr unbestimmt gesagt. Der Sultan der Türken kann nur seinen Untertanen oder benachbarten Mächten Versprechungen leisten. Sind es Versprechungen an seine Untertanen, so findet kein Schwur statt; sind es Friedenstraktate, so muß er sie wie die übrigen Fürsten halten oder Krieg anfangen. Der Koran sagt nirgends, daß man seinen Schwur brechen kann, vielmehr steht an hundert Orten in demselben, man müsse seinen Schwur halten. Es kann sich zutragen, daß der Großherr, um einen ungerechten Krieg, wie sie fast alle sind, zu unternehmen, einen Gewissensrat versammeln, wie viele christliche Fürsten getan haben, um mit gutem Gewissen Böses zu tun; es kann sich zutragen, daß einige muselmännischen Doktoren den katholischen Doktoren nachahmen, die da sagen, weder den Ungläubigen noch den Ketzern müsse man Treu und Glauben halten; aber alsdann muß man erst wissen, ob diese Jurisprudenz die Jurisprudenz der Türken ist.

Der Verfasser des *Geistes der Gesetze* gibt diesen angeblichen Ausspruch der Kadis als einen Beweis vom Despotismus des Sultans an. Es scheint, daß dies vielmehr ein Beweis sein würde, daß er den Gesetzen unterworfen ist, weil er genötigt sein würde, die Doktoren zu konsultieren, um sich über die Gesetze hinauszusetzen. Wir sind Nachbarn der Türken und kennen sie nicht. Der Graf von Marsigli, der so lange mitten unter ihnen gelebt hat, sagt, daß kein Schriftsteller weder von ihrem Reiche noch von ihren Gesetzen wahre Auskunft gegeben hat. Wir haben sogar keine erträgliche Übersetzung des Korans vor derjenigen, die der Engländer Sale 1734 uns gegeben hat. Beinahe alles das, was man von ihrer Religion und von ihrer Jurisprudenz gesagt hat, ist falsch; und die Schlüsse, die man daraus alle Tage gegen sie zieht, haben zu wenig Grund. In der Prüfung der Gesetze darf man nichts als bekannte Gesetze zitieren.

»Alle niedrigen Gewerbe waren bei den Griechen ehrlos.« Ich weiß nicht, was Montesquieu durch niedrige Gewerbe versteht, aber das weiß ich, daß in Athen alle Bürger Handel trieben, daß Plato Öl verkaufte und daß der Vater des Dämagogen Demosthenes ein Eisenhändler war. Die meisten Arbeiter waren Ausländer oder Sklaven. Es ist eine für uns wichtige Bemerkung, daß Handelschaft in den Republiken Griechenlands sich mit den höchsten Würden vertrug, die Spartiaten ausgenommen, die gar keinen Handel trieben.

»Ich habe oft«, sagt Montesquieu, »die Blindheit des Staatsrats von Franz I. beklagen hören, der Christoph Kolumbus hart zurückwies, welcher die beiden Indien ihm antrug.« Sie werden bemerken, daß Franz I. noch nicht geboren war, als Kolumbus die Inseln von Amerika entdeckte.

Weil hier die Rede vom Handel ist, wollen wir zugleich anmerken, daß der Verfasser eine Verordnung des spanischen Staatsrats tadelt, welche den Verbrauch des Goldes und Silbers zu Vergoldungen verbietet. »Ein solches Dekret«, sagt Montesquieu, »ist grade so, als wenn die Staaten von Holland eines ergehen ließen, wodurch sie die Konsumtion des Zimts verböten.« Er denkt nicht daran, daß die Spanier, wenn sie keine Gold- und Silbermanufakturen hätten, Galonen und Stoffe von den Fremden würden gekauft haben, und daß die Holländer keinen Zimt kaufen konnten. Was in Spanien sehr vernünftig war, würde in Holland sehr lächerlich gewesen sein.

»Wenn ein König«, heißt es im fünften Kapitel des sechsten Buchs, »seine Stimme in Kriminalgerichten gäbe, so würde er das schönste Attribut seiner Souveränität verlieren, das, Gnade zu erteilen. Es würde unsinnig sein, Urteile zu fällen und wieder aufzuheben. Es würde nicht in Widerspruch mit sich selbst stehen wollen. Überdies würden alle Ideen dadurch verwirrt werden, man würde nicht wissen, ob ein Mensch würde losgesprochen oder begnadigt werden.«

Alles dies ist evident irrig. Wer wird wohl den Souverän hindern zu begnadigen, nachdem er selbst unter den Richtern gewesen? Wie steht man im Widerspruch mit sich selbst, wenn man den Gesetzen gemäß richtet und seiner Milde nach verzeihet? Wodurch würden die Ideen verwirrt werden? Wie könnte es unbekannt bleiben, daß der König ihn nach der Verurteilung öffentlich begnadigt hat?

In dem Prozeß, der 1457 dem Duc d'Alençon, Pair von Frankreich, gemacht wurde, antwortete das Parlament, das der König konsultierte, um zu wissen, ob er das Recht habe, der Aburteilung in einem Prozeß gegen einem Pair von Frankreich beizuwohnen, es habe in seinen Archiven gefunden, daß die Könige von Frankreich nicht nur dies Recht hätten, sondern es sei auch notwendig, daß sie als erste Pairs dabei gegenwärtig wären.

Dieser Gebrauch hat sich in England erhalten. Die Könige von England senden bei dergleichen Gelegenheit den High Steward an ihrer Stelle, um sie zu repräsentieren. Der Kaiser kann bei Verurteilung eines Reichsfürsten gegenwärtig sein. Besser ist es freilich ohn' allen Zweifel, wenn ein Souverän bei Kriminalurteilen nicht zugegen ist. Die Menschen sind zu schwach und zu feige; bloß der Odem des Fürsten würde die Waagschale zu sehr sinken machen.

»Die Engländer«, sagt Montesquieu ferner, »haben zur Begünstigung ihrer Freiheit alle Zwischenmächte aufgehoben, die ihre Monarchie bildeten.«

Das Gegenteil ist eine bekannte Wahrheit. Sie haben aus der Kammer der Gemeinen eine Zwischenmacht erschaffen, welche der Kammer der Pairs die Waage hält. Sie haben nichts weiter getan, als die geistliche Macht untergraben, welche eine betende, erbauende, ermahnende und nicht Gewalt habende Macht sein muß.

»Die Gesetze«, fährt er fort, »können sich nicht in den Händen des Adels deponiert befinden. Die dem Adel natürliche Unwissenheit, seine Unaufmerksamkeit, seine Verachtung gegen die bürgerliche Regierung heischen, daß man einem andern Stande dies Depot übergibt.«

Inzwischen befindet sich das Depot der Reichsgesetze auf dem Reichstage zu Regensburg in den Händen der Fürsten. In England hat dies Depot die Oberkammer, in Schweden der aus lauter Adligen bestehende Senat, und endlich hat Katharina II. in ihrem neuen Kodex, dem besten aller Gesetzbücher, dieses Depot dem Senate eingehändigt, den lauter Große des Reichs ausmachen.

Muß man nicht zwischen politischen Gesetzen und den Gesetzen der zuteilenden Gerechtigkeit einen Unterschied machen? Müssen nicht die politischen Gesetze die vornehmsten Glieder des Reichs zu Hütern haben? Die Gesetze des Dein und Mein, die peinliche Halsgerichtsordnung bedürfen weiter nichts als gut abgefaßt und gedruckt zu sein; ihr Depot müssen sie bei den Buchhändlern finden. Die Richter müssen sich danach fügen, und wenn diese Gesetze nichts taugen, wie sehr oft der Fall ist, so müssen sie der souveränen Macht Vorstellungen darüber machen, damit Abänderungen damit vorgenommen werden.

Eben dieser Schriftsteller behauptet, daß zu Tunquin alle Magistratspersonen und die obersten Befehlshaber des Militär Eunuchen sind und daß bei den Lamas* das Gesetz den Weibern erlaubt, viele Männer zu haben. Gesetzt, diese Fabeln wären wahr, was wäre das Resultat davon? Würden unsre Magistratspersonen wohl Eunuchen sein und selbst vierter oder fünfter bei den Frauen Rätinnen sein wollen?

Wozu will man seine Zeit damit verderben, sich in Rücksicht auf die Flotten zu täuschen, die Salomo nach Asiongaber in Afrika gesandt haben soll, und in Betreff der chimärischen Reisen nach dem roten Meere bis zu dem Bayonnischen Meerbusen, und in Rücksicht auf die noch mehr chimärischen Reichtümer von Sofala? Was für einen Zusammenhang haben diese irrigen Digressionen mit dem *Geist der Gesetze?*

Ich erwartete zu sehn, wie die Dekretalen die ganze Jurisprudenz des alten römischen Kode änderten, nach welchen Gesetzen Karl der Große sein Reich beherrschte, und durch welche Anarchie die Feudalverfassung umstürzte, durch welche Kunst und Kühnheit Gregor VII. und seine Nachfolger die Gesetze der Königreiche und großer Lehen unter dem Fischersiegel zermalmten, und durch was für Erschütterungen es gelungen ist, die päpstliche Gesetzgebung zu zerstören. Ich hoffte den Ursprung der Landrichter zu sehn, die seit den Ottonen fast überall Gerechtigkeit verwalteten,

* Liv. XVI, chap. V.

und den Ursprung der Tribunale, die Parlamente, Audienzen oder Bank des Königs oder Schatzkammergericht genannt werden. Ich wünschte die Geschichte der Gesetze kennen zu lernen, worunter unsre Väter und ihre Kinder gelebt haben, wie nicht weniger die Beweggründe, wodurch dieselben sind eingeführt, vernachlässigt, zerstört, wiedererneuert worden; unglücklicherweise ist mir oft nichts weiter aufgestoßen, als Witz, Spöttereien, Gespinste der Imagination und Irrtümer.

Aus was für Gründen fuhren die von den Römern unterwürfig gemachten und ausgeplünderten Gallier fort, unter römischen Gesetzen zu leben, als sie durch eine Horde Franken waren von neuem unterjocht und ausgeplündert worden? Was hatten diese neuen Räuber für Gesetze und Gebräuche?

Was für Rechte maßten sich die gallischen Bischöfe an, als die Franken Beherrscher waren? Hatten sie nicht unterweilen Anteil an der öffentlichen Verwaltung, bevor der Aufrührer Pipin ihnen im Parlament der Nation einen Platz gab?

Gab es vor Karl dem Großen erbliche Lehen? Eine Menge von dergleichen Fragen stellt sich meinem Geiste dar. Montesquieu löst keine davon auf.

Wie war jenes abscheuliche Tribunal beschaffen, das Karl der Große in Westfalen errichtete, jenes Bluttribunal, das Fehmgericht genannt, ein noch schrecklicheres Tribunal als die Inquisition, ein Tribunal, das aus unbekannten Richtern bestand, die auf den bloßen Bericht ihrer Spione zum Tode verdammten und das den jüngsten Ratsherrn aus diesem kleinen Senat zum Scharfrichter hatte? Wie, Montesquieu spricht mit mir von den Gesetzen zu Bantam und kennt die Gesetze Karls des Großen nicht und hält ihn für einen guten Gesetzgeber?

Ich suchte einen Faden in diesem Labyrinthe; der Faden ist

beinahe bei jedem Artikel abgerissen. Ich bin betrogen worden; den Geist des Autors hab' ich gefunden, dem es daran gar nicht fehlt, selten aber den Geist der Gesetze. Er macht mehr Sprünge, als daß er geht, anvisiert mehr, als er aufklärt, satyrisiert bisweilen mehr, als er urteilt, und erregt den Wunsch, daß ein so vortreffliches Genie stets mehr danach gestrebt haben möchte, Unterricht zu erteilen als in Erstaunen zu setzen.

Dieses sehr mangelhafte Buch ist voller vortrefflichen Sachen, wovon man abscheuliche Kopien gemacht hat. Die Fanatiker haben ihn sogar wegen der Stellen gröblich beleidigt, wofür er den Dank des ganzen menschlichen Geschlechts verdient.

Ungeachtet seiner Fehler muß dies Werk den Menschen stets teuer sein, weil der Verfasser ganz aufrichtig gesagt hat, was er denkt, wohingegen die meisten Schriftsteller seines Landes, von dem großen Bossuet an gerechnet, oft das gesagt haben, was sie nicht dachten. Überall hat er den Menschen in Erinnerung gebracht, daß sie frei sind; er legt der menschlichen Natur ihre Gerechtsame vor, die sie auf dem größten Teil der Erde verloren hat; bekämpft den Aberglauben, flößt Moral ein.

Noch muß ich Ihnen bekennen, wie sehr es mich kränkt, daß ein Buch, das so nützlich werden konnte, sich auf eine chimärische Distinktion gründet. »Die Tugend«, sagt er, »ist der Grund der Republiken, die Ehre der der Monarchien.« Man hat sicher nie Republiken aus Tugend errichtet. Das öffentliche Wohl setzt sich gegen die Beherrschung eines Einzigen; der Geist des Eigentums, die Ehrsucht jedes Privatmanns legten der Ehrsucht und dem Geiste des Raubes ein Hemmnis entgegen. Der Stolz jedes Staatsbürgers bewacht den Stolz seines Nachbarn. Dadurch entsteht eine Republik, dadurch wird sie erhalten. Es ist lächerlich, sich einzubilden, daß ein Graubündner mehr Tugend bedürfe als ein Spanier.

Daß die Ehre bloß das Prinzip der Monarchien sei, ist eine nicht minder chimärische Vorstellung; und das gibt er selbst hinlänglich zu erkennen, ohne daran zu denken. »Die Natur der Ehre«, sagt er im siebten Kapitel des dritten Buchs, »besteht darin, Vorzüge, Auszeichnungen zu begehren. Sonach befindet sie sich durch die Sache selbst in die monarchische Regierung versetzt.«

Zuverlässig durch die Sache selbst. Man begehrte in der Römischen Republik die Prätur, das Konsulat, die Ovation, den Triumph. Dies sind Vorzüge, Auszeichnungen, die wohl die Titel aufwiegen, die man oft in Monarchien kauft, und deren Tarif festgesetzt ist. Eine andre Grundlage seines Buchs scheint mir nicht weniger übel befestigt zu sein. Ich meine seine Einteilung der Regierung in republikanische, monarchische und despotische.

Es hat unsern Schriftstellern beliebt (ich weiß nicht recht weshalb), die Beherrscher von Asien und Afrika Despoten zu nennen. Ehmals verstand man unter Despoten einen kleinen europäischen Fürsten, Vasallen des Türken, einen Vasallen nicht für immer, eine Art gekrönter Sklaven, der andre Sklaven beherrscht. Das Wort Despot hatte ursprünglich bei den Griechen den Herrn des Hauses, den Vater einer Familie bezeichnet. Heutzutage beschenken wir freigebig den Kaiser von Marokko, den Großsultan, den Papst, den Kaiser von China mit diesem Titel, Montesquieu definiert im Anfange des zweiten Buchs die despotische Regierung folgendergestalt: »Ein einziger Mensch ohne Gesetz und ohne zuverlässige Richtschnur, der alles nach seinem Willen oder nach seinen Launen tut.«

Nun ist es sehr falsch, daß eine solche Staatsverwaltung

existiert, und es scheint mir sehr falsch, daß sie existieren kann. Der Koran und die approbierten Kommentare darüber sind die Gesetze der Muselmänner: alle Monarchen dieser Religion schwören auf den Koran, diese Gesetze zu beobachten. Die alten Corps der Miliz und die Gesetzesgelehrten haben unermeßliche Privilegien, und wenn die Sultane diese Privilegien haben verletzen wollen, sind sie insgesamt erdrosselt oder wenigstens feierlich abgesetzt worden.

Ich bin nie in China gewesen, aber ich habe mehr denn zwanzig Personen gesprochen, die dahin gereist waren, und ich glaube alle die Schriftsteller gelesen zu haben, die von diesem Lande geschrieben haben. Ich weiß viel zuverlässiger, als Rollin die alte Geschichte wußte, ich weiß, sag' ich, aus dem einstimmigen Bericht unsrer Missionare von verschiednen Sekten, daß China durch Gesetze, nicht durch Willkür beherrscht wird. Ich weiß, daß die Vorstellungen, die dem Kaiser durch die sechs obren Tribunale gemacht werden, Gesetzeskraft haben. Ich weiß, daß man keinen Lastträger, keinen Kohlenbrenner in den äußersten Grenzen des Reichs zum Tode verurteilt, ohne dessen Prozeß einem der oberen Tribunale zu Peking eingeschickt zu haben, das dem Kaiser davon Bericht abstattet. Ist dies eine willkürliche und tyrannische Regierung? Der Kaiser wird dort mehr verehrt als der Papst zu Rom; muß man aber, um Ehrerbietung zu erlangen, ohne den Zaum der Gesetze herrschen? Einen Beweis, daß die Gesetze zu China herrschen, gibt die Bevölkerung dieses Landes, die weit stärker ist als die vom ganzen Europa. Wir haben unsre heilige Religion nach China gebracht, und es ist uns damit nicht geglückt. Wir hätten dafür die Gesetze dieses Reichs eintauschen können, wir verstehn uns aber vielleicht nicht darauf, einen solchen Handel zu schließen.

Es ist sehr sicher, daß der Bischof von Rom despotischer ist als der Kaiser von China, denn ersterer ist unfehlbar und letzterer nicht: gleichwohl ist aber auch dieser Bischof den Gesetzen unterworfen.

Der Despotismus ist weiter nichts als ein Mißbrauch der monarchischen Gewalt, eine Verderbung einer guten Staatsverwaltung. Ebenso gern würd' ich Straßenräuber zum Range der Staatsglieder erheben als Tyrannen zu den Königen zählen.

A: Sie sagen mir nichts von dem Feilsein gerichtlicher Bedienungen, von jenem allerliebsten Gewerbe der Gesetze, was die Franzosen allein auf der ganzen Welt kennen. Diese Leute müssen die größten Kommerzianten des Erdbodens sein, weil sie sogar das Recht, die Menschen zu richten, kaufen und verkaufen! Wie zum Teufel, wenn ich das Glück hätte, in der Picardie oder Champagne geboren und der Sohn eines Pächters öffentlicher Gefälle oder eines Proviantlieferanten zu sein, so könnt' ich mittels zwölf- oder fünfzehntausend Schildtaler selbstsiebenter unumschränkter Herr des Lebens und Vermögens meiner Mitbürger werden. Man würde mich in den Protokollen meiner Kollegen Herr nennen, und ich würde die prozessierenden Parteien ganz kurz bei ihrem Namen nennen, wären sie auch Chatillons und Montmorencis, und ich würde für mein Geld Vormund der Könige sein. Dies ist ein vortrefflicher Kauf! Ich würde überdies das Vergnügen haben, alle Bücher, die mir mißfielen, durch denjenigen verbrennen zu lassen, den Jean Jaques Rousseau zum Schwiegervater des Dauphins machen will. Dies ist ein großes Recht!

B: Es ist wahr, daß Montesquieu die Schwachheit hatte zu sagen, das Feilsein der Ämter sei in einer Monarchie gut. Was wollen Sie sagen? Er war in der Provinz *Président a mortier.* Ich habe nie einen Mortier gesehn, aber ich bilde mir ein, daß es ein prächtiger Schmuck sein muß. Es ist dem philosophischsten Kopfe sehr schwer, der Eigenliebe nicht ihren Zoll zu entrichten. Wenn ein Würzkrämer von Gesetzgebung spräche, würd' er sicher wollen, daß jedermann Zimt und Muskatennüsse kaufte.

A: Alles das hindert nicht, daß nicht vortreffliche Sachen im *Geiste der Gesetze* vorkämen. Ich liebe die Leute, die denken und mich denken machen. Was für eine Stelle weisen Sie dem Buche an?

B: Unter den Werken des Genies, die den Wunsch »möchten sie doch vollkommen sein!« erwecken. Mir kommt es vor wie ein Gebäude von üblem Fundamente und unregelmäßiger Bauart, worin sich viel schöne wohlgefirniste und vergoldete Zimmer befinden.

A: In diesen Zimmern würd' ich gern einige Stunden zubringen, aber in denen des Grotius nicht einen Augenblick verweilen. Sie sind zu schlecht eingerichtet und die Möbel darin zu altväterisch. Aber wie finden Sie das Haus, das Hobbes in England gebaut hat?

C: Es hat völlig das Ansehn eines Gefängnisses; denn es wird von niemandem als von Verbrechern und Sklaven bewohnt. Er sagt, daß der Mensch ein geborner Feind des Menschen sei, daß der Grund der Gesellschaft eine Vereinigung aller gegen alle ist; er behauptet, daß die Machtgewalt allein Gesetze gibt, daß die Wahrheit* sich nicht darein mische; er unterscheidet die Königswürde nicht von der Tyrannengewalt. Stärke macht bei ihm alles in allem aus. In allen diesen Begriffen ist freilich etwas Wahres; allein seine

---

* Das Wort *Wahrheit* wird unpassend vom Hobbes gebraucht; er müßte Gerechtigkeit sagen.

Irrtümer haben mich so stark empört, daß ich weder Bürger seiner Stadt sein möchte, wenn ich seinen *De cive* lese, noch von seinem großen Tiere, dem *Leviathan*, verschlungen zu werden wünsche.

B: Sie scheinen mir, meine Herren, mit den Büchern, die Sie gelesen haben, sehr wenig zufrieden, gleichwohl haben Sie daraus Nutzen gezogen.

A: Freilich, wir nehmen das, was uns gut scheint, vom Aristoteles an bis zum Locke, und über das übrige halten wir uns auf.

C: Ich möchte wohl wissen, was das Resultat aller Ihrer Lektüren und Reflexionen ist?

A: Herzlich wenig.

B: Tut nichts! Wir wollen versuchen, uns Red' und Antwort von dem Wenigen zu geben, was wir wissen, ohne Wortschwall, ohne Pedanterei, ohne alberne Unterwürfigkeit gegen die Tyrannen der Seelen und gegen den tyrannisierten Pöbel, kurz mit aller Redlichkeit der Vernunft.

Zweite Unterredung
Von der Seele

B: So lassen Sie uns denn anfangen. Ehe man sich von dem vergewissert, was unter den menschlichen Seelen gut, rechtschaffen, schicklich ist, ist es gut zu wissen, woher die Seelen kommen und wohin sie gehn. Leute, womit man zu tun hat, lernt man gern von Grund aus kennen.

C: Richtig gesagt, wiewohl daran gar nichts liegt. Wie auch der Ursprung und das Schicksal der Seele sein mag, so ist das Wesentliche, daß sie gerecht sei; aber ich handle stets gern diese Materie ab, woran Cicero so vieles Behagen fand.

Was denken Sie davon, Herr A.? Ist die Seele unsterblich?

A: Die Frage ist ein wenig zu rasch, mein Herr C. Mir dünkt, um durch sich selbst zu wissen, ob die Seele unsterblich ist, muß man vorher gewiß sein, daß sie existiert; und davon hab' ich nicht die geringste Kenntnis, außer durch den Glauben, der alle Schwierigkeiten hebt.

Lukrez sagte vor achthundert Jahren: »ignoratur enim quae sit natura animae.« Man kennt die Beschaffenheit der Seele nicht. Er könnte sagen: man kennt deren Existenz nicht. Ich habe zwei- oder dreihundert Abhandlungen über diesen großen Gegenstand gelesen, aus keiner hab' ich das geringste gelernt. Jetzt geht mir's mit Ihnen wie dem heiligen Augustin mit dem heiligen Hieronymus. Augustin sagt ihm ganz dürr, daß er nichts von dem weiß, was die Seele betrifft. Cicero, ein besserer Philosoph als der heilige Augustin, hatte vor ihm das nämliche gesagt und weit zierlicher. Unsre jungen Bakkalaureen wissen davon unstreitig mehr; aber ich weiß davon nichts, und in einem Alter von achtzig Jahren find' ich mich grade so weit vorgerückt als am ersten Tage.

C: Sie radotieren! Sind Sie nicht gewiß, daß die Tiere Leben, die Pflanzen Vegetation, die Luft ihre Flüssigkeit, der Wind seinen Lauf hat? Zweifeln Sie, daß Sie eine alte Seele haben, die Ihren alten Körper lenkt?

A: Grade weil ich von alle dem, was Sie mir anführen, nichts weiß, so ist mir schlechterdings unbekannt, ob ich eine Seele habe, wenn ich nichts als meine schwache Vernunft zu Rate ziehe. Ich sehe wohl, daß die Luft bewegt wird, aber ich nehme kein wirkliches Wesen in der Luft wahr, das *Lauf des Windes* genannt wird. Eine Rose vegetiert; es gibt aber kein geheimes Individuum in der Rose, das die Vegetation wäre. Dies würde in der Philosophie so ungereimt sein, als zu sagen, der Geruch befinde sich in der Rose. Gleichwohl hat man diese Ungereimtheit Jahrhunderte hindurch geäußert.

Die unwissende Physik des ganzen Altertums sagte: der Geruch kommt aus der Blume, um in meine Nase zu gehn; die Farben gehn von den Gegenständen aus, um zu meinen Augen zu kommen. Man gab dem Geruch, dem Geschmack, dem Gesicht, dem Gehör eine Art von abgesonderter Existenz. Man ging sogar so weit zu glauben, daß das Leben etwas wäre, das das Tier lebendig machte. Das Unglück des ganzen Altertums war, Worte auf die Art in wirkliche Wesen zu verwandeln. Man behauptete, daß eine Idee ein Wesen sei; man mußte die Ideen, die Archetypen, die, ich weiß nicht wo, vorhanden waren, zu Rate ziehn. Plato setzte diesen Jargon, den man *Philosophie* nannte, in Umlauf. Aristoteles brachte diese Chimäre in Methode; daher jene Entitäten, Quidditäten, Haecceitäten und alle jene Schulbarbarismen.

Einige Weise bemerkten, daß alle diese imaginären Wesen nur Worte sind, die man erfunden hat, um unsrem Verstande zu Hilfe zu kommen, daß das Leben des Tieres nichts anderes als das lebende Tier, daß seine Ideen das denkende Tier sind, daß die Vegetation einer Pflanze nichts anderes ist als die vegetierende Pflanze, die Bewegung einer Kugel nichts als eine Kugel, die ihre Stelle verändert, mit einem Worte, daß jedes metaphysische Wesen nichts weiter ist als einer unsrer Begriffe. Zweitausend Jahre waren nötig, bis diese Weisen rechtbehielten.

C: Wenn sie aber recht haben, wenn alle diese metaphysischen Wesen nichts sind als Worte, so ist folglich Ihre Seele, die für ein metaphysisches Wesen gilt, gleichfalls nichts? Wir haben also wirklich keine Seele?

A: Das sag ich nicht; ich sage nur, daß ich durch mich selbst davon nicht das geringste weiß. Ich glaube bloß, daß Gott uns fünf Sinne und Denkkraft zugesteht, und es könnte gar sein, daß wir in Gott wären, wie Aratus und St. Paulus sagen, und daß wir die Sachen in Gott sähen, wie Malebranche gesagt hat.

C: Auf die Art würd' ich also Gedanken haben, ohn' eine Seele zu besitzen, das würde lustig sein.

A: So lustig eben nicht. Räumen Sie nicht ein, daß die Tiere Gefühl haben?

B: Jawohl; dies nicht einräumen hieße dem gesunden Menschenverstande den Scheidebrief geben.

A: Glauben Sie, daß in den Tieren ein kleines unbekanntes Wesen wohnt, das Sie Fühlbarkeit, Gedächtnis, Begierde nennen oder dem Sie den unbestimmten und unerklärbaren Namen Seele geben?

B: Nein, unstreitig nicht. Keiner von uns glaubt davon das geringste. Die Tiere empfinden, weil dies ihrer Natur gemäß ist, weil ihnen diese Natur alle Empfindungswerkzeuge gegeben, weil der Urheber und das Principium der ganzen Natur sie solchergestalt auf immer bestimmt hat.

A: Nun gut, das ewige Principium hat alles so angeordnet, daß, wenn ich einen gesunden Kopf habe, wenn mein Gehirnlein nicht zu feucht noch zu trocken ist, ich Gedanken haben werde, und dafür fühl' ich mich ihm herzlich verpflichtet.

C: Auf was Art aber kommen diese Gedanken in Ihren Kopf?

A: Ich sage Ihnen nochmals, daß ich davon nicht das geringste weiß. Ein Philosoph wurde verfolgt, weil er vor vierzig Jahren, zu einer Zeit, wo man in seinem Vaterlande es noch nicht wagte zu denken, gesagt hatte: »Die Schwierigkeit liegt nicht darin bloß, zu wissen, ob die Materie denken kann; sondern zu wissen, wie ein Wesen, sei es beschaffen, wie es wolle, Gedanken haben kann.« Ich bin der Meinung dieses Philosophen, und ich will Ihnen sagen — denn ich lache der dummköpfigen Verfolger —, daß mir alle die ersten Prinzipien der Dinge schlechterdings unbekannt sind.

B: Sie sind ein großer Ignorant und wir auch.

A: Das geb' ich zu.

B: Warum vernünfteln wir dann aber? Wie wollen wir denn wissen, was Recht oder Unrecht ist, wenn wir nicht einmal wissen, was eine Seele ist?

A: Das ist ein großer Unterschied! Von dem Principium unserer Gedanken kennen wir nicht das geringste, aber unser Interesse kennen wir sehr gut. Wir fühlen, daß es unser Interesse erfordert, gegen andre gerecht zu sein, und daß andre es gegen uns sind, damit wir alle auf diesem Kotklumpen so wenig unglücklich sind, als sich's in der kurzen Zeit nur tun läßt, die uns von dem Wesen aller Wesen gegeben worden ist, um zu vegetieren, zu empfinden und zu denken.

Dritte Unterredung
Ob ein Mensch boshaft und als ein Kind des Teufels geboren worden ist

B: Sie sind ein Engländer, mein Herr A., Sie werden uns ganz freimütig Ihre Meinung über Recht und Unrecht, über Staatsverwaltung, über Religion, über Krieg, Frieden, Gesetz usw. sagen.

A: Von Herzen gern. Ich finde nichts der Billigkeit und Gerechtigkeit gemäßer als Freiheit und Eigentum. Ich bin gar wohl damit zufrieden, meinem Könige jährlich eine Million Sterling für sein Haus zu geben, wofern ich nur in dem meinigen meines Vermögens genieße. Ich will, daß jeder seine Prärogativen habe; ich kenne weiter keine Gesetze als die, die mich beschützen; und ich finde unsre Staatsverwaltung die beste auf der Welt, weil jeder daselbst weiß, was er hat, was er schuldig ist und was er vermag. Alles ist dem Gesetz unterwürfig, von der Königswürde und der Religion an gerechnet.

C: Sonach nehmen Sie kein göttliches Recht in der Gesellschaft an?

A: Alles ist göttlichen Rechts, wenn Sie wollen, weil Gott die Menschen geschaffen hat und weil sich ohne seinen göttlichen Willen und ohne die Verkettung der von Ewigkeit her abgefaßten und vollstreckten Gesetze nicht das Geringste zuträgt. Der Erzbischof von Canterbury z. B. ist nicht mehr Bischof nach göttlichem Rechte, als ich gebornes Parlamentsglied bin. Wenn es Gott gefallen sollte, auf die Erde herabzusteigen und einem Priester eine Pfründe von zwölftausend Guineen Einkünfte zu geben, so werd' ich sagen, daß seine Pfründe göttlichen Rechts ist; aber bis dahin werd' ich sein Recht für sehr menschlich halten.

B: Sonach ist alles Übereinkommnis bei den Menschen; da haben wir den puren Hobbes.

A: Hobbes ist darin nur das Echo aller verständigen Leute gewesen. Alles ist Übereinkommnis oder Gewalt.

C: Sonach gibt's kein Naturgesetz?

A: Unstreitig gibt es eins, und das ist Interesse und Vernunft.

B: Mithin ist der Mensch wirklich im Stande des Krieges geboren, weil unser Interesse fast beständig gegen das Interesse unsrer Nachbarn kämpft und weil wir unsre Vernunft brauchen, jenes Interesse zu unterstützen, das uns beseelt.

A: Wenn der natürliche Zustand des Menschen Krieg wäre, so würden sich alle Menschen erwürgen; wir würden, Gott sei Dank, schon seit langer Zeit nicht mehr sein. Uns würde begegnet sein, was den Menschen begegnete, die aus den Zähnen der Schlange des Kadmus geboren wurden; sie schlugen sich und keiner von ihnen blieb übrig. Wäre der Mensch geboren, seinen Nachbarn zu töten und von ihm getötet zu werden, so würd' er notwendig seine Bestimmung erfüllen, wie die Geier, wenn sie meine Tauben verzehren, und die Marder, wenn sie meinen Hühnern das Blut aussaugen, ihre Bestimmung erfüllen.

Man hat Völker gesehn, die nie Krieg geführt haben. Man sagt das von den Brachmanen, man sagt es von vielen Völkerschaften der amerikanischen Inseln, welche die Christen umbrachten, da sie dieselben nicht bekehren konnten. Die Urchristen, die wir Quaker nennen, legten in Pensylvanien den Grund zu einer beträchtlichen Nation, und sie verabscheuen jeden Krieg. Krieg gehört also nicht zum Wesen des menschlichen Geschlechts!

B: Demungeachtet muß die Begierde zu schaden, das Vergnügen, seinen Nächsten um eines geringen Interesses willen auszurotten, die schrecklichste Bosheit und schwärzeste Treulosigkeit, den unterscheidenden Charakter unsrer Gattung wenigstens seit der Erbsünde ausmachen; denn die sanften Gottesgelehrten versichern, daß seit dem Augenblick der Teufel sich unsres ganzen Geschlechts bemächtigt habe. Nun ist der Teufel, wie Sie wissen, unser Herr und ein sehr boshafter Herr; folglich sind alle Menschen ihm ähnlich.

A: Daß sich der Teufel im Leibe der Gottesgelehrten befindet, will ich Ihnen zugeben, aber zuverlässig ist er nicht in dem meinigen. Wenn das menschliche Geschlecht unter der unmittelbaren Regierung des Teufels stünde, so ist es klar, daß alle Männer ihre Weiber erschlagen, die Söhne ihre Väter töten, die Mütter ihre Kinder verzehren würden, und das erste, was ein Kind tun würde, sobald es Zähne hätte, würde das sein, daß es seine Mutter bisse, wofern sie es noch nicht an den Bratspieß gesteckt hätte. Da nun von alledem sich nichts zuträgt, so ist erwiesen, daß man uns zum Besten hat, wenn man zu uns sagt, wir befänden uns unter der Botmäßigkeit des Teufels. Es ist die dümmste Gotteslästerung, die je ist ausgestoßen worden.

C: Wenn ich darauf genau achtgebe, so muß ich gestehn, daß das menschliche Geschlecht nicht völlig so boshaft ist, als gewisse Leute es in der Hoffnung ausschreien, es zu beherrschen. Sie sind jenen Wundärzten gleich, die da vorgeben, alle Hofdamen wären von jener schändlichen Krankheit befallen, die denen, die sie zu heilen übernehmen, soviel Geld einbringt.

Es gibt unstreitig Krankheiten, aber nicht das ganze Weltall befindet sich in den Händen der medizinischen Fakultät. Es gibt große Verbrechen, aber sie sind selten. Kein Papst ist seit mehr denn zweihundert Jahren dem Papste Alexander VI. gleich gewesen, kein König in Europa hat Christiern II. von Dänemark und Ludwig XI. von Frankreich nachgeahmt. Man hat nur einen einzigen Erzbischof von Paris mit einem Dolch in der Tasche ins Parlament gehn sehen. Die St. Bartholomäusnacht ist, was auch der Abbé de Caveyrac sagen mag, sehr abscheulich; aber wenn man ganz Paris mit der Musik des Rameau oder mit der *Zaïre* oder den komischen Opern oder mit den in dem großen Saal ausgestellten Gemälden oder mit Ramponeau oder dem Affen des Nicolet beschäftigt sieht, vergißt man, daß die

Hälfte der Nation die andre wegen theologischer Beweise würgte, was nun in sehr kurzem grade zweihundert Jahre sein werden. Die entsetzlichen Hinrichtungen der Johanna Grey, der Maria Stuart, Karls I. erneuern sich bei Ihnen nicht täglich.

Diese epidemischen Greuel sind wie jene großen Pesten, welche bisweilen die Erde verwüsten. Nachher pflügt, säet, erntet man, trinkt; tanzt, pflegt der Liebe auf der Asche der Toten, die man mit Füßen tritt; und wie ein Mann gesagt hat, der sein Leben mit Empfinden, Vernünfteln und Scherzen zugebracht hat: wenn alles nicht gut ist, so ist doch alles leidlich.

Es gibt eine oder die andre Provinz, wie z. B. Touraine, wo man seit hundertundfünfzig Jahren kein großes Verbrechen begangen hat. Venedig hat mehr als vier Jahrhunderte verfließen sehn, ohne daß in seinem Bezirk der mindeste Aufruhr vorgefallen ist, eine einzige unruhvolle Versammlung ausgenommen. Es gibt tausend Dörfer in Europa, wo kein Mord ist begangen worden, seitdem die Mode, sich der Religion halber zu erwürgen, ein wenig abgekommen ist. Die Landleute haben nicht die Zeit, sich ihren Arbeiten zu entziehn; ihre Weiber und ihre Töchter helfen ihnen, überdies nähen, spinnen, backen sie, schieben sie in den Ofen (nicht wie der Erzbischof de la Casa)*.

Alle diese guten Leute sind zu sehr beschäftigt, um auf Unheil zu denken. Nach einer Arbeit, die ihnen behagt, weil sie ihnen notwendig ist, halten sie ein leichtes Mahl, das der Appetit würzt, und widerstehn dem Bedürfnisse des Schlafs nicht, um den folgenden Tag wieder von neuem anzufan-

---

* Man sehe die *Capitoli* des Monsignor la Casa, Erzbischofs von Benevent, und man wird sehn, auf was Art er dabei zu Werke ging.

gen. Nur an den Fest- und Feiertagen wird mir vor ihnen bange, an den Tagen, die gar lächerlich dazu gewidmet sind, mit rauher und übelklingender Stimme Latein herzupsallieren, das sie nicht verstehn, und ihre Vernunft in einer Schenke zu verlieren, worauf sie sich nur zu gut verstehn. Noch einmal sag ich's, wenngleich alles nicht gut, so ist doch alles leidlich.

B: Durch was für eine Raserei hat man sich denn einbilden können, daß es einen Kobold gibt mit aufgesperrtem Rachen, vier Löwenklauen und einem Schlangenschwanze, daß er mit tausend Millionen kleiner Kobolde umgeben ist, völlig wie er gestaltet; daß sie insgesamt aus dem Himmel herabgestürzt und in einem unterirdischen Backofen eingesperrt sind; daß Jesus Christus in diesen Backofen herabgestiegen ist, alle diese Tiere zu fesseln; daß sie seit der Zeit alle Tage aus ihrem Kerker hervorkommen, uns versuchen, in unsren Körper und in unsre Seele eingehn, daß sie unsre unumschränkten Beherrscher sind und ihre ganze teuflische Heillosigkeit uns einhauchen. Aus was für einem Quell kann eine so ausschweifende Meinung, ein so ungereimtes Märchen kommen?

A: Aus der Unwissenheit der Ärzte.

B: Der Antwort war ich nicht gewärtig.

A: Gleichwohl sollten Sie ihrer gewärtig gewesen sein. Sie wissen zur Genüge, daß vor dem Hippokrates und selbst zu seiner Zeit die Ärzte nichts von Krankheiten verstanden. Woher z. B. kam die fallende Sucht? Von übeltuenden Göttern, bösen Genien; auch nannte man's das heilige Übel. Die Kröpfe befanden sich in eben dem Fall. Diese Krankheiten waren die Wirkungen eines Wunderwerks, und ein Wunderwerk war vonnöten, um sie zu heilen. Man stellte Wallfahrten an, ließ sich durch Priester berühren. Dieser

Aberglaube hat seine Reise um die Welt gemacht und ist noch jetzt bei den Hefen des Volks im Gange.

Auf einer Reise nach Paris sah ich Leute, mit der fallenden Sucht behaftet, in der heiligen Kapelle und zu St. Maur in der Nacht vom grünen Donnerstag zum Karfreitag fürchterlich brüllen und die Glieder verdrehen; und unser Exkönig Jakob II. bildete sich ein, daß er, als eine geheiligte Person, die vom Bösen zugesandten Kröpfe heilen könnte. Jede unbekannte Krankheit war also vor diesem eine Besitzung von einem üblen Genius. Der melancholische Orest, glaubte man, sei von Megären besessen; und man schickte ihn hin, eine Bildsäule zu stehlen, um wieder zu seiner Gesundheit zu gelangen.

Die Griechen, die ein sehr junges Volk waren, hatten diesen Aberglauben von den Ägyptern. Die Priester und Priesterinnen der Isis durchzogen die Welt, wahrsagten und befreiten für Geld die Dummköpfe, die unter der Gewalt des Typhon standen. Sie verrichteten ihre Beschwörungen unter Rührung von Schellentrommeln und Klapperblechen. Das armselige jüdische Volk, das in seinen Felsen zwischen Phönizien, Ägypten und Syrien neu entstanden war, nahm von seinen Nachbarn alle Arten des Aberglaubens an, und in seiner weitgehenden tierischen Unwissenheit fügt es noch neuen hinzu. Als diese kleine Horde sich in der Knechtschaft zu Babylon befand, lernte sie daselbst die Namen des Teufels, Satan, Asmodeus, Memnon, Belzebuth, alle Diener des bösen Grundwesens Arimanes. Zu der Zeit schrieben die Juden den Teufeln die Krankheiten und plötzlichen Todesfälle zu. Ihre heiligen Bücher, die sie nachher verfertigten, als sie das chaldäische Alphabet besaßen, sprechen unterweilen von Teufeln.

Sie sehen, daß, als der Engel Raphael ausdrücklich aus dem

Empyreum herabsteigt, um den Juden Gabel dahin zu bringen, daß er dem Juden Tobias eine gewisse Summe Geldes
auszahlt, er den kleinen Tobias zum Raguel führt, dessen
Tochter sieben Männer geheiratet hatte, denen insgesamt
vom Teufel Asmodeus die Hälse waren umgedreht
worden.

Die Lehre vom Teufel ward bei den Juden sehr beliebt; sie
nahmen eine ungeheure Menge Teufel in einer Hölle an,
wovon die Gesetze der fünf Bücher Mosis nie ein einziges
Wort gesagt hatten. Beinah' all ihre Kranken waren vom
Teufel besessen. Statt der Ärzte hatten sie bestallte Exor-
zisten, welche die bösen Geister mit der Wurzel, Barath genannt, mit Gebeten und Kontorsionen vertrieben.

Bösewichter galten noch mehr als die Kranken für besessen.
Die Schwelger jeglicher Art werden in den jüdischen Schriften Kinder Belials genannt.

Die Christen, die hundert Jahre lang nichts weiter als Halb-
juden waren, nahmen die Teufelsbesitzungen an und berühmten sich, den Teufel vertreiben zu können. Der Tor von
Tertullian treibt die Raserei sogar so weit, daß er sagt, jeder
Christ könnte vermöge des Zeichens des Kreuzes Juno, Minerva, Ceres, Diana das Bekenntnis abzwingen, daß sie Teu-
felinnen sind. Die Legende erzählet, daß ein Esel die Teufel zu Senlis vertrieb, indem er auf Befehl von St. Rieule
ein Kreuz mit seinem Huf in den Sand zeichnete.

Allmählich setzte sich die Meinung fest, daß alle Menschen
eingeteufelt und verdammt geboren würden. Unstreitig ein
seltsamer, verabscheuungswürdiger Gedanke! Eine schreckliche Beleidigung gegen die Gottheit! Sich einzubilden, daß
das höchste Wesen beständig fühlbare und vernünftige Wesen bloß deshalb schüfe, um auf immer von andren Wesen
geplagt zu werden, die selbst ewiglich in Martern versunken

sind. Hätte man dem Henker, der an einem Tage achtzehn Anhängern des Prinzen Karl-Eduard zu Carlisle das Herz aus dem Leibe riß, aufgetragen; einen Religionssatz einzuführen, so würd' er diesen gewählt haben, dazu aber hätt' er auch noch eines Branntweinrausches bedurft. Denn hätt' er auch zugleich die Seele eines Henkers und die eines Gottesgelehrten gehabt, so würd' er nie mit kaltem Blute ein System haben erfinden können, wodurch so viele tausend Kinder an der Mutterbrust ewigen Henkern überantwortet werden.

B: Mir ist bange, daß der Teufel Ihnen nicht den Vorwurf macht, Sie wären ein ungeratner Sohn, der seinen Vater verleugnet. Ihre britischen Diskurse werden den guten römischkatholischen Christen einen Beweis abgeben, daß der Teufel Sie besitzt und daß Sie es nicht eingestehn wollen. Doch ich wäre begierig zu wissen, wie die Vorstellung, daß ein unendlich gütiges Wesen täglich Millionen Menschen erschafft, um sie in die Verdammnis zu schicken, den Menschen in den Kopf hat kommen können.

A: Durch eine Äquivoque, so wie die päpstliche Macht sich auf ein Wortspiel gründet: »tu es Petrus et super hanc petram aedificabo meam Ecclesiam.« Hier ist die Äquivoque, wodurch alle kleinen Kinder verdammt werden. Gott verbietet der Eva und ihrem Manne, von dem Baume der Erkenntnis zu essen, den er in seinem Garten gepflanzt hatte; er sagte zu ihnen: »denn welches Tages du davon issest, wirst du des Todes sterben.« Sie aßen davon und starben nicht. Vielmehr lebte Adam noch neunhundert und dreißig Jahre. Mithin muß man einen andern Tod verstehn, den Tod der Seele, die ewige Verdammnis. Es wird aber nicht gesagt, Adam sei verdammt worden; sonach wird dies seine Kinder treffen; und wie das? Weil Gott die Schlange, die

Eva verführt hat, verdammt, auf dem Bauche zu gehn (denn vorher ging sie, wie Sie wohl einsehn, auf ihren Füßen). Und das Geschlecht Adams wurde verdammt, von der Schlange in die Ferse gebissen zu werden. Nun ist ersichtlich die Schlange der Teufel und die Ferse, in die er beißt, unsre Seele. »Der Mensch wird der Schlange den Kopf zertreten, soviel er nur kann« — es ist klar, daß man darunter den Messias verstehn muß, der über den Teufel triumphiert hat.

Wie aber hat er der alten Schlange den Kopf zertreten? Indem er ihr alle Kinder überlieferte, die nicht getauft sind. Darin liegt das Geheimnis. Und wie, sind die Kinder verdammt, weil ihr erster Vater und ihre erste Mutter von der Frucht ihres Gartens gegessen? Darin liegt abermals das Geheimnis.

C: Hier halt' ich Sie fest. Sind wir nicht um Kains und nicht um Adams willen verdammt? Denn es hat, wo ich mich nicht irre, das Ansehn, als ob wir von Kain abstammten, indem Abel unverheiratet starb; und es scheint mir vernünftiger, um eines Brudermords als um eines Apfels willen verdammt zu werden.

A: Um Kains willen kann das nicht sein; denn es wird gesagt, daß Gott ihn beschützte und ein Zeichen an ihm tat, aus Furcht, man möchte ihn schlagen oder töten; es wird sogar gesagt, daß er eine Stadt gründete, zu einer Zeit, wo er mit seinem Vater und seiner Mutter, seiner Schwester, die er zum Weibe nahm und einem Sohne namens Henoch noch fast allein auf Erden war. Ich habe sogar eins der langweiligsten Bücher gesehn, *La science du gouvernement* betitelt, von einem Senechal von Forcalquier, Réal genannt, der den Ursprung der Gesetze von der Stadt herleitet, die unser Vater Kain erbauet hatte.

Wie dem aber auch sein mag, so ist unstreitig, daß die Juden nie von einer Erbsünde noch von der Verdammnis der kleinen Kinder, die unbeschnitten gestorben sind, hatten sprechen hören. Die Saduzäer, die an Seelenunsterblichkeit nicht glaubten, und die Pharisäer, welche Seelenwanderung statuierten, konnten die ewige Verdammnis nicht annehmen, so sehr viel Hang auch Fanatiker haben; einander widerstreitenden Sätzen zu glauben.

Jesus wurde in acht Tagen beschnitten und getauft, wie er erwachsen war, nach der Gewohnheit vieler Juden, welche die Taufe als eine Reinigung von den Flecken der Seele ansahen. Es war ein alter Gebrauch der Völkerschaften am Indus und Ganges, welche die Brachmanen beredet hatten, daß das Wasser die Sünden so gut auswasche als den Schmutz aus den Kleidungen. Mit einem Worte, der beschnittne und getaufte Jesus spricht in keinem Evangel von der Erbsünde. Kein Apostel sagt, daß die ungetauften Kinder um Adams Apfel willen in alle Ewigkeit gebraten würden. Keiner von den ersten Kirchenvätern behauptete diese grausame Chimäre; und Sie wissen überdies, daß Adam, Eva, Abel und Kain niemandem bekannt gewesen sind als dem kleinen jüdischen Volk.

B: Wer hat denn jene Lehre zuerst mit dürren Worten vorgetragen?

A: Der Afrikaner Augustin, übrigens ein ehrwürdiger Mann, der aber einige Stellen vom heiligen Paul verdrehet, um daraus in seinem Brief an Evodien und Hieronymus zu folgern, daß Gott die Kinder, die in ihren ersten Tagen sterben, aus dem Schoße ihrer Mütter in die Hölle hinabstürzt. Lesen Sie zumal im zweiten Buch seiner *Retraktionen* das fünfundvierzigste Kapitel. »Der katholische Glaube«, heißt es daselbst, »lehret, daß alle Menschen so in Sünden geboren werden, daß selbst Kinder zuverlässig verdammt werden, wenn sie sterben, ohne in Jesu wiedergeboren zu sein.«

Zwar lehnt sich die Natur in dem Herzen dieses Redners auf und zwingt ihn, über diese barbarische Sentenz zusammenzuschaudern: gleichwohl spricht er sie aus, nimmt sie nicht wieder zurück, er, der seine Meinung so oft änderte. Die Kirche brachte dies abscheuliche System empor, um ihre Taufe notwendiger zu machen. Die reformierten Gemeinden verabscheuen heutzutage dies System. Die meisten Gottesgelehrten wagen nicht mehr, es anzunehmen, gleichwohl fahren sie fort anzuerkennen, daß unsre Kinder der Hölle angehören. Dies ist so wahr, daß der Priester, wenn er diese kleinen Geschöpfe tauft, sie fragt, ob sie dem Teufel entsagen, und der Pate, der für sie antwortet, gutherzig genug ist, Ja zu antworten.

C: Ich bin durch all das, was Sie gesagt haben, befriedigt worden. Ich denke, daß die Natur des Menschen nicht völlig teuflisch ist. Warum sagt man aber, daß der Mensch stets zum Bösen geneigt ist?

A: Er ist geneigt, seinen Wohlstand zu befördern, und darin ist nichts so Böses, als wenn er seine Brüder unterdrückt. Gott hat ihm Eigenliebe gegeben, die ihm nützlich ist. Wohlwollen, das seinem Nächsten frommt, Zorn, der ihm gefährlich ist, Mitleid, das denselben entwaffnet, Sympathie mit vielen von seinen Gefährten, Antipathie gegen andre; viel Bedürfnisse, viel Betriebsamkeit und erfinderischen Fleiß, Instinkt, Vernunft und Leidenschaften; das ist der Mensch. Wenn Sie, meine Herren, Götter sein werden, so versuchen Sie's, einen Menschen nach einem bessren Muster zu erschaffen.

Vierte Unterredung
Vom Naturgesetz und der Neugier

B: Wir sind fest überzeugt, daß der Mensch ein schlechterdings verabscheuungswürdiges Wesen ist, aber lassen Sie uns zur Sache kommen. Was nennen Sie Recht und was Unrecht?

A: Was die ganze Welt dafür anerkennt.

C: Die ganze Welt besteht aus vielen Köpfen. Man sagt, daß man zu Lazedämon vollen Beifall Diebstählen erteilte, wofür man in Athen zu den Bergwerken verdammte.

A: Ein Mißbrauch der Worte. In Sparta konnte kein Diebstahl begangen werden, weil daselbst alles gemeinschaftlich war. Was Sie Raub nennen, war Bestrafung des Geizes.

B: Zu Rom war es verboten, seine Schwester zu heiraten. Bei den Ägyptern, den Athenern und sogar bei den Juden war es erlaubt, die Schwester seines Vaters zu heiraten; denn ungeachtet des dritten Buchs Mosis sagt die junge Thamar zu ihrem Bruder Amnon: »Tue nicht eine solche Torheit. Aber rede mit dem Könige, der wird mich Dir nicht zum Weibe versagen.«

A: Alles dies sind Konventionsgesetze, willkürliche Gebräuche, Moden, die abkommen. Das Wesentliche bleibt immer. Zeigen Sie mir ein Land, wo es nicht schändlich ist, mir die Früchte meiner Arbeit zu rauben, sein Versprechen zu verletzen, zu lügen, um zu schaden, zu meuchelmorden, zu vergiften, undankbar gegen seinen Wohltäter zu sein, seinen Vater und seine Mutter zu schlagen, eben wenn man von ihnen Essen empfängt.

B: Das hab' ich in einer Deklamation gelesen, die zu seiner Zeit sehr bekannt war. Ich habe mir folgende Stelle ausgeschrieben, die mir sonderbar schien.

»Der erste, der ein Stück Land befriedigt hatte, unterstand sich zu sagen: Das gehört mir. Er fand Leute, die einfältig genug waren, dies zu glauben, und ward der Stifter der bürgerlichen Gesellschaft. Wieviel Verbrechen, Kriege, Totschläge, wieviel Drangsale und Abscheulichkeiten hätte derjenige nicht dem menschlichen Geschlecht ersparet, der die Pfähle ausgerissen oder den Graben zugeworfen und seinesgleichen zugerufen hätte: Hütet Euch, diesem Betrüger Gehör zu geben. Ihr seid verloren, wenn Ihr vergeßt, daß die Früchte allen Menschen und die Erde niemandem gehört.«

C: Irgendein schöner Geist von Straßenräuber muß diesen unverschämten Aufsatz geschrieben haben.

A: Ich vermute bloß, daß es ein sehr träger Bettler gewesen ist, denn anstatt hinzugehn und den Grund und Boden des weisen und betriebsamen Nachbarn zu verderben, brauchte er ihn nur nachzuahmen, und wenn jeder Hausvater diesem Beispiele gefolgt hätte, würde bald ein ganz artiges Dorf völlig fertig gewesen sein. Der Verfasser dieser Stelle scheint mir ein sehr ungeselliges Tier.

B: Sie glauben also nicht, daß der gute Mann, der seinen Garten und seinen Hühnerstall mit einer lebendigen Hecke einfaßte, durch heftige Beleidigungen und Schadenzufügungen gegen die ersten Pflichten des natürlichen Gesetzes gefehlt hat?

A: Ja, ja, ich sag' es noch einmal, es gibt ein natürliches Gesetz, und es besteht darin, weder jemandem andern Schaden zu tun noch sich darüber zu freuen.

C: Gleichwohl gibt es Leute, die da sagen, es sei nichts natürlicher, als Schaden und Böses zu tun. Viele Kinder belustigen sich damit, Sperlinge oder andre Vögel, die sie bekommen haben, kahl zu pflücken. Und es gibt nicht viel erwachsne Menschen, die nicht mit einem geheimen Vergnügen an den Strand des Meeres laufen, um des Schauspiels eines Schiffes zu genießen, das der Sturm hart befällt, das ein Leck bekommt und allmählich von den Fluten verschlungen wird, indes die Passagiere darauf die Hände gen Himmel emporstrecken und mit ihren Weibern, die ihre Kinder in ihren Armen halten, in den Abgrund des Wassers stürzen. Lukrez gibt die Ursache davon an: »Quibus ipse malis careas quia cernere suave est.« — »Mit Vergnügen sieht man Leiden an, die man nicht selbst empfindet.«

A: Lukrez weiß nicht was er sagt, und dem ist er, ungeachtet seiner schönen Beschreibungen, sehr unterworfen. Man läuft zu dergleichen Schauspiel aus Neugier hin. Neugier ist eine dem Menschen natürliche Empfindung, allein unter den Zuschauern würde nicht einer sein, der nicht, wenn er könnte, seine äußersten Kräfte anwendete, die zu retten, die ertrinken wollen.

Wenn die kleinen Knaben und Mädchen Sperlinge und andre Vögel kahl rupfen, so geschieht dies bloß aus einem Geist der Neugier, so wie wenn sie den Anzug ihrer Puppen in Stücke zerreißen. Einzig und allein diese Leidenschaft führt so viele Leute zu öffentlichen Exekutionen. »Der sonderbare Drang, Elende zu sehen«, sagt der Verfasser einer Tragödie.

Ich erinnere mich, daß, wie ich zu Paris war, als man den Damiens unter dem ausgesuchtesten und gräßlichsten Todesmartern, die man sich denken kann, sterben ließ, alle Fenster, die auf den Platz der Hinrichtung herausgingen, von Damen zu teuren Preisen gemietet wurden. Keine von ihnen stellte sicherlich die beruhigende Betrachtung an, daß man sie nicht an den Brüsten mit glühenden Zangen zwikken, kein geschmolznes Blei und siedendes Baumharz in ihre Wunden gießen und daß nicht vier Pferde ihre aus den Fugen gebrachten und blutigen Gliedmaßen auseinanderreißen würden. Einer von den Henkern urteilte gesünder als Lukrez; denn als einer von den Akademikern zu Paris in den Kreis herein wollte, um die Sache näher zu untersuchen, und von der Wache zurückgestoßen ward, sagte er: »Laßt doch den Herrn herein, es ist ein Liebhaber.« Das will sagen, ein Neugieriger. Er kommt nicht aus Bosheit hieher, nicht um eine Einkehr in sich selbst zu halten, um das Vergnügen zu schmecken, nicht geviertteilt zu werden, sondern einzig und allein aus Neugier, so wie man hingeht, physische Experimente zu sehn.

B: Es sei darum; ich begreife, daß der Mensch nur um seines Vorteils willen das Böse liebt und tut; aber soviel Leute sind geneigt, sich ihren Vorteil durch das Unglück andrer zu verschaffen; die Rache ist eine so heftige Leidenschaft, man hat so traurige Beispiele davon; der noch leidigere Folgen habende Ehrgeiz hat die Erde mit so vielem Blute überschwemmt, daß, wenn ich mir das schreckliche Gemälde davon vorstelle, ich mich geneigt fühle, einen Widerruf zu tun und zu gestehn, daß der Mensch sehr teuflisch ist. Was hilft's, daß ich den Begriff von Recht und Unrecht in meinem Herzen habe. Ein Attila, dem der heilige Leo höfelt, ein Phokas, dem St. Gregor auf's allerkriechendste schmeichelt, ein Alexander VI., mit so vielen Blutschanden, Totschlägen, Vergiftungen besudelt, mit dem der schwache Ludwig XII., den man den Guten nennt, das unanständigste und engste Bündnis errichtet, ein Cromwell, dessen Schutz der Kardinal Mazarin sucht und dessentwegen er die Erben Karls I., Geschwisterkinder Ludwigs XIV., aus Frankreich verjagt usw. Hundert dergleichen Beispiele verwirren meine Begriffe, und ich weiß nicht mehr, woran ich bin.

A: Hindern Gewitter, daß wir heute schönen Sonnenscheins

genießen? Hinderte das Erdbeben, das die Hälfte der Stadt Lissabon zerstört hat, daß Sie die Reise von Madrid nach Rom auf festem Boden sehr gemächlich machten? Wenn Attila ein Räuber und Mazarin ein ausgelernter Betrüger war, gibt es nicht Fürsten und Minister, die Biedermänner sind? Und besteht die Idee von Gerechtigkeit nicht immer? Auf sie gründen sich alle Gesetze. Die Griechen nannten sie Töchter des Himmels, das will nichts anders sagen als Töchter der Natur.

C: Schadet nichts, ich bin im Begriff, auch einen Widerruf zu tun; denn ich sehe, daß man nur Gesetze gemacht hat, weil die Menschen boshaft sind. Wären die Pferde immer folgsam, so würde man ihnen nie Zügel angelegt haben. Doch ohne unsre Zeit damit zu verlieren, daß wir die Natur des Menschen durchforschen und die vorgeblichen Wilden mit den vorgeblichen Zivilisierten vergleichen, wollen wir sehen, was das für ein Gebiß ist, das sich am besten für unsren Mund schickt.

A: Ich sage Ihnen zuvor, ich werd' es nicht leiden, daß man mir Zügel und Gebiß anlegt, ohne mich zu Rate zu ziehn; ich will mir selbst Zügel und Gebiß anlegen und meine Stimme geben, um wenigstens zu wissen, wer mir auf den Rücken steigen will.

C: Wir sind beinahe aus einerlei Stall.

Fünfte Unterredung
Von der Art und Weise, seine Freiheit zu verlieren und zu behalten, und von der Theokratie

B: Mein Herr A, Sie scheinen mir ein sehr tiefdenkender Engländer, wie stellen Sie sich vor, daß alle jene verschiednen Regierungsformen sind eingeführt worden, deren Namen zu behalten schwer fällt, die monarchische, despotische, tyrannische, oligarchische, aristokratische, demokratische, anarchische, theokratische, diabolische und die übrigen, die aus den vorigen gemischt sind?

C: Freilich macht sich jeder seinen Roman, da man keine wahre Geschichte hat. Sagen Sie uns, mein Herr, was Sie für einen Roman haben?

A: Weil Sie's denn so wollen, so will ich meine Zeit damit verderben, mit Ihnen zu sprechen, und Sie die Ihrige, mir zuzuhören.

Zuerst so denk' ich mir, daß zwei benachbarte kleine Völkerschaften, jede ungefähr aus hundert Familien bestehend, durch einen Bach getrennt sind und einen ganz guten Boden bearbeiten. Denn daß sie sich an diesem Orte niedergelassen haben, geschah bloß deshalb, weil die Erde daselbst fruchtbar ist.

Da jedes Individuum auf gleiche Weise von der Natur zwei Arme, zwei Beine und einen Kopf empfangen hat, scheint mir's unmöglich, daß die Einwohner dieses kleinen Gaus nicht anfänglich einander alle gleich gewesen wären. Und da diese beiden Völkerschaften durch einen Bach getrennt werden, so scheint mir's ferner unmöglich, daß sie nicht sollten Feinde gewesen sein, denn notwendig wird in ihrer Art, dieselben Worte auszusprechen, einige Verschiedenheit gewesen sein. Die mittägigen Anwohner des Baches werden sich sicher über die von der Nordseite aufgehalten haben, und dergleichen verzeiht sich nicht. Es wird ein großer Wetteifer zwischen den beiden Dörfern entstanden sein; man wird irgendein Mädchen oder eine Frau entführt haben. Die jungen Leute werden sich zu verschiednen Malen mit Fäusten, Stangen oder Steinen geschlagen haben. Da bisher von der einen und der andren Seite alles gleich gewesen ist, sagt derjenige, der für den Stärksten und Geschicktesten des nördlichen Dorfes gilt, zu seinen Gefährten: Wenn Ihr mir folgen und das tun wollt, was ich Euch sagen werde, so will ich Euch zu Herren des mittägigen Dorfs machen. Er spricht mit so vieler Zuversicht, daß ihm alle beifallen. Er läßt sie bessre Waffen nehmen, als die entgegengesetzte Völkerschaft hat. Ihr habt Euch bis jetzt nur am hellen Tage geschlagen, sagt er zu ihnen, nun müßt Ihr Eure Feinde während ihres Schlafs überfallen.

Dieser Gedanke scheint dem nördlichen Ameisenhäuflein von einem großen Genie herzurühren; es greift das mittägige Ameisenhäuflein in der Nacht an, tötet einige schlafende Einwohner, lähmt verschiedne (wie Ulysses und Rhesus gar edelmütigerweise taten) und führt die Jungfrauen und den Überrest des Viehes weg. Darauf streitet sich das siegreiche Dorf notwendig über die Verteilung der Beute. Ganz natürlich wenden sie sich nun dieserhalb an das Oberhaupt, das sie zu dieser heldenmäßigen Expedition gewählet hatten. Sonach ist er zum Feldherrn und Richter eingesetzt. Die Erfindung, seine Nachbarn zu überfallen, zu berauben und zu töten, hat Schreck im Mittag und Ehrerbietung im Norden erweckt.

Dies neue Oberhaupt gilt im ganzen Lande für einen großen Mann; man gewöhnt sich, ihm zu gehorchen, und er noch mehr daran zu gebieten. Ich glaube, daß dies wohl der Ursprung der Monarchie sein könnte.

C: Daß die große Kunst zu überfallen, zu töten und zu rauben Heroismus des höchsten Altertums ist, steht nicht zu leugnen. Ich finde keine Kriegslist im Frontin, die mit dem Stratagem der Kinder Jakobs zu vergleichen wäre, welche wirklich von Norden kamen und die Sichemiten, die gegen

Mittag wohnten, überfielen, töteten und beraubten. Dies ist ein seltnes Beispiel von gesunder Politik und erhabner Tapferkeit. Denn da der Sohn des Königs von Sichem Dina, die Tochter des Patriarchen Jakob, sterblich liebte, die zwar nur höchstens sechs Jahr alt, aber doch mannbar war, und da die beiden Verliebten beieinander geschlafen hatten, schlugen die Kinder Jakobs dem Könige von Sichem, dem Prinzen, seinem Sohn und allen Sichemiten vor, sich beschneiden zu lassen, um nur zusammen ein Volk auszumachen; und sobald die Sichemiten sich nach beschnittner Vorhaut ins Bett gelegt hatten, überfielen die beiden Patriarchen, Simeon und Levi, ganz allein die Sichemiten und töteten sie, und zehn andre Patriarchen beraubten sie. Dies paßt indessen nicht zu Ihrem System; denn die Überfallnen Getöteten und Beraubten hatten einen König, und die Meuchelmörder hatten noch keinen.

A: Vermutlich hatten ehmals die Sichemiten irgendeine ähnliche schöne Tat getan, und in der Länge der Zeit war ihr Oberhaupt ihr Monarch geworden. Ich begreife, daß es Räuber gab, die Oberhäupter hatten, und andre Räuber, die deren nicht hatten. Die Araber aus der Wüste, zum Beispiel, waren fast immer republikanische Räuber, die Perser und Meder aber monarchische. Ohne die Vorhäute von Sichem und die Räubereien der Araber genau zu untersuchen, behaupte ich, daß der Trutzkrieg die ersten Könige und der Schutzkrieg die ersten Republiken gemacht hat.

Ein Oberhaupt von Räubern wie Dejoces (wenn er existiert hat) oder Kosru, Cyrus genannt, oder Romulus, der Mörder seines Bruders, oder Clovis, ein andrer Mörder, Genserich, Attila machen sich zu Königen. Völker, die in Höhlen, Inseln, morastigen Gegenden, in engen Pässen zwischen Gebirgen, unter Felsen wohnen, als die Schweizer, Graubündner, Venetianer, Genuesen, erhalten ihre Freiheit. Ehedem sah man die Tyrier, Karthager und Rhodier ihre Freiheit aufrecht erhalten, solange man nicht vom Meer ihnen konnte zu Leibe gehn. Die Griechen waren in einem gebirgigen Lande lange Zeit frei; die Römer in ihren sieben Hügeln bemächtigten sich ihrer Freiheit wieder, so oft sie nur konnten, und nahmen sie in der Folge verschiednen Völkern, indem sie sie überfielen, töteten und beraubten, wie wir bereits gesagt haben. Und endlich gehörte die Erde überall dem Stärksten und Geschicktesten.

Je nachdem die Geister sind verfeinert worden, hat man die Regierungen als Stoffe behandelt, worin man Grund, Dessins und Farben vermannigfaltigt. Auf die Art ist die spanische Monarchie ebenso verschieden von der englischen als das Klima. Die polnische gleicht der englischen in keinem Stück. Die Republik Venedig ist das Gegenbild der Republik Holland.

C: Alles dies ist klar und deutlich; aber hat es wohl seine Richtigkeit, daß es unter so vielen Regierungsformen je eine Theokratie gegeben hat?

A: Das ist so richtig, daß Theokratie noch überall zu finden ist und daß man Ihnen von Japan bis nach Rom Gesetze zeigt, die Gott selbst hat ergehn lassen.

B: Aber diese Gesetze sind alle voneinander verschieden, streiten insgesamt gegeneinander. Die menschliche Vernunft kann nicht recht gut begreifen, daß Gott auf Erden herabgestiegen ist, um das Dafür und das Dawider zu gebieten, um den Ägyptern und den Juden anzubefehlen, nie Schweinefleisch zu essen, nachdem sie sich die Vorhaut abgeschnitten hatten, und um uns Vorhäute und frisches Schweinefleisch zu lassen. Er hat den Aal und den Hasen in Palästina nicht verbieten können, da er den Hasen den Engländern erlaubte und den Papisten an Fasttagen Aal zu essen gebot. Ich gestehe, daß ich zittre, Untersuchungen anzustellen. Mir ist bange, lauter Widersprüche zu finden.

A: Und was tut das? Verordnen nicht die Ärzte in einerlei Krankheiten einander grad entgegenlaufende Mittel? Der eine verordnet Ihnen ein kaltes Bad, der andre ein warmes; dieser läßt Ihnen zur Ader, jener gibt Ihnen Abführungsmittel, ein dritter bringt Sie um. Ein Neuangekommener vergiftet Ihren Sohn und wird das Orakel Ihres Enkels.

C: Das ist sonderbar. Mosen und die andren wahrhaft Inspirierten ausgenommen, hätt' ich wohl den ersten Unverschämten sehn mögen, der es wagte, Gott reden zu lassen.

A: Ich denke, es war ein Kompositum von Fanatismus und Schelmerei. Betrug allein würde nicht hinlänglich sein; er verblendet, der Fanatismus aber unterjocht. Es ist wahrscheinlich, wie einer meiner Freunde sagt, daß dies Metier mit Träumen anfing. Ein Mann von erhitzter Einbildungskraft sieht im Traum seinen Vater und seine Mutter sterben, sie sind alle beide alt und krank, sie sterben, der Traum ist erfüllt, und nun ist er überzeugt, daß ein Gott mit ihm im Traume gesprochen hat. Wenn er nur etwas verwegen und einigermaßen Betrüger ist (zwei sehr gewöhnliche Dinge), so fängt er an, im Namen dieses Gottes zu prophezeien. Er sieht, daß in einem Kriege seiner Landsleute sechse gegen einen sind, er prophezeit ihnen unter der Bedingung den Sieg, daß er den zehnten Teil der Beute bekommt.

Das Metier ist ergiebig, mein Scharlatan bildet Schüler, die alle dasselbe Interesse haben, das er hat. Ihre Autorität nimmt durch ihre Anzahl zu. Gott offenbaret ihnen, daß die besten Stücke von den Hammeln und Ochsen, das fetteste Flügelwerk, der Vorlaß vom Wein ihnen gehöre.

The priests eat roastbeaf and the people stare.

Der König des Landes schließt anfangs mit ihnen einen Handel, damit das Volk ihm besser gehorcht; aber bald ist der Monarch bei diesem Handel angeführt: die Scharlatane bedienen sich der Macht, die der Monarch sie hatte über die Hefe des Pöbels nehmen lassen, um ihn selbst unterwürfig zu machen. Der Monarch löckt gegen den Stachel, und der Priester setzt ihn im Namen Gottes ab. Samuel entthronet Saul, Gregor VII. den Kaiser Heinrich IV. und beraubt ihn des Begräbnisses. Dieses diaboliko-theokratische System dauert so lange, bis sich Fürsten finden, die wohl genug erzogen sind und Kopf und Mut genug haben, um den Samuelen und Gregoren die Klauen zu beschneiden. Dies, dünkt mich, ist die Geschichte des menschlichen Geschlechts.

B: Man braucht nicht gelesen zu haben, um einzusehn, daß es so hat gehn müssen. Man darf nur den blödsinnigen Pöbel einer Provinzstadt betrachten, worin sich zwei Mönchsklöster, einige einsichtsvolle obrigkeitliche Personen und ein Kommandant befinden, der Bonsens hat. Das Volk ist immer bereit, sich haufenweise um Barfüßer und Kapuziner zu versammeln. Der Kommandant will sie im Zaum halten. Der Magistrat, gegen den Kommandanten aufgebracht, läßt ein Edikt ergehn, worin der Übermut der Mönche und die Leichtgläubigkeit des Volks ein wenig geschont wird. Der Bischof ist noch aufgebrachter, daß der Magistrat sich in eine göttliche Sache gemischt hat. Und die Mönche bleiben mächtig, bis daß eine Revolution sie abschafft.

Humani generis mores tibi nosse volenti
Sufficit una domus.   (Juvenal, sat. XIII, v. 159)

Sechste Unterredung
Von den Regierungsarten und tausenderlei alten Irrtümern

B: Wir wollen zur Sache schreiten. Ich muß Ihnen gestehn,
daß ich mit einer demokratischen Regierung gar wohl zufrieden sein würde. Ich finde, daß jener Philosoph unrecht
hatte, der zu einem Anhänger der Volksregierung sagte:
»Fang nur an, es in Deinem Hause zu versuchen, und es
wird Dich sehr schnell gereuen.« Mit seiner Erlaubnis sind
ein Haus und eine Stadt zwei sehr verschiedne Dinge. Mein
Haus, meine Kinder gehören mir, so auch meine Leute,
wenn ich sie bezahle; aus was für Befugnis aber würden
mir meine Mitbürger zugehören? Alle diejenigen, die auf
eben dem Grund und Boden Besitzungen haben, haben ein
gleiches Recht zur Aufrechthaltung der Ordnung auf diesem Grund und Boden. Ich sehe gern, daß freie Menschen
sich selbst Gesetze machen, unter denen sie leben, so wie sie
sich ihre Wohnungen gemacht haben. Es ist für mich ein
Vergnügen, daß mein Maurer, mein Zimmermann, mein
Schmied, die mir meine Wohnung haben bauen helfen, mein
Nachbar der Ackersmann und mein Freund der Fabrikant
sich insgesamt über ihr Gewerbe hinausschwingen und das
öffentliche Interesse weit besser kennen als der übermütig-
ste Chiaux in der ganzen Türkei. Kein Feldarbeiter, kein
Handwerksmann hat in einer Demokratie Bedrückung und
Verachtung zu befürchten; niemand ist in dem Fall jenes
Hutmachers, der seine Bittschrift einem Duc und Pair über-
reichte, um für seine Lieferungen bezahlt zu werden. Habt
Ihr auf Eure Rechnung noch nichts empfangen? Verzeihen
mir Monseigneur, ich habe von Monseigneur Dero Inten-
danten eine Ohrfeige empfangen.
Es ist sehr süß, sich nicht der Gefahr ausgesetzt zu sehn, in

ein unterirdisches Loch geschleppt zu werden, weil man einem Manne, den man nicht kennt, einen Impost nicht bezahlen können, dessen Betrag, Veranlassung, ja sogar Existenz man nicht einmal weiß.

Frei sein, weiter nichts als seinesgleichen um sich haben, ist das wahre, ist das natürliche Leben des Menschen; jedes andre ist ein elendes Kunstwerk, eine schlechte Komödie, worin der eine die Rolle des Herrn, der andre die des Sklaven, dieser die Rolle des Schmarotzers, jener des Unterhändlers spielt. Sie werden mir eingestehn, daß die Menschen von diesem natürlichen Zustande nur durch Feigheit und Dummheit herabgekommen sein können.

C: Das ist klar. Niemand kann seine Freiheit verloren haben, als weil er sie nicht zu verteidigen gewußt hat. Es gibt zweierlei Arten, sie zu verlieren; wenn Dummköpfe von Betrügern sind hintergangen oder wenn Schwache von Starken sind unterjocht worden. Man erzählt ich weiß nicht von was für Überwundnen, denen ich weiß nicht was für Überwinder ein Auge ausstechen ließen. Es gibt Völker, denen man beide Augen ausgestochen hat, wie den alten Mähren, die man zur Umtreibung des Mühlensteins braucht. Ich will meine Augen behalten. Ich bilde mir ein, daß man im aristokratischen Staate den Leuten eins und im monarchischen beide aussticht.

A: Sie sprechen wie ein Bürger aus Nordholland, und ich verzeih' es Ihnen.

C: Was mich anlangt, so lieb' ich nur die Aristokratie; das Volk verdient es nicht zu herrschen. Ich würd' es nicht ausstehn können, daß mein Perrückenmacher Gesetzgeber wäre. Lieber wollt' ich nie eine Perrücke tragen. Nur diejenigen, die eine sehr gute Erziehung erhalten haben, sind dazu gemacht, Leute zu führen, die gar keine Erziehung gehabt haben. Die Staatsverwaltung zu Venedig ist die beste; diese Aristokratie ist der älteste Staat in Europa. Nach ihm setz' ich die Regierungsform von Deutschland. Machen Sie mich zum edlen Venetianer oder zum deutschen Reichsgrafen. Nur das, erklär' ich Ihnen hiermit, sind die beiden Stände, worin ich vergnügt leben kann.

A: Sie sind ein reicher Kavalier, mein Herr C., und ich billige Ihre Denkart sehr. Ich sehe, daß Sie für die Staatsverwaltung der Türken sein würden, wenn Sie Kaiser in Konstantinopel wären. Was mich anlangt, wiewohl ich nur Mitglied des großbritannischen Parlaments bin, so seh' ich die Konstitution meines Landes für die beste von allen an, und ich will zu meinem Gewährsmann ein nicht verwerfliches Zeugnis anführen, das von einem Franzosen, der in einem Gedichte, das Wahrheiten, nicht eitlen Fiktionen gewidmet ist, von unsrer Staatsverwaltung folgendermaßen spricht.

> Staunend über das Band, das sie vereiniget, sammeln
> Drei verschiedene Mächte sich in den Hallen Westmünsters.
> Deine Sprecher, o Volk, und die Großen und der König,
> Durch den Vorteil getrennt und durch die Gesetze vereinigt,
> Eines unbezwingbaren Ganzen geheiligte Glieder,
> Sind sie sich selber gefährlich und fürchterlich ihren Nachbarn.

C: Sich selber gefährlich! Sie haben also sehr große Mißbräuche bei sich?

A: Allerdings! Grade wie's bei den Römern und bei den Athenern war und wie es immer bei den Menschen sein wird. Mächtig und glücklich bei ungeheuren Mißbräuchen sein, ist der Gipfel der menschlichen Vollkommenheit; und dahin sind wir gelangt. Zuviel essen ist gefährlich, aber ich verlange, daß meine Tafel gut besetzt ist.

B: Wollen Sie, daß wir uns das Vergnügen machen, alle

Staatsverwaltungen der Erde von dem chinesischen Kaiser Hiao und von der hebräischen Horde an bis zu den letztren Uneinigkeiten in Ragusa und Genf gründlich zu untersuchen?

A: Gott behüte mich dafür! Ich hab' es nicht nötig, in den Archiven der Ausländer herumzuwühlen, um meine Rechnungen in Ordnung zu bringen. Leute genug, die nicht einmal eine Magd und einen Bedienten regieren können, haben sich damit befaßt, den ganzen Erdboden mit ihrer Feder zu regieren. Wollen Sie nicht etwa auch, daß wir unsre Zeit damit verderben, das Buch von Bossuet, dem Bischof von Meaux, zusammen zu lesen, das den Titel führt: *La politique de l'Ecriture sainte?* Eine gar drollichte Politik, die ein elendes Volk hatte, das blutdurstig war, ohne kriegerisch zu sein, wucherisch, ohne Handel zu treiben, räuberisch, ohne seinen Raub erhalten zu können, das fast immer Sklav und fast immer Rebell war, das vom Titus und Hadrian auf dem Markt verkauft wurde, wie man das Tier verkauft, das jene Juden unrein nannten und das weit nützlicher war als sie. Ich überlasse dem Deklamator Bossuet die Politik der Zaunkönige von Juda und Samaria, die nichts als Meuchelmord kannten, von ihrem David an gerechnet, der, nachdem er Straßenräubermetier getrieben, um König zu werden, den Urias meuchelmordete, sobald er Herr war; und jenen weisen Salomo nicht ausgenommen, der mit dem Meuchelmord seines eignen Bruders, des Adonia, am Fuße des Altars den Anfang machte. Ich bin jener ungereimten Pedanterie überdrüssig, die die Geschichte eines solchen Volks dem Unterrichte der Jugend widmet.

Nicht minder überdrüssig bin ich all der Bücher, worin man die Fabeln des Herodot und seinesgleichen über die untergegangnen alten Monarchien und Republiken wiederholet.

Mögen sie uns doch wieder erzählen, daß eine Dido, vorgebliche Schwester eines Pygmalion (welches gar nicht phönizische Namen sind), von Phönizien entfloh, um in Afrika so viel Land zu kaufen, als eine Ochsenhaut bedecken konnte, daß sie diese Haut in Riemen zerschnitt und mit diesen Riemen ein unermeßliches Stück Landes umgab, worauf sie Karthago gründete. Mögen doch diese romanhaften Geschichtsschreiber so vielen andren nachsprechen und mögen diese wieder so vielen andren von Apolls erfüllten Orakeln, vom Ringe des Gyges, den Ohren des Smerdes und dem Pferde des Darius, das seinen Herrn zum König von Persien machte, nacherzählen. Man breite sich über die Gesetze des Charondas aus, wiederhole uns, daß die kleine Stadt Sybaris dreimal hunderttausend Mann gegen die kleine Stadt Kroton ins Feld stellte, die nur hunderttausend Mann bewaffnen konnte. Alle diese Geschichten muß man mit der Wölfin des Romulus und Remus, dem Trojanischen Pferde und dem Walfische des Jonas an einen Ort stellen.

Wir wollen also die ganze vorgebliche alte Geschichte liegen lassen; und was die neue anlangt, so mag sich ein jeder durch die Fehler seines Landes und durch die seiner Nachbarn zu unterrichten suchen. Die Lektion wird lange dauern! Wir müssen aber auch zugleich alle die schönen Einrichtungen betrachten, wodurch sich die neuern Nationen auszeichnen. Diese Lektion wird gleichfalls lang sein.

B: Was wird sie uns lehren?

A: Daß, je mehr die Konventionsgesetze sich dem Naturgesetze nähern, desto erträglicher das Leben ist.

C: So lassen Sie uns denn sehn!

C: Sollten Sie wohl kühn genug sein, gegen mich zu behaupten, daß Ihr Herren Engländer besser wärt als die
Athener und Römer, daß Eure Hahnen- oder Gladiatoren-
gefechte in einem Verschlag von verfaulten Planken das
Kolosseum übertreffen? Daß die Schuhflicker und Pickel-
heringe, die in Euren Tragödien ihre Rollen spielen, die
Helden des Sophokles übertreffen? Daß Eure Redner den
Cicero und Demosthenes in Vergessenheit bringen? Und
daß endlich London besser poliziert sei als das alte Rom?
A: Nein; aber London ist zehntausendmal mehr wert, als
es damals wert war, und so ist es auch mit dem übrigen
Europa.
B: Ah! ich bitte, nehmen Sie Griechenland davon aus, das
unter der Botmäßigkeit des Großsultans steht, und den unglücklichen Teil Italiens, der dem Papste gehorcht.
A: Ich nehme auch beides aus. Aber bedenken Sie, daß Paris, das nur um ein Zehntel weniger groß ist als London,
damals nur eine kleine barbarische Stadt war. Amsterdam
war nur ein Morast, Madrid nur eine Wüste; und vom rechten Ufer des Rheins bis zum Bosnischen Meerbusen war
alles wild. Die Einwohner unter diesen Himmelsstrichen
lebten, wie die Tataren stets gelebt haben, in Unwissenheit,
Mangel an allem Unentbehrlichen und in Barbarei.
Rechnen Sie's für eine Kleinigkeit, daß heutzutage Philosophen auf dem Thron von Berlin, von Schweden, Dänemark, Polen, Rußland sitzen und daß die Entdeckungen
unsers großen Newton der Katechismus des Adels von Mos-
kau und Petersburg geworden sind?
C: Sie werden mir zugestehen, daß es an den Ufern der

Donau und des Manzanares nicht so aussieht. Das Licht ist von Norden her gekommen; denn Sie sind Bewohner des Nordens in Rücksicht auf mich, der ich unter dem fünfundvierzigsten Grad geboren bin. Machen aber alle diese Neuerungen, daß man in allen diesen Ländern glücklicher ist, als man es zu der Zeit war, da Cäsar an Ihrer Insel landete, wo er Euch halb nackt fand?

A: Das glaub' ich festiglich. Gute Häuser, gute Kleider, gutes Essen und Trinken nebst guten Gesetzen und Freiheit sind besser als Mangel, Anarchie und Sklaverei. Diejenigen, die mit London mißvergnügt sind, dürfen nur nach den Orkaden gehn, sie werden daselbst leben, wie wir in London zu Cäsars Zeit lebten. Sie werden Haferbrot essen und sich um eines in der Sonne gedörrten Fisches und einer Strohhütte wegen mit Messerstichen umbringen. Das wilde Leben hat seine Reize; diejenigen, die es predigen, dürfen nur mit Beispiel vorangehn.

B: Wenigstens aber würden sie unter dem natürlichen Gesetz leben. Die reine, lautre Natur hat nie weder Parlamentsdebatten, noch Prärogativen der Krone, noch Ostindische Kompanien, noch Imposten zu drei Schillingen vom Pfunde auf seinen Acker und auf seine Wiese und von einem Schilling aufs Fenster gekannt. Sie könnten wohl die Natur verderbt haben; in den Orkadischen Inseln und bei den Topinambus hat sie sich nicht verändert.

A: Und wenn ich Ihnen nun sagte, daß die Wilden die Natur verderben und daß wir der Natur folgen?

B: Sie setzen mich in Erstaunen! Wie, heißt das der Natur folgen, wenn man einen Erzbischof von Canterbury weiht? Einen zu Euch hin verpflanzten Deutschen Seine Majestät nennt? Nicht mehr denn *eine* Frau heiraten kann? Und mehr denn den vierten Teil seiner Einkünfte alle Jahre bezahlt?

Ohne viele andre Übertretungen gegen die Natur zu erwähnen, wovon ich nicht einmal spreche.

A: Gleichwohl will ich's Ihnen beweisen, oder ich müßte
mich sehr irren. Können Sie in Abrede stellen, daß Instinkt und Urteilskraft, diese beiden ältesten Söhne der Natur, uns lehren, in allen Stücken unsren Wohlstand zu befördern zu suchen und auch andrer Leute ihren, wenn's ersichtlich ist, daß er den unsrigen bewirken hilft? Ist es zu
leugnen, daß, wenn zwei alte Kardinäle abgefastet und vor
Hunger sterbend unter einem Baume zusammenträfen, sie
sich beide maschinenmäßig helfen würden, auf den Baum
zu steigen, um Pflaumen zu pflücken, und daß zwei mutwil-
lige Buben aus dem Schwarzwalde oder von den Chicachas
ein gleiches tun würden?

B: Und was wollen Sie daraus folgern?

A: Was diese beiden Kardinäle und die beiden kleinen Gier-
magen daraus folgern werden, daß man in allen ähnlichen
Fällen einander wechselseitig helfen muß. Diejenigen, welche der Gesellschaft den meisten Beistand leisten, werden
diejenigen sein, die der Natur am nächsten folgen. Diejenigen, die Künste erfinden (welches eine große Gabe Gottes
ist), diejenigen, welche Gesetze vorschlagen, welches unendlich leichter ist, werden also diejenigen sein, welche dem
Naturgesetz am besten gehorcht haben; je mehr also die
Künste angebaut und je mehr das Eigentum eines jeden
sichergestellt wird, je mehr wird das Naturgesetz in der
Tat beobachtet worden sein. Wenn wir sonach übereinkommen, gemeinschaftlich drei Schillinge vom Pfunde Sterling
zu bezahlen, um sichrer siebzehn andrer Schillinge zu genießen; wenn wir übereinkommen, einen Deutschen zu wählen, um unter dem Namen König der Erhalter unsrer Freiheit, der Schiedsrichter zwischen den Lords und der Kam-

mer der Gemeinen, das Oberhaupt der Republik zu sein; wenn wir aus Wirtlichkeit und um Friede im Hause zu haben nicht mehr denn eine Frau heiraten, wenn wir (weil wir reich sind) dulden, daß ein Erzbischof von Canterbury zwölftausend Pfund jährlich einnimmt, um den Armen Erleichtrung ihres Elendes zu verschaffen, um Tugend zu predigen, wenn er zu predigen versteht, um Einigkeit unter der Geistlichkeit zu erhalten usw., so tun wir mehr, als das natürliche Gesetz vervollkommnen, wir gehn über das Ziel hinaus. Aber der isolierte und rohe Wilde (wofern es auf Erden solche Geschöpfe gibt, woran ich noch stark zweifle), was tut er anderes vom Morgen bis zum Abend, als daß er gegen das Naturgesetz handelt, indem er sich selbst und allen Menschen unbrauchbar ist?

Eine Biene, die weder Honig noch Wachs verfertigte, eine Schwalbe, die nicht ihr Nest baute, eine Henne, die nie legte, würden das natürliche Gesetz verderben, das ihr Instinkt ist. Ungesellige Menschen verderben den Instinkt der menschlichen Natur.

C: Auf die Art ist der unter Schafswolle oder unter dem Exkremente des Seidenwurms verkappte Mensch, der Schießpulver erfand, um sich aufzureiben, und zweitausend Meilen von seiner Heimat sich die großen Pocken herholte, der natürliche Mensch und der ganz nackte Brasilianer der künstliche?

A: Das nicht; aber der Brasilianer ist ein Tier, das noch nicht die Vollkommenheit seiner Gattung erreicht hat. Er ist ein Vogel, der seine Federn nur erst sehr spät erhält, eine in ihrer Hülse eingesperrte Raupe, die nur erst in einigen Jahrhunderten Schmetterling sein wird. Er wird vielleicht dereinst Newtons und Lockes besitzen, und alsdann wird er die menschliche Laufbahn in ihrem ganzen Umfange erfüllt haben, vorausgesetzt, daß die Organe des Brasilianers stark und geschmeidig genug sind, um zu diesem Ziele zu gelangen; denn von den Organen hängt alles ab. Aber bei alledem, was liegt mir an dem Charakter eines Brasilianers und den Empfindungen eines Tobinambus? Ich bin weder eins noch das andre, ich will bei mir nach meiner Art glücklich sein. Man muß den Zustand prüfen, worin man ist, und nicht den, worin man sich nie befinden kann.

Achte Unterredung
Von Leibeignen

B: Europa kommt mir heutzutage wie eine große Messe vor. Man findet daselbst alles, was man für das menschliche Leben notwendig hält. Es gibt daselbst Wächter, um über die Sicherheit der Vorratshäuser zu wachen; Gauner, die mit drei Würfeln das Geld gewinnen, das die Einfältigen verlieren; Müßiggänger, die Almosen heischen, und Marionetten auf der kleinen Wiese.

A: Alles das ist, wie Sie sehn, Konvention; und diese Meßkonventionen sind auf die Bedürfnisse des Menschen, auf seine Natur, auf die Entwicklung seines Verstandes, auf die erste Ursache gegründet, welche die Mittelursachen in Bewegung setzt. Ich bin überzeugt, daß es ebenso in einer Ameisenrepublik zugeht. Wir sehn diese Geschöpfe stets handeln, ohne recht herauszubringen, was sie tun. Es scheint, als liefen sie ohne allen Endzweck umher; vielleicht urteilen sie eben das von uns. Sie halten ihre Messe so gut wie wir. Was mich anlangt, so bin ich mit meinem Kram nicht durchaus unzufrieden.

C: Unter den Konventionen, die mir auf diesem großen Jahrmarkte der Welt mißfallen, gibt es zwei zumal, die mich aufbringen: daß man daselbst Sklaven verkauft, und daß Marktschreier darauf sind, denen man ihren Theriak viel zu teuer bezahlt. Montesquieu hat mich in seinem Kapitel von den Negern sehr ergötzt. Er ist sehr komisch; es ist sein Triumph, wenn er sich über unsre Ungerechtigkeit lustig macht.

A: Freilich haben wir von Natur nicht das Recht, den Bürger von Angola zu knebeln, ihn nach unsern Zuckermühlen zu Barbados zu führen und ihn mit dem Ochsenziemer zu nötigen, daselbst zu arbeiten, so wie wir von Natur das Recht haben, den Hund, den wir auffüttern, mit nach der Jagd zu führen. Aber wir haben ein Konventionsrecht. Weshalb verkauft sich dieser Neger? Oder weshalb läßt er sich verkaufen? Ich habe ihn gekauft, er gehört mir zu; was für Unrecht tu' ich ihm? Er arbeitet wie ein Pferd, ich beköstige ihn schlecht, bekleide ihn ebenso; er wird geschlagen, wenn er nicht gehorcht; braucht man sich darüber so sehr zu wundern? Behandeln wir unsre Soldaten besser? Haben sie nicht völlig ihre Freiheit verloren, so wie dieser Neger? Der einzige Unterschied zwischen dem Neger und Krieger besteht darin, daß der Krieger weit weniger kostet. Ein schöner Neger kommt jetzt wenigstens fünfhundert Schildtaler zu stehn und ein schöner Soldat kaum zwanzig. Weder der eine noch der andre können den Ort verlassen, der ihnen zum Spielraum angewiesen ist; einer so wie der andre werden wegen des geringsten Versehns geschlagen. Ihr Lohn ist beinahe der nämliche; und der Neger hat den Vorteil vor dem Soldaten, daß er's nicht nötig hat, sein Leben zu wagen, und daß er's bei seiner Negerin und seinen kleinen Negern zubringen kann.

B: Wie, Sie glauben also, daß ein Mensch seine Freiheit verkaufen kann, die gar keinen Preis hat?

A: Alles in der Welt hat seine Taxe; desto schlimmer für ihn, wenn er etwas so Kostbares wohlfeil verkauft. Sagen Sie, daß er ein blödsinniger Tropf ist, aber nicht, daß ich ein Schurke bin.

Mich dünkt, daß Grotius (Buch II, Kap. 5) die Sklaverei sehr billigt; den Sklavenstand sogar vorteilhafter findet als den Stand eines Tagelöhners, der nicht immer gewiß ist, sein Brot zu verdienen.

B: Aber Montesquieu sieht die Sklaverei wie eine Art Sünde gegen die Natur an. Da haben wir einen Holländer, einen freien Staatsbürger, der Sklaven haben will, und einen Franzosen, der sie nicht haben will; der sogar nicht einmal an das Recht des Krieges glaubt.

A: Und was für ein andres Recht kann es im Kriege geben als das Recht des Stärkern? Ich will annehmen, daß ich mich in Amerika in einer Aktion gegen die Spanier befinde. Ein Spanier hat mich verwundet, ich bin im Begriff, ihn zu töten. Töte mich nicht, braver Engländer, sagt er zu mir, und ich will dir dienen. Ich nehme den Vorschlag an, ich mache ihm dies Vergnügen, beköstige ihn mit Knoblauch und Zwiebeln; er liest mir des Abends beim Schlafengehn den *Don Quichotte* vor. Was ist, wenn ich fragen darf, darin Böses? Wenn ich mich einem Spanier unter eben den Bedingungen ergebe, was für Vorwürfe hab' ich ihm zu machen? Bei keinem Handel gilt mehr als verabredet worden ist, wie Kaiser Justinian sagt.

Gesteht nicht Montesquieu selbst, daß es Völker in Europa gibt, bei denen es sehr gewöhnlich ist, sich zu verkaufen? Die Russen zum Beispiel.

B: Wohl sagt er es im fünfzehnten Buche im sechsten Kapitel und führt den Kapitän Jean Perry im *Etat présente de Russie* an; aber er führt an wie gewöhnlich. Jean Perry

sagt genau das Gegenteil. Hier sind seine eignen Worte:
»Der Zar hat verordnet, daß sich künftig niemand seinen
Sklaven, seinen *Golup* nennen soll, sondern bloß *Reab,* was
Untertan bedeutet. Dies Volk zieht freilich daraus keinen
wesentlichen Nutzen, denn er ist noch heutzutage Sklave.«

In der Tat sind alle Feldarbeiter, alle Einwohner der Güter, die Bojaren oder Priestern gehören, Sklaven. Wenn die
Kaiserin von Rußland freie Menschen zu schaffen beginnt,
wird sie ihren Namen unsterblich machen.

Übrigens sind, zur Schande der Menschheit, die Landleute,
die Handwerker, die Bürger, die nicht Bewohner großer
Städte sind, in Polen, Böhmen, Ungarn, in vielen Provinzen
Deutschlands, in der halben Franche-Comté, in dem vierten Teile von Bourgogne noch Sklaven und Leibeigne, und
was gar widersprechend ist, Sklaven von Priestern. Es gibt
Bischöfe, die auf ihrem Territorium nichts als Leibeigne von
der toten Hand haben. Das heiß' ich Menschlichkeit, das
heiß' ich christliches Mitleid.

Was nun die während des Krieges gemachten Sklaven anlangt, so trifft man bei den Geistlichen, den Malteserrittern
nur Sklaven aus der Türkei oder von den afrikanischen
Küsten an, die auf den Ruderbänken ihrer christlichen Galeeren angeschmiedet sind.

A: Bei meiner Ehre, wenn Bischöfe und Geistliche Sklaven
haben, will ich ihrer auch haben!

B: Besser wär's, niemand hätte welche.

C: Das wird unfehlbar alsdann sein, wenn der ewige Friede
des Abbé de St. Pierre durch den Großsultan und durch
alle übrigen Mächte wird unterzeichnet und die Schiedsrich-
terstadt neben dem Loche erbaut sein, das man bis zum
Mittelpunkte der Erde graben wollte, um genau zu wissen,
wie man sich auf deren Oberfläche zu betragen habe.

B: Wenn Sie Sklaverei des Körpers annehmen, so werden Sie wohl wenigstens nicht Sklaverei der Seelen zugeben?

A: Wenn's Ihnen gefällig ist, wollen wir uns verständigen. Unter den Grundsätzen der Gesellschaft statuiere ich keine Sklaverei des Körpers. Ich sage bloß, daß es für einen Überwundnen besser ist, Sklave als getötet zu werden, falls er das Leben mehr liebt als die Freiheit.

Ich sage, daß der Neger, der sich verkauft, ein Tor, und der Negervater, der seinen Knaben verkauft, ein Barbar ist; daß ich aber ein sehr vernünftiger Mann bin, diesen Neger zu kaufen und ihn in meiner Zuckermühle arbeiten zu lassen. Mein Interesse fordert, daß er sich wohl befindet, damit er arbeitet. Ich werde gegen ihn menschlich sein und nicht mehr Erkenntlichkeit von ihm fordern als von meinem Pferde, dem ich verbunden bin, Hafer zu geben, wenn ich Dienste von ihm haben will.

Mit meinem Pferde bin ich beinahe in dem Falle wie Gott mit dem Menschen. Wenn Gott den Menschen gemacht hat, um einige Minuten im Stalle der Erde zu leben, so mußt' er ihm unumgänglich Nahrungsmittel verschaffen; denn es wäre ungereimt gewesen, wenn er ihm mit Hunger und einem Magen ein Geschenk gemacht und vergessen hätte, ihm Nahrungsmittel zu geben.

C: Und wenn Ihnen Ihr Sklav unbrauchbar wird?

B: So würd' ich ihm unstreitig die Freiheit schenken, sollt' er auch hingehn und Mönch werden.

B: Wie finden Sie aber die Sklaverei des Geistes?

A: Was nennen Sie Sklaverei des Geistes?

B: Ich verstehe darunter die Gewohnheit, die man hat,

den Geist unsrer Kinder so zu formen wie die karibischen Weiber den Kopf der ihrigen; anfänglich ihren Mund zu lehren, Albernheiten zu stammeln, worüber wir uns selbst aufhalten; dann sie diese Albernheiten glauben zu machen und solchergestalt alle mögliche Sorgfalt zu tragen, eine Nation dumm, kleinmütig und barbarisch zu machen; endlich Gesetze einzuführen, welche die Menschen am Schreiben, Sprechen und sogar am Denken verhindern, wie Arnolph in der Komödie will, daß in seinem Hause kein Schreibzeug als für ihn sei, und der aus Agnes ein dummes Geschöpf zu machen strebt, damit er sie in seiner Gewalt behält.

A: Wenn es in England dergleichen Gesetze gäbe, so würd' ich entweder eine schöne Konspiration machen, um sie abzuschaffen, oder ich würde auf immer meine Insel fliehen, nachdem ich Feuer darin angelegt hätte.

C: Inzwischen ist es gut, daß die ganze Welt nicht sagt, was sie denkt. Man muß weder durch Schriften noch durch seine Reden weder die Mächte noch die Gesetze beleidigen, unter deren Schutz man seines Vermögens, seiner Freiheit und aller Annehmlichkeiten des Lebens genießt.

A: Unstreitig nicht, und man muß den aufrührerischen Verwegnen bestrafen. Doch weil die Menschen das Schreiben mißbrauchen können, muß man ihnen deshalb dessen Gebrauch untersagen? Ebenso gern würd' ich's sehn, daß man Sie stumm machte, um Sie zu verhindern, schlechte Argumente vorzubringen. Man stiehlt auf den Straßen, muß man deshalb verbieten, auf denselben zu gehn? Man sagt Sottisen und Injurien, muß man deshalb das Reden verbieten? Ein jeder kann bei uns das, was er denkt, auf seine Gefahr und Wagnis schreiben; es ist dies die einzige Art, mit seiner Nation zu reden. Findet sie, daß Sie lächerliche Dinge gespro-

chen haben, so pfeift sie Sie aus; wenn aufrührerische, so
bestraft Sie dieselbe; wenn weise und edle, so liebt und belohnt sie Sie.

Die Freiheit, zu den Menschen mittelst der Feder zu sprechen, ist in England wie in Polen eingeführt; ist es in den
vereinten Niederlanden; ist es endlich in Schweden, das uns
nachahmt; muß es in der Schweiz sein, ohne das verdient die
Schweiz ihre Freiheit nicht. Da, wo Menschen ihre Gedanken nicht äußern dürfen, ist keine Freiheit.

C: Und wenn Sie nun im heutigen Rom geboren wären?

A: So würd' ich Cicero und Tacitus, den Männern des alten
Roms, einen Altar errichtet haben, würde auf diesen Altar
gestiegen sein, und den Hut des Brutus auf dem Kopf und
seinen Dolch in der Hand würd' ich das Volk zu seinen natürlichen Gerechtsamen, die es eingebüßt hat, zurückgerufen
haben. Ich hätte das Tribunenamt wieder eingeführt, wie
Nicolas Rienzi tat.

C: Und würden geendet haben wie er?

A: Vielleicht. Ich kann Ihnen den Abscheu nicht ausdrük-
ken, den mir die Sklaverei der Römer auf meiner letzten
Reise einflößte; ich schauderte zusammen, wie ich Franziskaner auf dem Kapitol erblickte. Viere von meinen Landsleuten mieteten ein Schiff, um die unbrauchbaren Ruinen
von Palmira und Balbek abzuzeichnen. Hundertmal geriet
ich in die Versuchung, ein Dutzend Schiffe auf meine Kosten
auszurüsten, um die Raubhöhlen der Inquisitoren in dem
Lande, wo der Mensch diesen Ungeheuern untertan ist, in
Ruinen zu verwandeln.

Mein Held ist der Admiral Black. Cromwell sandte ihn nach
Portugal, um mit dem Könige Johann von Braganza einen
Traktat zu unterzeichnen. Dieser Fürst entschuldigte sich
gegen ihn damit, daß der Großinquisitor nicht leiden wollte,

mit Ketzern Traktate einzugehn. Lassen Sie mich nur machen, sagte Black, er soll bei mir an Bord kommen und unterzeichnen. Der Palast dieses Mönchs lag am Tajo, unsrer Flotte grade gegenüber. Der Admiral ließ ihm eine Lage mit glühenden Kugeln geben. Der Inquisitor kam, ihn um Verzeihung zu bitten, und unterzeichnete den Traktat auf den Knien. Der Admiral tat hierdurch nur die Hälfte von dem, was er tun mußte. Er hätte den Inquisitoren verbieten sollen, die Seelen zu tyrannisieren und die Körper zu verbrennen; wie die Perser und nachher die Griechen und Römer den Afrikanern verboten, Menschenopfer zu verrichten.

B: Sie sprechen immer als ein wahrer Engländer.

A: Als ein Mensch, und wie alle Menschen sprechen würden, wenn sie dürften. Soll ich Ihnen sagen, welches der größte Fehler des menschlichen Geschlechts ist?

C: Sie werden mir ein Vergnügen machen; ich lerne meine Gattung gern genau kennen.

A: Der Fehler ist kein andrer, als dumm und feige zu sein.

B: Gleichwohl zeigen alle Nationen Mut im Kriege.

A: Ja, wie die Pferde, die beim ersten Trommelschlag zittern, aber kühn vorwärts gehn, wenn sie durch hundert Trommelschläge und durch hundert Peitschenhiebe abgerichtet worden sind.

Zehnte Unterredung
Über die Religion

C: Sie glauben, daß frei seine Gedanken erklären das Erbteil des braven Mannes ist; so wollen Sie also auch, daß man über Regierung und Religion alles drucken lassen könne?

A: Wer über diese beiden Gegenstände Stillschweigen beobachtet, wer es nicht wagt, diese beiden Pole des menschlichen
Lebens fest anzusehn, ist nur ein Feiger. Hätten wir uns
nicht auf's Schreiben verstanden, so würden wir durch Jakob II. und seinen Kanzler Jeffreys unterdrückt worden
sein und Mylord von Canterbury würde uns an der Türe
seiner Kathedralkirche die Rute geben lassen. Unsre Feder
war unsre erste Waffe gegen die Tyrannei und unser Degen
die zweite.

C. Wie, gegen die Religion seines Landes zu schreiben?

A: Sie besinnen sich nicht recht, mein Herr C. Hätten die
ersten Christen nicht die Freiheit gehabt, gegen die Religion
des Römischen Reichs zu schreiben, so würden sie nie die
ihrige haben einführen können. Sie machten das Evangelium der Maria, des Jakob, das der Hebräer, das des Bar-
nabas, des Lukas, Johannes, Matthäus, Markus; schrieben
ihrer an vierundfünfzig. Sie verfertigten die Briefe von Jesus
an ein Zaunköniglein zu Edessa, die vom Pilatus an den
Tiber, vom Paulus an den Seneca, und die Prophezeiungen
der Sybillen in Akrostichen, und das Glaubensbekenntnis
der zwölf Apostel, und das Testament der zwölf Patriarchen
und das Buch Enoch und fünf oder sechs Apokalypsen und
falsche apostolische Satzungen usw. Was schrieben die nicht
alles! Warum wollen Sie uns die Freiheit rauben, die jene
gehabt haben?

C: Behüte mich der Himmel, Ihnen jene kostbare Freiheit
entreißen zu wollen; aber ich wünsche, daß man sich ihrer
mit Mäßigung bedient, wie's in der Konversation rechtli-
cher Leute zu geschehn pflegt; jeder sagt darin seine Meinung, niemand aber beleidigt die Gesellschaft.

A: Ich verlange auch nicht, daß man die Gesellschaft be-
leidige, sondern daß man sie aufkläre. Wenn die Religion

des Landes göttlich ist (denn damit brüstet sich jede Nation), so werden hunderttausend gegen sie abgeschleuderte Bücher ihr nicht mehr Schaden tun, als hunderttausend Schneeballen eherne Mauern erschüttern werden. Die Pforten der Hölle werden, wie Sie wissen, sie nicht überwinden; wie sollten schwarze auf weißes Papier gezeichnete Charaktere sie zerstören können?

Wenn aber Fanatiker oder Betrüger oder Leute, die beides zugleich sind, eine lautre und einfache Religion verderben, wenn durch ein Ungefähr Magier und Bonzen lächerliche Zeremonien zu heiligen Gesetzen, ungereimte Mysterien zu der göttlichen Moral der Zoroaster und Konfuzius hinzufügen, muß nicht das menschliche Geschlecht denjenigen Dank sagen, die den Tempel Gottes von den Unreinigkeiten säubern wollen, welche jene Elende daselbst zusammengehäuft haben?

B: Sie scheinen mir sehr gelehrt; was sind denn das für Gebote, die Zoroaster und Konfuzius gegeben haben?

A: Konfuzius sagt nicht: »Tu den Leuten nicht das, was du nicht willst, das sie dir tun sollen.«

Er sagt: »Tu das, was du willst, das man dir tue, vergiß Beleidigungen und erinnre dich nur Wohltaten.« Er macht aus Freundschaft und Demut eine Pflicht.

Ich will nur ein einziges Gesetz von Zoroaster anführen, welches das in sich begreift, was die Moral am meisten Geläutertes in sich faßt und grade das Gegenteil von dem berühmten Probabilismus der Jesuiten ist. »Wenn du in Zweifel bist, ob eine Handlung gut oder böse sei, so enthalte dich, sie zu tun.«

Kein Moralist, kein Philosoph, kein Gesetzgeber hat je das geringste gesagt noch sagen können, das diese Maxime überwöge. Wenn nachher persische oder chinesische Doktoren zu der Anbetung eines Gottes und zur Lehre von der Tugend phantastische Chimären, Erscheinungen, Visionen, Prophezeiungen, Wunderwerke, Besitzungen von bösen Geistern und Skapulare hinzugefügt haben; wenn sie darauf bestanden sind, daß man gewisse Speisen nur zur Ehre Zoroasters und Konfuzius' essen müsse; wenn sie vorgegeben haben, von allen Familiengeheimnissen dieser beiden großen Männer unterrichtet zu sein; wenn sie dreihundert Jahre lang disputierten, um zu wissen, auf was Art Konfuzius sei hervorgebracht oder erzeugt worden; wenn sie abergläubische Gebräuche eingeführt haben, wodurch das Geld andächtiger Seelen in ihre Taschen kam; wenn sie ihre zeitliche Größe auf die Dummheit dieser wenig geistigen Geschöpfe gebaut; wenn sie endlich Fanatiker bewaffnet haben, ihre Erfindungen durch Eisen und Flammen zu unterstützen, so ist außer allem Zweifel, daß man diesen Betrügern Einhalt tun und ihnen Zaum und Gebiß anlegen muß. Wer zu Gunsten der natürlichen und göttlichen Religion gegen die abscheulichen Mißbräuche der sophistischen Religion geschrieben hat, war der Wohltäter seines Vaterlandes.

C: Oft sind diese Wohltäter übel belohnt worden. Man hat sie geschmort oder vergiftet oder schwebend in der Luft sterben lassen, und jede Reform hat Kriege erzeugt.

A: Das war die Schuld der Gesetzgebung. Es gibt keine Religionskriege mehr, seitdem die Regierungen weise genug gewesen sind, die Gottesgelahrtheit in Schranken zu halten.

B: Ich wollte, daß man, zur Ehre der Vernunft, die Theologie ganz abschaffte, statt sie nur in Schranken zu halten; es ist zu schimpflich, aus dieser gravitätischen Narrheit eine Wissenschaft gemacht zu haben. Ich sehe wohl ein, wozu ein Pfarrer dient, der eine Liste von Gebornen und Gestorbenen hält, der die Kranken tröstet, der Fried' und Eintracht in die Familien bringt; wozu aber sind Theologen nütze? Was für ein Vorteil erwächst der Gesellschaft daraus, wenn man genau weiß, daß ein Engel *secundum quid* unendlich ist, daß Scipio und Cato verdammt worden sind, weil sie nicht Christen gewesen, und daß ein wesentlicher Unterschied zwischen kategorematisch und synkategorematisch sich befindet?

Bewundern Sie nicht einen Thomas Aquinas, der da entscheidet, daß sie iraszibeln und konkupiszibeln Teile nicht Teile der intellektuellen Begierde sind? Er untersucht der Länge nach, ob die Zeremonien des Gesetzes vor dem Gesetze da sind. Tausend Seiten werden zu diesen herrlichen Fragen verwendet, und fünfhunderttausend Menschen studieren dieselben.

Die Theologen haben lange Zeit untersucht, ob Gott ein Kürbis oder ein Käfer sein kann, ob man das empfangne hl. Nachtmal durch den Weg des heimlichen Gemachs wieder von sich gibt.

Diese Ungereimtheiten haben bärtige Köpfe in Ländern beschäftigt, welche große Männer hervorgebracht haben. Dieserhalb hat ein gewisser Schriftsteller, ein Freund der Vernunft, verschiedene Male gesagt: unser größtes Unglück bestünde darin, daß wir noch nicht wüßten, wie sehr wir in gewissen Materien unter den Hottentotten sind.

Wir sind in gewissen Künsten weiter gekommen als die Griechen und Römer, und in diesem Stück sind wir Tiere geblieben, gleich jenen Geschöpfen des Nils, die zur Hälfte lebendig waren, deren andre Hälfte aber nur noch Schlamm war.

Wer sollt' es glauben? Ein Narr, nachdem er zwei Jahre alle scholastischen Betisen wiedergekäut hatte, erhielt in voller Zeremonie Kappe und Schellen, brüstete sich nun wie ein

Pfau und tat Aussprüche; und diese Schule Bedlams führt zu Ehrenstellen und Reichtümern. Was sag' ich? Thomas und Bonaventura haben Altäre gehabt, und diejenigen, die den Pflug, das Weberschiff, den Grabscheit und die Säge erfunden haben, sind unbekannt geblieben.

A: Man muß schlechterdings die Theologie zerstören, wie man die Astrologie, die Magie, die Wünschelrute und die Kabbala zerstöret hat.

C: Wir wollen diese Raupen, soviel wir nur können, in unsern Gärten vertilgen und nur die Nachtigallen darinnen lassen; wir wollen das Nützliche und das Angenehme erhalten; das ist ganz dem Menschen gemäß; was aber alles das betrifft, was ekelhaft und giftig ist, so bin ich wohl damit zufrieden, wenn man es ausrottet.

A: Eine gute rechtliche Religion, durch eine Parlamentsakte gehörig eingesetzt und von dem Souverän gehörig abhängig, die, bei Gott, brauchen wir, und alle übrigen wollen wir tolerieren. Wir sind nur erst glücklich, seitdem wir frei und tolerant sind.

C: Ich las einst ein französisches Gedicht über die Gnade, ein didaktisches und etwas schlaferweckendes Gedicht, weil es monotonisch ist. Der Verfasser, indem er von England spricht, dem die Gnade Gottes versagt ist (wiewohl sich Ihr Monarch so wie jeder andre durch Gottes Gnade König nennt), der Verfasser, sag' ich, drückt sich folgendermaßen in ziemlich platten Versen aus:

Dies Eiland, das so viele Christen zog,
Britannien, wo einst das Licht so glänzend strahlte,
Schützt nunmehr jegliche Religion,
Und ist voll trüben Wahns und Visionen.
Ja, Herr! wir sind Dein liebstes Volk,
Du lässest über uns die klarsten Strahlen leuchten.

O immer reine Wahrheit, ew'ge Lehre,
Nur Frankreich ist anjetzt Dein treues Reich.

A: Ein drollichtes Original mit seiner Pflanzschule von Christen und seinen klaren Strahlen! Ein Franzose glaubt stets, daß er andren Nationen den Ton angeben muß. Es scheint, daß die Rede von einem Menuett oder von einer neuen Mode sei. Es beklagt uns, daß wir frei sind. Worin ist, wenn ich Sie fragen darf, Frankreich das der *ew'gen* Lehre *treue* Königreich? Zu der Zeit etwa, da eine lächerliche Bulle, die zu Paris in einem Jesuiterkollegium geschmiedet und zu Rom durch ein Kardinalkollegium besiegelt wurde, ganz Frankreich in Zwiespalt setzte und mehr Gefangne und Verbannte machte, als es Soldaten hat? O treues Königreich!

Die anglikanische Kirche antworte, wenn sie will, jenen Dichterlingen der gallikanischen Kirche; ich meines Orts bin sicher, daß niemand unter uns *jene Zeit* bedauern wird, wo *einst das Licht so glänzend strahlte.* War das etwa, als die Päpste uns Legaten sandten, um unsre Pfründen Italienern zu geben und Zehnten auf unsre Güter zu legen, um ihre Freudenmädchen zu bezahlen? War es zu der Zeit, als unsre drei Königreiche von Mönchen und Mirakeln wimmelten?

Jener platte Poet ist ein sehr schlechter Bürger des Staats. Er hätte vielmehr seinem Vaterlande *klare Strahlen* genug wünschen sollen, damit es das gewahr würde, was es dabei gewönne, wenn es uns nachahmte; jene Strahlen zeigen, daß die Gallikanen es nicht nötig haben, alle Jahre zwanzigtausend Pfund Sterling nach Rom zu senden, und daß die Anglikanen, die ehmals den St. Peterspfennig bezahlten, sich damals in der stumpfsinnigsten Barbarei versenkt befanden.

B: Sehr richtig! Die Religion besteht ganz und gar nicht

darin, sein Geld nach Rom hinzuschaffen. Das ist eine Wahrheit, die nicht nur diejenigen erkennen, welche dies Joch zerschmettert haben, sondern auch die, welche es tragen.

A: Man muß die Religion schlechterdings läutern; das ruft ganz Europa. Man begann dies große Werk beinahe vor zweihundertundfünfzig Jahren, allein die Menschen werden nur stufenweise aufgeklärt. Wer hätte damals geglaubt, daß man Sonnenstrahlen spalten, den Donner elektrisieren und die Gravitation entdecken würde, ein Gesetz, wovon das ganze Universum abhängt? Es ist Zeit, daß so aufgeklärte Menschen nicht Sklaven von Blinden sind. Ich lache, wenn ich eine Akademie der Wissenschaften genötigt sehe, sich nach der Entscheidung einer Kongregation des heiligen Amts zu richten.

Die Theologie hat nie zu etwas gedient, als Gehirne und unterweilen Staaten zugrunde zu richten. Sie allein macht Atheisten; denn die große Anzahl der Theologen vom Unterstabe, die verständig genug ist, das Lächerliche dieses schimärischen Studiums einzusehn, ist doch nicht weit genug, um statt seiner eine gesunde Philosophie zu treiben. Die Theologie ist, sagen sie, nach der Bedeutung des Worts, die Lehre von Gott. Nun haben die Wichte, durch welche diese Wissenschaft ist profaniert worden, von Gott abgeschmackte Vorstellungen gemacht, und daraus schließen sie, daß die Gottheit eine Chimäre ist, weil die Theologie chimärisch ist. Das ist genau, als wenn man sagte, beim Fieber müsse man nicht Chinin nehmen, bei der Vollblütigkeit keine Diät halten oder beim Schlagfluß nicht zur Ader lassen, weil es schlechte Ärzte gibt. Das heißt die Kenntnis des Laufs der Sterne leugnen, weil es Astrologen gegeben hat; das heißt die sichtlichsten Wirkungen der Scheidekunst ableugnen, weil Scharlatane von Scheidekünstlern Gold zu machen vorgegeben haben. Die Weltleute, die noch unwissender sind als jene Theologen vom Unterstabe, sagen: da sind Bakkalaureen und Licentiaten, die nicht an Gott glauben, weshalb sollen wir daran glauben?

Meine Freunde, eine falsche Wissenschaft macht Atheisten; eine wahre Wissenschaft wirft den Menschen in den Staub vor der Gottheit nieder. Sie macht denjenigen gerecht und weise, den die Theologie ungerecht und unvernünftig gemacht hat. Das ist beinahe das, was ich in einem kleinen neuen Buche gelesen und was ich zu meinem Glaubensbekenntnis gemacht habe.

B: Das ist, wahrlich, das Glaubensbekenntnis aller rechtschaffnen Leute.

Elfte Unterredung
Vom Kriegsrechte

B: Wir haben Materien abgehandelt, die uns alle sehr nahe betreffen; und die Menschen sind sehr unsinnig, daß sie lieber auf die Jagd gehn oder Pikett spielen als sich von so wichtigen Gegenständen unterrichten. Unsre erste Absicht war, das Recht des Krieges und des Friedens gründlich zu untersuchen, und noch haben wir nicht davon gesprochen.

A: Was verstehn Sie unter Kriegsrecht?

B: Sie setzen mich in Verlegenheit, aber indes hat doch Groot oder Grotius darüber einen weitläufigen Traktat geschrieben, worin er mehr denn zweihundert griechische und lateinische, ja sogar jüdische Schriftsteller anführt.

A: Glauben Sie, daß der Prinz Eugen und der Herzog von Marlborough ihn studiert hatten, als sie die Franzosen hundert Meilen weit aus dem Lande jagten? Das Recht des

Friedens kenn' ich hinlänglich, das besteht darin, sein Wort zu halten und alle Menschen die Gerechtsame der Natur genießen zu lassen; was aber das Recht des Krieges anlangt, so weiß ich nicht, was es ist. Der Kodex des Mordens — ein sonderbarer Einfall. Ich hoffe, daß man uns bald die Jurisprudenz der Straßenräuber liefern wird.

C: Wie werden wir jenen so alten und so allgemeinen Greuel, den Krieg, mit jenen Begriffen von Recht und Unrecht paaren? Wie mit jenem Wohlwollen für unsresgleichen, das nach unsrer Behauptung uns angeboren ist? Wie mit dem τὸ καλόν, dem Edelguten?

B: So rasch wollen wir nicht gehn. Jenes Verbrechen, das darin besteht, eine so große Anzahl Verbrechen in völliger Schlachtordnung zu begehn, ist so allgemein nicht, wie Sie sagen. Wir haben bereits angemerkt, daß die Bramanen und die Urchristen, die Quaker genannt werden, sich nie dieser Abscheulichkeit schuldig gemacht haben. Die Nationen, die jenseits des Ganges sind, vergießen sehr selten Blut; und ich habe nie gelesen, daß die Republik von St. Marino je Krieg geführt habe, wiewohl sie beinahe ebenso vielen Grund und Boden hat, als Romulus besaß. Die Völker des Indus und Hydaspes waren sehr erstaunt über den Anblick der ersten bewaffneten Räuber, die da kamen, sich ihres vortrefflichen Landes zu bemächtigen. Viele amerikanische Völkerschaften hatten nie von dieser abscheulichen Sünde reden hören, als die Spanier mit dem Evangelium in der Hand kamen, um sie auszurotten.

Es wird nicht gesagt, daß die Kanaaniter jemals irgend jemanden mit Krieg überzogen hätten, als plötzlich eine Judenhorde erschien, die Flecken dieses Volks in Asche verwandelte, die Weiber auf den Körpern ihrer Männer und die Kinder im und auf dem Schoße der Mütter erwürgte.

Wie wollen wir diese Wut nach unsren Grundsätzen erklären?

A: So wie die Ärzte die Pest, die beiden Gattungen der
Blattern und die Tollheit. Es sind Krankheiten, die mit der
Konstitution unsrer Organe verbunden sind. Man hat nicht
immer Anfälle von Pest und von Tollheit; oft ist es hinlänglich, daß ein toll gewordner Staatsminister den andern gebissen hat, damit seine Wut sich in drei Monaten vier- bis
fünfmalhunderttausend Menschen mitteilt.

C: Aber wenn man diese Krankheiten hat, so gibt es Hülfsmittel dafür. Kennen Sie welche für den Krieg?

A: Ich kenne deren nur zwei, und deren hat sich die Tragödie bemeistert. Furcht und Mitleid. Die Furcht nötigt uns
oft, Friede zu machen, und das Mitleid, welches die Natur
gleichsam als ein Gegengift für den blutgierigen Heroismus
in unsre Herzen gelegt hat, ist Ursache, daß man die Überwundnen nicht stets nach aller Strenge behandelt. Es fordert sogar unser Interesse, erbarmungsvoll mit ihnen zu verfahren, damit sie ihren neuen Herren ohne zu vielen Widerwillen dienen. Ich weiß wohl, daß es Wüteriche gegeben hat,
die auf eine rauhe Art die unterjochten Nationen das Gewicht ihrer Ketten haben fühlen lassen. Hierauf hab' ich
nichts weiter zu antworten als mit dem Vers einer Tragödie,
Spartacus betitelt, die durch einen tiefdenkenden Franzosen
ist verfertigt worden: »Der Welt Gesetz ist Unglück für den
Überwundenen.«

Ich habe ein Pferd gebändigt: wenn ich gescheit bin, so fütt-
re ich es gut, liebkose und besteige es; bin ich ein wütender
Tor, so würg' ich es.

C: Das ist nicht tröstend; denn beim Lichte besehn sind
wir beinahe alle unterjocht worden. Ihr Engländer wurdet
es durch die Römer, durch die Sachsen und Dänen und so-

dann durch einen Bastard aus der Normandie. Die Wiege unsrer Religion befindet sich in den Händen der Türken: eine Hand voll Franken hat sich Gallien unterworfen. Die Tyrier, Karthager; Römer, Goten, Araber haben nach der Reihe Spanien unterjocht. Kurz, von China bis nach Cadix hat beinahe der ganze Erdkreis dem Stärksten zugehört. Ich kenne keinen Erobrer, der mit dem Schwerte in der einen und einem Kodex in der andren Hand gekommen wäre; sie haben die Gesetze nur erst nach dem Siege, das will sagen, nach der Ausplünderung gemacht; und diese Gesetze sind genau gemacht worden, ihre Tyrannei zu unterstüzen. Was würden Sie sagen, wenn irgendein Bastard aus der Normandie käme, sich Ihres Englands zu bemächtigen und Ihnen seine Gesetze zu geben?

A: Ich würde nichts sagen, würde suchen, ihn bei seiner Landung in meinem Vaterlande zu töten; brächt' er mich um, so würd' ich nichts zu erwidern haben; unterjochte er mich, so hätt' ich nur zwei Partien zu nehmen, entweder mich selbst zu töten oder ihm redlich zu dienen.

B: Traurige Alternativen! Wie, also gibt's gar kein Kriegsgesetz, kein Völkerrecht?

A: Es tut mir leid; allein es gibt keine andre als sich beständig auf seiner Hut zu halten. Alle Könige, alle Minister denken wie ich; und deshalb ziehn heutzutage in Europa zwölfmalhunderttausend Mietlinge täglich in Friedenszeiten in Parade auf.

Ein Fürst verabschiede seine Truppen, lasse seine Festungswerke in Trümmer zerfallen und bringe seine Zeit damit zu, den Grotius zu lesen, und Sie werden sehn, ob er in einem oder zwei Jahren nicht sein Königreich wird verloren haben.

C: Das würde eine große Ungerechtigkeit sein.

A: Das geb' ich zu.

C: Und dagegen wäre kein Hülfsmittel?

A: Keins, außer sich in den Stand zu setzen, so ungerecht zu sein wie seine Nachbarn. Alsdann wird Ehrgeiz durch Ehrgeiz in Zaum gehalten, alsdann zeigen Hunde von gleicher Stärke einander die Zähne und zerreißen sich nur, wenn sie sich einen Raub streitig zu machen haben.

C: Aber die Römer, die Römer, jene großen Gesetzgeber!

A: Sie machten Gesetze, sag' ich Ihnen, wie die Algerer ihre Sklaven der Regel unterwarfen; wenn sie aber kämpften, die Nationen in Sklaverei zu bringen, war ihr Gesetz das Schwert. Wie machte es der große Cäsar, der Mann so vieler Frauen und die Frau so vieler Männer? Er ließ zweitausend Bürger aus dem Gebiet von Vannes ans Kreuz schlagen, damit der Überrest geschmeidiger werden lernte; hernach, wenn die ganze Nation gebändigt ist, kommen Gesetze und treffliche Einrichtungen. Man baut Zirken, Amphitheater, legt Wasserleitungen, öffentliche Bäder an, und die unterjochten Völker tanzen mit ihren Ketten.

B: Man sagt gleichwohl, daß es im Kriege Gesetze gibt, die man beobachtet. Zum Beispiel, man macht auf einige Tage Stillestand, um seine Toten zu begraben; stipuliert, daß man sich an einem gewissen Orte nicht schlagen will; gesteht einer belagerten Stadt Kapitulation zu; erlaubt ihr, ihre Glocken auszulösen, schneidet schwangern Weibern nicht den Leib auf, wenn man Besitz von einer Festung nimmt, die sich ergeben hat. Sie erzeigen einem verwundeten Offizier, der in Ihre Hände gefallen ist, Höflichkeiten und lassen ihn begraben, wenn er stirbt.

A: Sehn Sie denn nicht, daß dies Gesetze des Friedens, Gesetze der Natur, primitive Gesetze sind, die man wechselseitig ausübt? Der Krieg hat sie nicht diktiert, sie lassen sich trotz des Krieges hören; und ohne dieselben würde ein Dritteil der Erde nur eine mit Totengebeinen bedeckte Wüste sein.

Wenn zwei erbitterte prozeßführende Parteien, die durch ihre Sachwalter dem Untergange nahe sind, unter sich einen Vergleich eingehen, der einem jeden von ihnen noch etwas Brot übrig läßt, werden Sie diesen Vergleich das Gesetz des Gerichtshofes nennen? Wenn eine Horde Theologen, die im Begriff ist, einige Vernünftler, die sie Ketzer nennen, in Zeremonie zu verbrennen, erfährt, daß den folgenden Tag die ketzerische Partei sie ihrerseits wird verbrennen lassen, wenn diese Horde, sag' ich, Gnade ergehn läßt, damit man sie ihnen wieder erzeigt, werden Sie sagen, daß das ein theologisches Gesetz ist? Sie werden eingestehn, daß sie der Natur und dem Interesse trotz der Theologie Gehör gegeben haben.

Ebenso ist es im Kriege. Das Übel, das er nicht tut, geschieht deshalb nicht, weil Mangel und Interesse ihn zurückhalten. Der Krieg ist eine schreckliche Krankheit, welche die Nationen eine nach der andern ergreift und welche die Natur mit der Zeit heilt.

C: Wie, Sie geben keinen gerechten Krieg zu?

A: Ich habe nie einen von der Art kennen lernen; er scheint mir widersprechend und unmöglich.

B: Wie, als der Papst Alexander VI. und sein nichtswürdiger Sohn Cäsar Borgia die Romagna plünderten, alle Edlen dieses Landes würgten und vergifteten, indem sie ihnen Ablaß bewilligten: war es nicht erlaubt, sich gegen diese Ungeheuer zu bewaffnen?

A: Sehn Sie denn nicht ein, daß diese Ungeheuer es waren, die Krieg führten? Diejenigen, die sich verteidigten, setzen ihn fort. In dieser Welt gibt es zuverlässig nichts andres als Trutzkriege; der Schutzkrieg ist nichts andres als Verteidigung gegen bewaffnete Räuber.

C: Sie haben uns zum besten. Zwei Fürsten streiten sich um eine Erbschaft, ihre Gerechtsame sind unerörtert, ihre Gründe scheinbar gleich; es ist unumgänglich nötig, daß der Krieg darüber entscheide; alsdann ist dieser Krieg von beiden Seiten gerecht.

A: Sie haben *uns* zum besten. Es ist physisch unmöglich, daß einer von beiden nicht unrecht habe; und es ist abgeschmackt und barbarisch, daß Nationen umkommen, weil einer von diesen beiden Fürsten übel räsonniert hat. Laßt sie, wenn sie wollen, sich auf einem eingeschloßnen Platze schlagen; aber daß ein ganzes Volk ihrem Interesse aufgeopfert werde, das ist abscheulich. Der Erzherzog Karl macht zum Beispiel dem Duc d'Anjou den Thron von Spanien streitig, und bevor das Endurteil in dieser Sache gesprochen ist, kostet es mehr denn viermalhunderttausend Menschen das Leben. Ich frage Sie, ob dies Verfahren gerecht ist!

B: Ich gesteh' Ihnen: nein. Man mußte einen andren Weg suchen, die Zwistigkeit beizulegen.

A: Der Weg war völlig gefunden; man hatte weiter nichts nötig, als es auf den Ausspruch der Nation ankommen zu lassen, über die man regieren wollte. Die spanische Nation sagte: wir wollen den Duc d'Anjou; der König, sein Großvater, hat ihn durch sein Testament zu seinem Erben ernannt, wir haben unterschrieben, haben ihn für unsren König erkannt, haben ihn untertänig gebeten, Frankreich zu verlassen und über uns zu herrschen. Wer sich dem Gesetz der Toten und der Lebenden entgegenstellen will, ist ersichtlich ungerecht.

B: Sehr wohl. Wenn sich aber die Nation teilet?

A: Alsdann, wie ich schon gesagt habe, sind die Nation und diejenigen, die sich in den Streit mischen, von der Tollwut befallen. Ihre schrecklichen Symptome dauern zwölf Jahre, bis die erschöpften Rasenden, weil sie nicht mehr weiter können, genötigt sind, sich zu vertragen. Das Ungefähr, das Gemisch von guten und bösen Erfolgen, Intrigen, Müdigkeit haben diese Feuersbrunst ausgelöscht, welche andre Ungefähre, andre Intrigen, Habsucht, Eifersucht, Hoffnung entzündet hatten. Der Krieg ist wie der Vesuv, seine Ausbrüche verschlingen Städte und Flecken, und plötzlich hemmen sich seine Glutströme. Es gibt Zeiten, wo die wilden Tiere von den Gebirgen herabkommen und einen Teil eurer Arbeiten verzehren, nachher ziehn sie sich wieder in ihre Höhlen zurück.

C: Was für ein trauriger Stand ist nicht der Stand der Menschen!

A: Der der Rebhühner ist schlimmer; die Füchse, die Raubvögel verzehren, die Jäger töten, die Köche braten sie, und gleichwohl gibt es deren immer. Die Natur erhält die Gattungen und bekümmert sich sehr wenig um die Individuen.

B: Sie sind hart, und die Moral verträgt sich nicht mit dergleichen Maximen.

A: Nicht ich bin hart, sondern das Schicksal. Ihre Moralisten tun sehr wohl daran, daß sie beständig rufen:

»Elende Sterbliche, seid gerecht und wohltätig, bearbeitet die Erde und düngt sie nicht mit Blute. Fürsten, verheeret nicht das Erbe eines andern, damit man euch nicht in dem eurigen töte. Bleibt daheim, Ihr armen Krautjunker, stellt eure verfallnen Mauern wieder her, zieht aus euren Grundstücken doppelt soviel, als ihr daraus zieht, umgebt eure Äcker mit lebendigen Hecken, pflanzet Maulbeerbäume, laßt euch durch eure Schwester seidne Strümpfe verfertigen, verbessert eure Weinberge, und wenn die benachbarten Völker kommen, euren Wein wider euren Willen zu trinken, so verteidigt euch mutig; verkauft aber euer Blut nicht an Fürsten, die euch nicht kennen, die nie einen Blick auf euch werfen werden und die euch wie Jagdhunde behandeln, die man gegen ein wildes Schwein führt und nachher in einer elenden Bucht umkommen läßt.«

Diese Reden werden vielleicht auf drei oder vier gut organisierte Köpfe Eindruck machen, indes daß hunderttausend andre sie nicht einmal verstehn und die Ehre brigieren werden, Lieutenant unter den Husaren zu sein.

Was die andren besoldeten Moralisten anlangt, die man Prediger nennt, so haben sie es nie nur gewagt, gegen den Krieg zu predigen. Sie deklamierten gegen die sinnlichen Begierden, nachdem sie ihren Schokolat getrunken haben. Sie anathematisieren die Liebe, und wenn sie die Kanzel verlassen, worauf sie geschrien, gestikuliert und geschwitzt haben, lassen sie sich durch andächtige weibliche Seelen abtrocknen. Sie zerschreien sich die Lunge, um Geheimnisse zu beweisen, wovon sie nicht die mindeste Vorstellung haben. Allein sie nehmen sich sehr in acht, den Krieg zu verschreien, der alles, was die Treulosigkeit nur Schändliches hat, in den Manifesten, alles, was die ehrloseste Gaunerei Niederträchtiges hat, in den Lieferungen für die Armeen, und alles, was der Straßenraub Gräßliches hat, in Plünderungen, Schändungen, Diebstählen, Ermordungen, Verwüstungen und Zerstörungen vereinigt. Vielmehr segnen diese guten Priester in voller Zeremonie die Standarten des Mordes; und ihre Mitbrüder singen für Geld jüdische Gesänge, wenn die Erde ist mit Blut überschwemmt worden.

Ich erinnre mich in der Tat nicht, in dem weitschweifigen und argumentierenden Bourdaloue, dem ersten, der Anschein von Vernunft in seine Predigten gebracht hat, ich erinnre mich nicht, sag' ich, eine einzige Seite in ihm gegen den Krieg gelesen zu haben.

Der elegante und sanfte Massillon, indem er die Fahnen des Regiments von Catinat einsegnet, tut zwar einige Wünsche für den Frieden, erlaubt aber den Ehrgeiz. »Diese Begierde«, sagt er, »eure Dienste belohnt zu sehn, wenn sie gemäßigt ist, wenn sie euch nicht anreizt, die Pfade der Frevler zu wandeln, um zu eurem Zweck zu gelangen, hat nichts, wodurch die christliche Sittenlehre könnte beleidigt werden.« Endlich bittet er Gott, den Würgengel vor dem Regimente von Catinat hergehn zu lassen. »O mein Gott, laß stets Sieg und Tod vor ihm hergehen; geuß über seine Feinde den Geist des Schreckens und des Schwindels aus!« Ich weiß nicht, ob der Sieg vor einem Regimente hergehn kann und ob Gott den Geist des Schwindels ausgießt; aber ich weiß, daß die österreichischen Priester eben das den Kürassieren des Kaisers erflehten, und der Würgengel wußte nicht, auf wen er hören sollte.

Die jüdischen Priester gingen noch weiter. Man sieht mit Erbauung die menschenfreundlichen Gebete, womit ihre Psalmen angefüllt sind. Es ist von weiter nichts die Rede, als das göttliche Schwert an seine Seite zu gürten, Weiber zu entbauchen, Kinder an der Mutterbrust gegen Mauern zu zerschmettern. Der Würgengel oder der vertilgende Engel war in seinen Feldzügen nicht glücklich und ward der vertilgte Engel, und die Juden waren, zur Belohnung für ihre Psalmen, stets überwunden und Sklaven.

Wohin Sie sich auch wenden, werden Sie sehn, daß die Priester stets Blutvergießen gepredigt haben, von einem Aaron an, den man für den Hohenpriester einer Horde von Arabern ausgibt, bis zum hugenottischen Pfäfflein Jurieu, dem Propheten von Amsterdam. Die Kaufleute dieser

Stadt, die ebenso vernünftig waren als jener arme Mensch wahnsinnig, ließen ihn ruhig schwatzen und verkauften ihren Zimmet und ihre Gewürznägelein.

C: Nun gut dann, wir wollen nicht in den Krieg gehn, wollen uns nicht in die Gefahr begeben, für Geld totgeschlagen zu werden, sondern wollen uns damit begnügen, uns tapfer gegen die Räuber zu verteidigen, die man Eroberer nennt.

Zwölfte Unterredung
Vom Kodex der Treulosigkeit

B: Was halten Sie vom Rechte der Treulosigkeit?
A: Wie, beim heiligen Georg! Von diesem Rechte hab' ich nie sprechen hören. In welchem Katechismus haben Sie von dieser Pflicht des Christen gelesen?
B: Ich finde sie überall. Ist nicht das erste, was Moses mit seinem heiligen Volke tat, eine Treulosigkeit? Er leiht den Ägyptern ihr Hausgerät ab, um hinzugehn, in der Wüste zu opfern, wie er sagt. Diese Treulosigkeit ist freilich nur von einem Diebstahl begleitet; der Treubruch, wozu sich ein Mord gesellt, ist noch weit vortrefflicher. Die Treulosigkeiten des Ehud und der Judith sind sehr berüchtigt. Die des Patriarchen Jakob gegen seinen Schwiegervater und seinen Bruder sind nur Taschenspielerstückchen, weil er weder seinen Bruder noch seinen Schwiegervater meuchlings umbrachte. Aber nichts geht über Davids Treulosigkeit, der, nachdem er sich mit vierhundert Schuften zusammengerottet hatte, die in Schulden und Ausschweifungen ganz versunken waren, mit einem gewissen Zaunköniglein, Achis genannt, ein Bündnis schloß und die Männer, Weiber und Kinder in den Dörfern erwürgte, die unter dem Schutz die-

ses Zaunkönigs standen, und ihn glauben machte, er habe nur die Männer, Weiber und kleinen Knaben erwürgt, die dem Zaunkönige Saul zugehörten. Nichts übertrifft zumal seine Treulosigkeit gegen den guten Mann Urias! Nicht weniger zeichnet sich der Treubruch des weisen, von Gott begeisterten Salomo aus, der seinen Bruder Adonia hinrichten ließ, nachdem er ihm geschworen, sein Leben zu erhalten.

Wir haben noch sehr berüchtigte Treulosigkeiten von Clovis, dem ersten christlichen Könige der Franken, die zur Vervollkommnung der Moral ein vieles beitragen können. Sein Betragen gegen die Meuchelmörder eines gewissen Regnomer, Königs von Mans (angenommen, daß es je ein Königreich dieses Namens gegeben), hat zumal meine ganze Achtung. Er dung wackre Meuchelmörder, diesen König von hinterwärts zu töten, und bezahlte sie mit falschem Gelde. Als sie aber murrten, daß sie dabei zu kurz kämen, ließ er sie meuchlings hinrichten, um sein schlechtes Geld wiederzubekommen.

Beinahe alle unsre Geschichten sind voll von dergleichen Treulosigkeiten, die von Fürsten sind begangen worden, welche insgesamt Kirchen gebaut und Klöster gestiftet haben.

Nun soll zuverlässig das Beispiel dieser wackern Leute dem menschlichen Geschlechte zur Lehre und zum Unterricht dienen, denn wo sollte man beides sonst suchen als bei den Gesalbten des Herrn?

A: Mir liegt wenig daran, ob die Clovis und ihresgleichen sind gesalbt worden, aber ich gesteh' Ihnen, ich wünschte, daß man zur Erbauung des menschlichen Geschlechts die ganze Profan- und Kirchengeschichte ins Feuer würfe. Ich sehe darin weiter nichts als die Annalen der Verbrechen, und jene

Ungeheuer mögen nun gesalbt sein oder nicht, so enthält ihre Geschichte nichts als Beispiele der stärksten Bosheit.

Ich erinnre mich, ehmals die Geschichte der großen Religionsspaltung im Okzident gelesen zu haben. Ich sah ein Dutzend Päpste, die alle gleich treulos waren, alle auf gleiche Weise verdienten, in Tyburn gehängt zu werden. Und da die päpstliche Würde mitten unter einer so lange dauernden und ungeheuren Überschwemmung aller Verbrechen sich aufrecht erhalten hat, da die Archive dieser Abscheulichkeiten niemanden gebessert haben, so schließ' ich daraus, daß die Geschichte zu nichts frommet.

C: Ja, ich begreife, daß der Roman besser sein kann. Es steht wenigstens bei demselben in unsrer Macht, Exempel der Tugend vorzuspiegeln. Allein Homer hat nie in seinem ganzen eintönigen Roman, in der *Iliade*, eine einzige tugendhafte und rechtschaffne Handlung erfunden. Der Roman des *Telemach* würde mir lieber sein, wenn er nicht ganz aus Digressionen und Deklamationen bestünde. Doch weil Sie mich auf den *Telemach* bringen, hier ist eine Stelle daraus, welche die Treulosigkeit betrifft, worüber ich Ihre Meinung wissen möchte.

In einer der Abschweifungen dieses Romans im zwanzigsten Buche raubt Adrast, König der Daunier, die Frau eines gewissen Dioskores. Dieser Dioskores flüchtet zu den griechischen Fürsten, und indem er nur seiner Rache Gehör gibt, bietet er ihnen an, den Räuber, ihren Feind, zu töten. Telemach, durch Minerven inspiriert, überredet sie, dem Dioskores nicht Gehör zu geben und ihn an Händen und Füßen gebunden dem Könige Adrast zurückzuschicken. Wie finden Sie diesen Ausspruch vom Telemach?

A: Abscheulich! Allem Anschein nach hat ihm nicht Minerva, sondern Tisiphone denselben eingegeben. Wie, den armen Mann zurückschicken, damit man ihn unter Qualen sterben läßt, und damit Adrast in allen Stücken dem David gleicht, der die Frau genoß, indem er den Mann umbringen ließ. Der salbungsvolle Verfasser des *Telemach* hat dies nicht wohl überlegt. Es ist dies nicht die Handlung eines edlen Herzens, sondern die eines Bösewichts und Verräters. Ich würde den Vorschlag des Dioskores nicht angenommen, aber ich würde auch diesen Unglücklichen seinem Feinde nicht ausgeliefert haben. Dioskores war, wie ich sehe, sehr rachsüchtig, Telemach aber treulos.

B: Lassen Sie Treulosigkeit in Verträgen zu?

C: Sie ist sehr gewöhnlich, das gesteh' ich. Ich würde sehr verlegen sein, wenn ich entscheiden sollte, wer in seinen Friedensunterhandlungen der größte Betrüger gewesen ist, die Römer oder die Karthager, Ludwig XI. der Allerchristlichste oder Ferdinand der Katholische usw. Aber ich frage, ob es nicht erlaubt ist, um des Wohls des Staats willen Praktiken zu machen?

A: Mir däucht, es gibt so geschickte Betrügereien, daß jedermann sie verzeiht. Es gibt aber auch so plumpe, daß sie allgemein verdammt werden. Was uns Engländer anlangt, so haben wir nie jemanden angeführt. Nur der Schwache betrügt. Wollen Sie herrliche Beispiele von Treulosigkeit haben, so wenden Sie sich an die Italiener des fünfzehnten und sechzehnten Jahrhunderts.

Der wahre Politiker ist der, der gut spielt und mit der Zeit gewinnt. Der schlechte Politiker ist der, der sich nur auf Fuscheleien versteht und früh oder spät erkannt wird.

B: Sehr gut, und wenn er nun nicht entdeckt wird, oder erst dann, wenn er all unser Geld gewonnen und sich mächtig genug gemacht hat, als daß man ihn zwingen kann, es wieder herauszugeben?

C: Ich glaube, daß dies Glück selten ist und daß die Geschichte uns mehr berühmte Betrüger zeigt, die bestraft als
die glücklich geworden sind.

B: Ich habe nur noch eine Frage an Sie zu tun. Finden Sie
es für gut, daß eine Nation einen öffentlichen Feind vergiften lasse, der Maxime gemäß: *salus republicae suprema
lex esto?*

A: Zum Henker, fragen Sie das die Kasuisten. Wenn jemand diesen Vorschlag in der Kammer der Gemeinen täte,
so würd' ich (Gott verzeih' mir's) meine Stimme dahin geben, daß er selbst vergiftet würde, so vielen Widerwillen ich
auch gegen Apothekerwaren habe. Ich möchte wohl wissen, warum das, was bei einem Privatmanne eine abscheuliche Freveltat ist, bei dreihundert Ratsherren, ja selbst bei
dreihunderttausenden unschuldig sein sollte? Schafft etwa
die Anzahl der Schuldigen das Verbrechen in Tugend um?

C: Ich bin mit Ihrer Antwort zufrieden. Sie sind ein braver
Mann.

Dreizehnte Unterredung
Von Fundamentalgesetzen

B: Ich höre immer von Fundamentalgesetzen sprechen, gibt
es aber welche?

A: Eins gibt es freilich, das, gerecht zu sein; nie aber wurde
ein Fundament öfter erschüttert.

C: Vor nicht gar langer Zeit las ich eins von jenen schlechten sehr seltnen Büchern, welche die Liebhaber so eifrig
aufsuchen wie die Naturforscher petrifizierte Kiesel, indem
sie sich einbilden, daß sie dadurch das Geheimnis der Natur
entdecken werden. Dies Buch ist von einem Pariser Advo-

katen namens Louis Dorléans, der in Gegenwart der Ligue sehr gegen Heinrich IV. plaidierte und zum Glück seine Sache verlor. Dieser Rechtsgelehrte drückt sich über die Fundamentalgesetze des Königreichs Frankreich folgendergestalt aus:

»Das Fundamentalgesetz der Hebräer war, daß die Aussätzigen nicht regieren könnten, Heinrich IV. ist ein Ketzer, folglich ist er aussätzig, folglich kann er dem Fundamentalgesetze der Kirche nach nicht König von Frankreich sein. Das Gesetz will, daß ein König von Frankreich ebensowohl Christ als männlichen Geschlechts sei. Wer nicht den katholischen, apostolischen und römischen Glauben hat, ist kein Christ und glaubt nicht an Gott. Er kann so wenig König von Frankreich sein als der größte Schurke auf der Welt usw.«

Es hat zu Rom seine völlige Richtigkeit, daß jeder Mensch, der nicht an den Papst glaubt, nicht an Gott glaubt, allein auf dem übrigen Teil der Erde hat das nicht so schlechterdings seine Richtigkeit; man muß eine kleine Einschränkung zugeben; und mich dünkt, daß, genau untersucht, Maitre Louis Dorléans, Advokat des Pariser Parlaments, nicht völlig so gut räsonnierte als Cicero und Demosthenes.

B: Ich möchte herzlich gern sehn, was aus dem Fundamentalgesetz des heiligen Römischen Reichs werden würde, wenn es einst den Kurfürsten einfiele, einen protestantischen Kaiser in der prächtigen Stadt Frankfurt am Main zu wählen.

A: Es würde geschehn, was mit dem Fundamentalgesetz geschehen ist, das die Zahl der Kurfürsten auf sieben festsetzt, weil es sieben Himmel gibt und weil der Leuchter in einem jüdischen Tempel sieben Arme hatte.

Ist es nicht in Frankreich ein Fundamentalgesetz, daß kö-

niglíche Domänen unveräußerlich sind? Und sind sie demungeachtet nicht fast stets veräußert worden? Sie werden
mir einräumen, daß alle diese Fundamente auf Triebsand
gelegt sind. Die Gesetze, die man Fundamentalgesetze
nennt, sind so wie die übrigen nichts als Konventionsgesetze,
altes Herkommen, alte Vorurteile, die sich mit den Zeiten
ändern. Fragen Sie nur die heutigen Römer, ob sie die Fundamentalgesetze der alten römischen Republik aufbehalten
haben.

Es war gut, daß die Domänen der Könige von England,
Frankreich und Spanien der Krone eigen bleiben, als die
Könige, so wie Sie und ich, von den Erzeugnissen ihrer
Ländereien lebten. Allein was liegt heutzutage, wo sie nur
von Taxen und Auflagen leben, daran, ob sie Domänen
haben oder nicht? Als Franz I. seinem Überwinder, Karl V.,
nicht Wort hielt, als er sehr zur gelegnen Zeit den Schwur
brach, ihm Bourgogne wiederzugeben, ließ er sich durch
seine Gesetzesgelehrten die Vorstellung machen, daß die
Bourgogner unveräußerlich wären; wenn ihm aber Karl V.
an der Spitze eines großen Heeres Gegenvorstellungen getan hätte, so würden die Bourgogner sehr veräußerlich geworden sein.

Die Franche-Comté, deren Fundamentalgesetz unter dem
Hause Österreich war, frei zu sein, ist heutzutage auf eine
sehr genaue und wesentliche Art mit der Krone Frankreichs
verknüpft. Die Schweizer hingen wesentlich vom deutschen
Reich ab, und heutigentages hängen sie gar wesentlich von
der Freiheit ab.

Diese Freiheit ist das Fundamentalgesetz aller Nationen,
das einzige Gesetz, wo keine Verjährung stattfindet, weil
es das Gesetz der Natur ist. Die Römer können zum Papste
sagen: Unser Fundamentalgesetz war, zuerst einen König

zu haben, der über eine Meile breit Land herrschte; dann bestand es darin, zwei Konsuln; nachher Tribunen zu wählen; hernach war unser Fundamentalgesetz, von einem Kaiser aufgefressen zu werden, sodann von Leuten, die aus Norden gekommen waren, nachher in einer Anarchie zu leben und dann unter der Regierung eines Priesters vor Hunger umzukommen. Wir kehren endlich zu dem wahren Fundamentalgesetz zurück, zu dem, frei zu sein. Gehn Sie anderwärts hin, und erteilen Sie Ihren Ablaß in *articulo mortis!* Verlassen Sie das Kapitol, das für Sie nicht ist erbaut worden.

B: Amen!

C: Es steht sehr zu hoffen, daß dies dereinst geschehn wird. Dies wird ein schönes Schauspiel für unsre Enkel sein.

A: Wollte Gott, daß die Großväter schon die Freude gehabt hätten! Unter allen Revolutionen läßt sich diese am leichtesten bewerkstelligen, und gleichwohl denkt niemand daran.

B: Weil, wie Sie bemerkt haben, der Hauptcharakter der Menschen Dummheit und Feigheit ist. Die Römischen Ratten sind noch nicht klug genug, um der Katze die Schellen anzuhängen.

C: Wollen wir nicht noch ein Fundamentalgesetz stattfinden lassen?

A: Die Freiheit begreift alle in sich. Man lasse den Feldarbeiter nicht von einem subalternen Tyrannen bedrängt werden; man sei nicht imstande, einen Bürger des Staats in den Kerker zu werfen, ohne ihm sogleich seinen Prozeß vor seinen natürlichen Richtern zu machen, die zwischen ihm und seinem Verfolger entscheiden; man nehme niemandem seine Wiese und seinen Weinberg weg, unter dem Vorwande des gemeinen Besten, ohne ihn dafür reichlich zu

entschädigen; man lasse die Priester die Moral lehren und
sie nicht verfälschen; man lasse sie die Völker erbauen, statt
daß sie dieselben beherrschen wollen, indem sie sich mit deren Marke mästen. Man lasse das Gesetz herrschen und
nicht Grillen und Launen!

C: Das menschliche Geschlecht ist bereit, dies alles zu unterzeichnen.

Vierzehnte Unterredung
Daß jeder Staat unabhängig sein muß

B: Nachdem wir von dem Rechte zu töten und zu vergiften
in Kriegszeiten ein wenig gesprochen haben, lassen Sie uns
einmal sehn, was wir in Friedenszeiten tun würden.
Zuerst sagen Sie mir, auf was Art die Staaten, republikanische sowohl als monarchische, beherrscht werden sollen.

A: Allem Anschein nach durch sich selbst, ohne im geringsten von irgendeiner fremden Macht abzuhängen, wofern
diese Staaten nicht aus Schwachköpfen und feigen Memmen
bestehn.

C: Also war es sehr schimpflich, daß England Vasall eines
Legaten *a latere*, eines Legaten von der Seite war? Sie erinnern sich eines gewissen Urians, Pandolph genannt, der
Ihren König Johann nötigte, vor ihm hinzuknien; und dem
von ihm im Namen des Bischofs von Rom Innozenz III.,
Vizegotts, Knechts der Knechte Gottes, den 15. Mai den
heiligen Himmelfahrtsabend 1213 die volle Lehnspflicht geleistet wurde.

A: Ja, ja, wir erinnern uns dessen, um diesem übermütigen
Diener zu begegnen, wie er's verdient.

B: Lieber Gott, Herr C., wir wollen uns nicht so brüsten.

Es gibt kein europäisches Königreich, das nicht der Bischof von Rom, kraft seiner demütigen und heiligen Macht, verschenkt hätte. Der Vizegott Stephan nahm das Königreich Frankreich dem Chilperich, um es dessen oberstem Hofbedienten, Pippin zu geben, wie Ihr Eginhard selbst erzählt, wenn die Schriften dieses Eginhards nicht von den Mönchen sind verfälscht worden wie so viele andre Schriften und wie ich argwöhne.

Der Vizegott Sylvester schenkte dem Herzoge Stephan im Jahre 1001 Ungarn, um dessen Frau Gisela, die viel Visionen hatte, eine Freude zu machen.

Der Vizegott Innozenz IV. gab 1247 das Königreich Norwegen einem Bastard namens Haquin, den besagter Papst mit der vollkommensten Befugnis für fünfzehntausend Mark Silbers legitimierte. Und da diese fünfzehntausend Mark Silbers dazumal nicht in Norwegen vorhanden waren, mußte man sie leihen, um sie bezahlen zu können. Waren nicht zwei ganze Jahrhunderte hindurch die Könige von Kastilien, Aragonien und Portugal verpflichtet, dem Vizegott einen jährlichen Tribut von zwei Pfunden Goldes zu entrichten? Man weiß, wie viele Kaiser kraft einer Bulle sind abgesetzt oder genötigt worden, um Verzeihung zu bitten, oder wie viele man ihrer deshalb meuchlings umgebracht oder vergiftet hat. Der Knecht Gottes, sag ich Ihnen, hat nicht nur alle römischkatholischen Königreiche verschenkt, sondern auch sich das Ober- und nutzbare Eigentum darüber vorbehalten; es gibt keins unter ihnen, von dem er nicht Zehnten, Tribute von allen Arten erhoben hätte.

Noch heutzutage ist er Oberlehnsherr des Königreichs Neapel; seit siebenhundert Jahren leistet man ihm darüber die volle Lehnspflicht. Der König von Neapel, dieser Abkömmling so vieler Monarchen, bezahlt ihm noch einen Tribut.

Der König von Neapel ist heutzutage der einzige König in Europa, der Vasall ist, und, gerechter Himmel, von wem?

A: Ich rate ihm, es nicht lange zu bleiben.

C: Ich gerate immer in die höchste Bestürzung, wenn ich noch Spuren des alten Aberglaubens antreffe. Durch was für ein sonderbares Verhängnis liefen alle Fürsten beinahe auf *die* Art dem Joche entgegen, das man ihnen vorhielt?

B: Die Ursache davon ist sehr natürlich. Die Könige und Barone verstanden weder zu lesen noch zu schreiben, und der römische Hof verstand sich darauf. Dies allein gab ihm jene ausnehmende Überlegenheit, wovon er noch jetzt schöne Überreste hat.

C: Und wie haben die Fürsten und Barone, die frei waren, sich so feigerweise einigen Gauklern und Taschenspielern unterwerfen können?

A: Ich sehe deutlich ein, wie dies zusammenhängt. Jene mehr als Halbtiere verstanden sich aufs Schlagen und die Gaukler und Taschenspieler aufs Regieren. Endlich da die Barone lesen und schreiben gelernt, da der Aussatz der Unwissenheit bei den Magistratspersonen und vornehmsten Bürgern des Staats abgenommen hatte, sah man dem Götzenbild ins Gesicht, vor dem man so lange den Staub geleckt. Die Hälfte von Europa hat dem Knecht der Knechte statt Huldigung Schmach für Schmach zurückgegeben; die andre Hälfte, die ihm noch die Füße küßt, bindet ihm die Hände; so hab' ich wenigstens in einer Geschichte gelesen, die, wiewohl gleichzeitig, dennoch wahr und philosophisch ist.

Ich bin überzeugt, daß, wenn morgen der König von Neapel und Sizilien diesem einzigen Vorrechte entsagen will, das er besitzt, Lehnsmann des Papstes zu sein und ihm alle Jahre ein kleines Pferd samt zweitausend Talern in Golde, die um dessen Hals hängen, zu schenken, ihm ganz Europa Beifall zuklatschen wird.

B: Er ist dazu berechtigt, denn nicht der Papst war es, der ihm das Königreich Neapel gab. Die Normannischen Mörder, um ihren Usurpationen einen Anstrich zu geben und von den Kaisern unabhängig zu sein, denen sie gehuldigt hatten, entboten sich freiwillig zu Steuern an die heilige Kirche. Der König von Sizilien, der in grader Linie von Hugo Capet und nicht von jenen Normännern abstammt, ist ganz und gar nicht verbunden, jene Steuerverpflichtungen zu halten. Er darf nur wollen.

Der König von Frankreich darf nur ein Wort sagen, und der Papst wird in Frankreich nicht mehr Kredit haben als in Rußland. Man wird keine Annalen mehr in Rom bezahlen, wird daselbst nicht mehr die Erlaubnis kaufen, seine Base oder Nichte heiraten zu dürfen; ich stehe Ihnen dafür, daß die Gerichtshöfe in Frankreich, die man Parlamente nennt, dies Edikt ohne Gegenvorstellungen registrieren werden.

Man kennt nur seine Kräfte nicht. Wer vor fünfzig Jahren den Vorschlag getan hätte, die Jesuiten aus allen katholischen Staaten zu vertreiben, würde für den phantastischsten unter allen Menschen angesehn worden sein. Jener Koloß hatte einen Fuß zu Rom und den andern in Portugal. Er bedeckte mit seinen Armen tausend Provinzen und erhub sein Haupt in den Himmel. Ich ging vorüber, und er war nicht mehr.

Man dürfte nur auf alle die übrigen Mönche blasen, und sie würden insgesamt von der Oberfläche der Erde verschwinden.

A: Es ist nicht unserm Interesse gemäß, daß Frankreich weniger Mönche und mehr Menschen hat, aber ich habe so vielen Abscheu gegen die Mönchskutten, daß ich in Frankreich noch lieber Revuen als Prozessionen sehn möchte. Mit einem Worte, als Bürger des Staats seh' ich nicht gern Staatsbürger, die aufhören es zu sein, Untertanen, die sich zu Untertanen eines Ausländers machen, Patrioten, die kein Vaterland mehr haben. Ich will, daß jeder Staat völlig unabhängig sei.

Sie haben gesagt, daß die Menschen lange Zeit blind, nachher einäugig gewesen sind und daß sie anfangen, den Gebrauch beider Augen zu erlangen. Wem hat man dies zu verdanken? Fünf oder sechs Augenärzten, die zu verschiednen Zeiten erschienen sind.

B: Freilich; allein das ist übel, daß es Blinde gibt, welche die Wundärzte schlagen wollen, die sich angelegen sein lassen, sie zu heilen.

A: Nun gut, so wollen wir nur denen das Tageslicht wieder verschaffen, die uns bitten, ihnen den Star zu stechen.

Fünfzehnte Unterredung
Von der besten Gesetzgebung

C: Welcher von allen Staaten dünkt Ihnen derjenige zu sein, der die besten Gesetze, die dem allgemeinen Wohl und dem Privatbesten angemessenste Jurisprudenz hat?

A: Unstreitig mein Vaterland. Der Beweis davon ist der, daß wir beinahe in allen unsren Irrungen die glückliche Konstitution unsres Landes rühmen und daß man fast in allen andern Königreichen sich eine andre wünscht. Unsre Kriminaljurisprudenz ist billig und gar nicht barbarisch. Wir haben die Folter abgeschaft, wogegen sich die Stimme der Natur vergebens in so vielen andern Ländern erhebt; dies

gräßliche Mittel, einen schwachen Unschuldigen umkommen zu lassen und einen starken Verbrecher zu retten, hat
mit unserem nichtswürdigen Kanzler Jeffreys seine End-
schaft erreicht, der sich mit Freuden dieses höllischen Gebrauchs unter dem König Jakob II. bediente.

Jeder Angeklagte wird von seinesgleichen gerichtet, wird nur
für strafbar erkannt, wenn sie wegen des Faktums einig
sind; das Gesetz allein verdammt ihn, wenn das Verbrechen
erwiesen ist und nicht der willkürliche Urteilsspruch der
Richter. Die Bestrafung am Leben ist der bloße Tod und
nicht ein von den ausgesuchtesten Martern begleiteter. Einen
Menschen auf einem St. Andreaskreuz ausstrecken, ihm
Arm' und Beine zerschmettern und ihn in diesem Zustande
auf ein Wagenrad flechten, scheint uns eine die menschliche
Natur zu sehr beleidigende Barbarei. Wenn man wegen des
Verbrechens des Hochverrats dem Verbrecher nach seinem
Tode noch das Herz herausreißt, so ist das ein alter kanni-
balischer Gebrauch, ein Schreckbild, wovor sich zwar der
Zuschauer entsetzt, das aber für den Hingerichteten nicht
schmerzhaft ist. Wir fügen zu dem Tode keine Qualen hinzu; man verweigert nicht, wie anderwärts, dem Angeklagten einen Ratgeber; man setzt einen Zeugen, der sein Zeugnis zu leichtsinnig abgelegt hat, nicht in die Notwendigkeit
zu lügen, indem man ihn bestraft, wenn er seine Aussage
zurücknimmt. Man läßt nicht insgeheim Zeugen vernehmen,
weil man daraus Angeber machen würde. Das gerichtliche
Verfahren geschieht öffentlich. Geheime Prozesse sind nur
von der Tyrannei erfunden worden.

Wir begehn nicht die schwachsinnige Barbarei, Unanstän-
digkeit mit eben der Strafe zu belegen, die wir Ermordungen geheiligter Personen bestimmt haben. Diese ebenso
dumme als abscheuliche Grausamkeit ist unserer unwert.

In Zivilfällen richtet abermals bloß das Gesetz; es ist nicht erlaubt, es auszulegen; das hieße, das Glück der Bürger des Staats dem Eigensinn, der Gunst und dem Hasse preisgeben.

Hat das Gesetz den eintretenden Fall nicht vorgesehen, so wendet man sich an den *Court of Equity*, um in des Kanzlers und seiner Beisitzer Gegenwart für diesen Fall zu sorgen; und wenn es auf eine Sache von Belang ankommt, macht man für die Zukunft ein neues Gesetz im Parlamente daraus, das will sagen, bei den versammelten Ständen der Nation.

Die prozessierenden Parteien sollizitieren nie ihre Richter; das hieße ihnen sagen: Ich bin willens, Euch zu verführen. Ein Richter, der von einer der prozessierenden Parteien Besuch annähme, würde entehrt sein. Sie streben gar nicht nach jener lächerlichen Ehre, welche der Eitelkeit eines Bürgers schmeichelt. Auch haben sie nicht das Recht zu richten erhandelt; Magistratsbedienungen werden bei uns nicht wie Meiereien gekauft. Wenn die Parlamentsglieder unterweilen ihre Stimmen dem Hofe verkaufen, gleichen sie einigen Schönen, die dies mit ihren Gunstbezeugungen tun und es nicht sagen. Das Gesetz befiehlt bei uns, daß man nichts verkauft als Ländereien und die Früchte der Erde; indessen in Frankreich das Gesetz selbst den Preis für eine Ratsstelle in der königlichen Bank, die man *Parlament* nennt, und für den Posten des Präsidenten, den man *Président à mortier* nennt, festsetzt; beinahe alle Ehrenstellen und Würden in Frankreich werden verkauft, wie man Kräuter auf dem Markte verkauft. Nicht für ausgezeichnete wohlgeleistete Dienste, sondern für die Summe erhält man ein Regiment, welche die Anverwandten eines jungen Mannes niedergelegt haben, damit er drei Monate im Jahre nach einer Provinzstadt gehe, um daselbst offne Tafel zu halten. Sie sehn deutlich ein, wie glücklich wir sind, Gesetze zu haben, die uns gegen dergleichen Mißbräuche sichern. Bei uns ist nichts Willkürliches, außer die Begnadigungen, die der König erzeigen will. Wohltaten fließen vom Könige aus; das Gesetz tut alles übrige.

Wenn die Machtgewalt unrechtmäßigerweise die Freiheit des geringsten Staatsbürgers antastet, so rächt ihn das Gesetz; der Minister wird auf der Stelle zur Geldbuße gegen den Bürger verdammt und bezahlt sie.

Setzen Sie zu allen diesen Vorzügen noch das Recht hinzu, das bei uns der Mensch hat, durch seine Feder zur ganzen Nation zu sprechen. Die bewundernswürdige Buchdruckerkunst ist in unsrer Insel so frei wie die Zunge. Wie sollte man eine solche Gesetzgebung nicht lieben?

Zwar haben wir stets zwei Parteien, allein sie stehn weit mehr für die Nation auf der Hut, als daß sie Zwiespalt unter sie bringen sollten. Diese beiden Parteien bewachen einander und machen sich die Ehre streitig, die Wächter der öffentlichen Freiheit zu sein. Wir haben Streitigkeiten, aber wir preisen stets jene glückliche Konstitution, welche dieselben erzeugt.

C: Ihre Regierungsform ist ein schönes Werk, aber zerbrechlich.

A: Wir geben ihm unterweilen harte Stöße, aber wir zerbrechen es nicht.

B: Erhalten Sie dies kostbare Denkmal, das Einsicht und Mut errichtet haben. Es hat Ihnen zuviel gekostet, als daß Sie es sollten zerstören lassen. Der Mensch ist frei geboren: die beste Regierung ist die, welche jedem Sterblichen dies Geschenk der Natur, soviel nur immer möglich, erhält. Doch folgen Sie mir: vergleichen Sie sich mit Ihren Kolonien; geben Sie nicht länger zu, daß die Mutter und die Töchter sich schlagen!

Sechzehnte Unterredung
Von Mißbräuchen

C: Man sagt, die Welt würde von Mißbräuchen beherrscht. Ist das wohl wahr?

B: Ich glaube wohl, daß es bei den polizierten Nationen zur Hälfte Mißbräuche und zur Hälfte erträgliche Gebräuche, zur Hälfte Unglück und Glück gibt, so wie man auf dem Meere das ganze Jahr hindurch eine gleiche Verteilung des stürmischen und des guten Wetters antrifft. Dies ist die Veranlassung zu den beiden Tonnen Jupiters und von der Sekte der Manichäer gewesen.

A: Bei Gott! Wenn Jupiter zwei Tonnen gehabt hat, so muß die mit dem Bösen das Heidelberger Faß und die mit dem Guten kaum eine Vierteltonne gewesen sein. Es gibt in dieser Welt so viele Mißbräuche, daß bei einer Reise, die ich 1751 nach Paris machte, sechsmal die Woche das ganze Jahr hindurch wegen Mißbräuchen an die königliche Bank appelliert wurde, die sie Parlament nennen.

B: An wen sollen wir aber wegen der Mißbräuche appellieren, die in der Einrichtung dieser Welt herrschen? Ist es nicht ein über die Maßen großer Mißbrauch, daß alle Tiere, um sich Nahrung zu verschaffen, einander mit der größten Erbitterung töten und daß die Menschen einander noch weit wütender töten, ohne einmal die Absicht zu haben, einander aufzufressen?

C: Ah, Verzeihung, wir bekriegten uns ehedem nur, um uns aufzufressen. Aber mit der Zeit arten gute Einrichtungen aus.

B: Ich habe in einem Buche gelesen, daß wir überhaupt ungefähr zweiundzwanzig Jahre zu leben haben; daß, wenn Sie von diesen zweiundzwanzig Jahren die Zeit wegnehmen, die wir durch den Schlaf und im Wachen verlieren, kaum runde fünfzehn Jahre übrig bleiben; daß man von diesen fünfzehn Jahren die Kindheit nicht in Anschlag bringen kann, die nur der Übergang vom Nichts zur Existenz ist, und wenn Sie noch die körperlichen Qualen und die Leiden des Dinges abziehen, das man Seele nennt, so bleiben für die Glücklichsten nicht volle drei Jahre und für die übrigen sechs Monate. Ist das nicht ein unerträglicher Mißbrauch?

A: Was, zum Teufel, werden Sie daraus schließen? Werden Sie befehlen, daß die Natur anders beschaffen sein soll, als sie ist?

B: Ich wünscht' es wenigstens.

A: Dies ist das unfehlbarste Mittel, Ihr Leben noch mehr abzukürzen.

C: Setzen wir alle Schnitzer, die die Natur begeht, beiseite; die Kinder, die in der Gebärmutter gebildet werden, um darin öfters umzukommen und um ihrer Mutter den Tod zu verursachen, die Ansteckung des Lebensquells durch ein Gift, das sich von Amerika nach Europa herüberstahl und durch die weiblichen Körper in die männlichen schlich, die Blattern, die vom menschlichen Geschlechte ihren Zehnten einfordern, die Gifte, womit die Erde bedeckt ist und die so leicht von selbst gedeihen, indes daß man das Getreide nur mit unglaublicher Mühe emporbringen kann. Wir wollen nur von den Mißbräuchen sprechen, die wir selbst eingeführt haben.

B: Die Liste wird in der vervollkommneten Gesellschaft lang sein. Denn ohne die Kunst zu rechnen, das menschliche

Geschlecht durch den Krieg, wovon wir schon gesprochen haben, regelmäßig zu ermorden, haben wir die Kunst, Kleidung und Brot denen zu entreißen, welche das Korn säen und die Wolle zubereiten, die Kunst, alle Schätze einer ganzen Nation in den Kästen von fünf- oder sechshundert Personen aufzuhäufen, die Kunst, öffentlich in Zeremonie mit einem halben Bogen Papier diejenigen zu töten, die uns mißfallen haben, als eine Marechale d'Ancre, einen Marechal de Marillac, einen Duc de Sommerset, eine Marie Stuart; der Gebrauch, einen Menschen durch Qualen zum Tode vorzubereiten, um seine Mitschuldigen zu erfahren, da er deren keine gehabt haben kann; angezündete Scheiterhaufen, geschärfte Dolche, Blutbühnen für Schlüsse in Baralipton errichtet, die Hälfte einer Nation, die unaufhörlich bemühet ist, die andre gesetzmäßig zu drängen und zu ängstigen. Ich würde länger reden als Esra, wenn ich unsre Mißbräuche jemanden in die Feder diktieren wollte.

A: Alles das hat seine Richtigkeit; aber Sie müssen mir einräumen, daß der größte Teil dieser schrecklichen Mißbräuche in England ist abgeschafft worden und daß sie bei den andern Nationen sehr anfangen gemildert zu werden.

B: Ich räume dies ein; weshalb aber sind die Menschen etwas besser und etwas weniger unglücklich, als sie es zu den Zeiten Alexanders VI., der St. Bartholomäusnacht und Cromwells waren?

C: Weil man zu denken, sich aufzuklären und gut zu schreiben anfängt.

A: Ich gestehe dies zu; der Aberglaube erregte Ungewitter, und die Philosophie stillte sie.

Über verschiedne merkwürdige Dinge

B: Apropos, mein Herr A, halten Sie die Welt für alt?

A: Ich habe, mein Herr B, die Grille, sie für ewig zu halten.

B: Durch den Weg der Hypothese läßt sich dies behaupten. Alle alten Philosophen haben die Materie ewig geglaubt. Von der rohen Materie nun bis zur organisierten gibt's nur einen Schritt.

C: Hypothesen sind sehr amüsant; sie haben keine Folgen. Es sind Träume, welche die Bibel verschwinden macht, denn zur Bibel muß man stets wieder zurückkehren.

A: Unstreitig, und wir denken alle drei im Grunde im Jahre Christi 1760, daß seit Erschaffung der Welt, die aus Nichts verfertigt wurde, bis zur allgemeinen Überschwemmung, die durch ausdrücklich dazu bereitetes Wasser geschah, 1656 Jahre nach der Vulgata, 2309 Jahre nach dem Samaritanischen Texte und 2262 Jahre nach der wunderbaren Übersetzung, die wir die Septuaginta nennen, vergangen sind; ich bin aber immer voller Erstaunen gewesen, daß Adam und Eva, unser Vater und unsre Mutter, und Abel, Kain, Seth niemandem auf der Welt bekannt gewesen sind als der kleinen jüdischen Horde, die damit geheim hielt, bis den Juden in Alexandrien unter dem ersten und zweiten der Ptolmäer einfiel, ihre dem übrigen Teile der Erde schlechterdings unbekannten Rapsodien sehr schlecht ins Griechische zu übersetzen.

Es ist lustig, daß unsre Familiendokumente nur bei einer einzigen Branche unsres Hauses, und zwar grade bei der verachtetsten, sind niedergelegt worden; indes daß die Chinesen, Inder, Perser, Ägypter, Griechen und Römer nie weder von Adam noch von Even hatten sprechen hören.

B: Es kömmt noch weit ärger. Sanchoniathon, der ohn' alle Widerrede vor der Zeit lebte, in die man den Moses setzt, und der, so wie viele andre Schriftsteller, nach seiner Art eine Schöpfungsgeschichte verfertigt hat, spricht weder von diesem Adam noch von dieser Eva. Er gibt uns ganz andre Eltern.

C: Woraus schließen Sie, mein Herr B, daß Sanchoniathon vor Moses Zeiten lebte?

B: Weil er seiner erwähnt haben würde, wenn er zu Moses Zeiten oder nach denselben gelebt hätte. Er schrieb zu Tyrus, das sehr lange vorher blühte, eh die jüdische Horde einen Winkel auf der Erde gegen Phönizien zu erlangt hatte. Die phönizische Sprache war die Muttersprache des Landes; die Phönizier bauten seit langen Zeiten die Wissenschaften an; die jüdischen Bücher gestehen dies an vielen Orten. Es wird ausdrücklich gesagt, daß Kaleb sich der Stadt der Wissenschaften bemächtigte*, Kiriath-Sepher genannt, das heißt Stadt der Bücher, die nach der Zeit den Namen Dabir bekommen hat. Zuverlässig hätte Sanchoniathon von Moses gesprochen, wenn er sein Zeitgenosse gewesen wäre oder nach ihm gelebt hätte. Es ist nicht natürlich, daß er in seiner Geschichte die wunderbaren Abenteuer des Moses oder Moises wie die zehn Plagen Ägyptens und das Gewässer des Meers übergehn sollen, das rechts und links wie eine Mauer stand, um drei Millionen flüchtiger Räuber trocknen Fußes durchzulassen, welches Gewässer nachher wieder über einige andre Millionen Menschen zurückstürzte, die die Räuber verfolgten. Dies gehört nicht zu jenen unbedeutenden, dunklen und alltäglichen Tatsachen, die der ernste Geschichtsschreiber mit Stillschweigen übergeht. Sanchonia-

---

* Buch der Richter Kap. I, v. 11.

thon sagt kein Wort von diesen Wundern *à la Gargantua,*
folglich wußt' er davon nichts, folglich war er älter als Moses, so gut wie Hiob, der davon nicht spricht. Euseb, sein
Epitomator, der so viele Fabeln zusammenhäuft, würde
nicht ermangelt haben, ein so stattliches Zeugnis zu nutzen.

A: Dagegen läßt sich nichts einwenden. Keine Nation hat
vor Alters von den Juden noch wie die Juden gesprochen;
keine hat eine Kosmogonie, die mit der der Juden die mindeste Ähnlichkeit hat. Diese unglücklichen Juden sind so
neu, daß sie in ihrer Sprache nicht einmal einen Namen
hatten, um Gott zu bezeichnen. Sie sahen sich genötigt, den
Namen Adonai von den Sidoniern zu entlehnen und den
Namen Jehovah oder Hiao von den Syrern. Ihre Halsstarrigkeit, ihr neuer vielfältiger Aberglaube, ihr geheiligter
Wucher sind bloß das, was ihnen eigen ist. Und es hat allen
Anschein, daß diese elenden Schäker, bei denen die Namen
Geometrie und *Astronomie* schlechterdings unbekannt waren, nicht eher schreiben und lesen lernten, als wie sie Sklaven zu Babylon waren. Man hat bereits bewiesen, daß sie
daselbst den Namen der Engel, ja sogar den Namen Israel
kennenlernten, wie jener jüdische Überläufer, Flavian Jo-
sephus, selbst einräumt.

C: Wie, alle alten Völker haben eine Schöpfungsgeschichte
gehabt, früher als die Juden, und ganz von derselben verschieden?

A: Das ist unwiderlegbar. Durchlaufen Sie die Shasta und
den Vedam der Inder, die fünf Kings der Chinesen, die
Zendbücher der ersten Perser, den Thaut oder Merkurius
Tristmegistus der Ägypter; Adam ist ihnen so unbekannt als
es die Ahnen so vieler Marquis und Barone sind, wovon
Europa wimmelt.

C: Also gar kein Adam? Das ist sehr traurig! Alle unsre Almanache rechnen seit Adam.

A: Sie mögen rechnen, wie's ihnen gefällt; die niedlichen Neujahrsberlökchen sind nicht meine Archive.

B: Auf die Art sind Sie, Herr A, ein Präadamit?

A: Ich bin ein Prä-Saturnier, Prä-Osirit, Prä-Bramit, Prä-Pandorit.

C: Und worauf stützen Sie Ihre schöne Hypothese von einer ewigen Welt?

A: Um Ihnen dies zu sagen, müssen Sie vorher geduldig einige kleine Präliminarien anhören.

Ich weiß nicht, ob wir bisher gut oder schlecht räsonniert haben; aber ich weiß, daß wir räsonniert haben und daß wir alle drei mit Verstand begabte Wesen sind. Nun können mit Verstand begabte Wesen nicht von einem rohen, blinden, fühllosen Wesen geschaffen sein; zwischen den Ideen eines Newton und den Exkrementen eines Maultiers befindet sich zuverlässig einiger Unterschied. Die Intelligenz, die einen Newton beseelt, kam von einer andern Intelligenz her.

Wenn wir eine schöne Maschine sehn, sagen wir, daß ein guter Maschinist vorhanden sein muß und daß dieser Maschinist vortreffliche Einsichten hat. Die Welt ist zuverlässig eine bewundernswürdige Maschine, folglich ist eine bewundernswürdige Intelligenz irgendwo in der Welt, wo es auch sein mag. Dies Argument ist alt, deshalb aber um nichts schlechter.

Alle lebendigen Körper sind aus Hebeln, aus Kloben zusammengesetzt, die nach den Gesetzen der Mechanik wirken, aus Fluidis, welche die Gesetze der Hydrostatik beständig in Umlauf bringen; und wenn man bedenkt, daß alle diese Wesen eine Empfindung haben, die mit ihrer Organisation in gar keiner Verbindung steht, so ist man vor Erstaunen ganz außer sich.

Die Bewegungen der Gestirne, die Bewegung unsrer kleinen Erde um die Sonne herum, alles dies wird kraft der Gesetze der höchsten Mathematik bewirkt. Wie hatte Plato, der nicht eins dieser Gesetze kannte, der chimärische Plato, der da sagte, die Erde sei auf einem gleichseitigen Triangel und das Wasser auf einen rechtwinkligen gegründet; der lächerliche Plato, der da sagt, es könnten nur fünf Welten sein, weil es nur fünf regelmäßige Körper gibt, wie hatte, sag' ich, der unwissende Plato, der nicht einmal die sphärische Trigonometrie wußte, den Kopf hell und den Instinkt glücklich genug, um Gott den *ewigen Geometer* zu nennen, um zu empfinden, daß eine bildende Intelligenz existiere?

B: Ich habe mich ehmals amüsiert, den Plato zu lesen. Es ist klar, daß wir ihm die ganze Metaphysik des Christentums zu verdanken haben; alle griechischen Kirchenväter waren ohne Widerspruch Platoniker. Aber was kann alles dies mit der Ewigkeit der Welt, wovon Sie uns sagen, für einen Zusammenhang haben?

A: Wir wollen, wenn's Ihnen gefällig ist, Schritt vor Schritt gehen. Es gibt eine Intelligenz, welche die Welt beseelt: Spinoza selbst gesteht dies. Es ist unmöglich, sich gegen diese Wahrheit aufzulehnen, die uns überall umströmt, sich von allen Seiten uns aufdrängt.

C: Gleichwohl hab' ich Trotzköpfe gekannt, die da sagen, es gäbe keine bildende Intelligenz; die Bewegung allein habe durch sich selbst alles das gebildet, was wir sehen, und alles das, was wir sind. Sie sagen kühn zu Ihnen, daß die Kombination dieses Universums möglich sei, weil sie existiere, folglich daß die Bewegung allein sie in Ordnung brachte. Man nehme bloß vier Gestirne, Mars, Venus, Merkur und die Erde; denken wir uns anfänglich nur den Ort, wo sie sind, und denken wir uns alles übrige hinweg. Lassen Sie uns nun sehn, wie viel wir Probabilitäten haben, daß die einzige Bewegung sie alle an die gehörigen Orte bringt. Wir haben nur vierundzwanzig Fälle in dieser Kombination, das will sagen, nur vierundzwanzig gegen eins zu wetten, daß diese Gestirne sich da befinden werden, wo sie sich in Rücksicht der andern befinden. Nehmen wir noch zu diesen vier Gestirnen den Jupiter, und es lassen sich nur hundertundzwanzig gegen eins wetten, daß Jupiter, Mars, Venus, Merkur und unsre Erdkugel da ihren Platz bekommen werden, wo wir sie erblicken.

Setzen wir endlich noch den Saturn hinzu und es werden nur siebenhundertundzwanzig Fälle gegen einen sein, um diese sechs großen Planeten in die Ordnung zu bringen, die sie nach den ihnen angewiesnen Zwischenräumen unter sich beobachten. Sonach ist erwiesen, daß in siebenhundertundzwanzig Würfen die bloße Bewegung diese sechs Hauptplaneten hat in ihre Ordnung bringen können.

Nehmen Sie nachher alle Nebenplaneten, alle ihre Kombinationen, alle ihre Bewegungen, alle Wesen, die auf allen diesen Welten vegetieren, leben, empfinden, denken, handeln, so werden Sie die Zahl der Fälle nur vermehren dürfen; multiplizieren Sie diese Zahl in alle Ewigkeit bis zu der Zahl, die unsre Schwäche unendlich nennt, so wird es stets zugunsten der Bildung der Welt, so wie sie es mittels der bloßen Bewegung ist, eine Einheit geben; folglich ist es möglich, daß in aller Ewigkeit die alleinige Bewegung der Materie, das ganze Universum, so wie es existiert, hervorgebracht hat. Das ist das Räsonnement von jenen Herren.

A: Verzeihen Sie mir, lieber Freund C, diese Meinung scheint aus zwei Gründen über die Maßen lächerlich. Der

erste ist der, daß es in diesem Universum verständige Wesen gibt und daß Sie nicht die Möglichkeit beweisen können, daß die bloße Bewegung Verstand erzeugt. Der zweite
Grund ist der, daß nach Ihrem eignen Geständnisse das
Unendliche gegen eins zu wetten ist, daß eine verständige
bildende Ursache das Universum beseelt. Befindet man sich
ganz allein dem Unendlichen gegenüber, ist man sehr arm.
Noch einmal, Spinoza gibt selbst diese Intelligenz zu. Warum wollen Sie weiter gehn als er und aus törichtem Hochmut Ihre schwache Vernunft in einen Abgrund stürzen, in
den Spinoza sich nicht herabgewagt hat? Sehn Sie wohl die
außerordentliche Torheit ein zu sagen, eine blinde Ursache
habe gemacht, daß das Quadrat der Revolution eines Planeten sich zum Quadrat der Revolution andrer Planeten immer
verhält wie der Kubus seiner Entfernung zum Kubus der
Entfernung der andern zum gemeinschaftlichen Mittelpunkte? Meine Freunde, entweder die Gestirne sind große
Geometer, oder der ewige Geometer hat sie alle geordnet.
C: Keine Schmähungen, wenn ich bitten darf. Spinoza hat
keine gesagt; es ist weit leichter, Schmähungen zu sagen als
Gründe. Ich räume Ihnen eine bildende, in dieser Welt ver-
breitete Intelligenz ein, ich will wohl mit Vergil sagen:
»Mens agitat molem et magno se corpore miscet.«
Ich gehöre nicht zu den Leuten, die da sagen, daß die Sterne,
die Menschen, die Tiere, die Vegetabilien, die Gedanken
sind zusammengewürfelt worden.
A: Verzeihen Sie, daß ich in Zorn geriet, ich hatte den
Spleen, aber ob ich gleich aufgebracht wurde, so hatt' ich
doch nicht weniger recht.
B: Wir wollen uns zur Sache wenden, ohne aufgebracht zu
werden. Wie können Sie, da Sie einen Gott zugeben, die
Hypothese behaupten, daß die Welt ewig sei?

A: So wie ich die These behaupte, daß die Sonnenstrahlen so alt sind als das Gestirn selbst.

C: Das ist ein seltsamer Einfall! Wie, Exkremente, Bakkalaureen, Flöhe, Affen und wir, wir sollten Ausflüsse der Gottheit sein?

A: Es ist zuverlässig etwas Göttliches in einem Floh; er springt fünfzigmal so hoch, als er ist; diesen Vorzug hat er sich nicht gegeben.

B: Wie, die Flöhe existierten von aller Ewigkeit her?

A: Müssen wohl, weil sie heute existieren und gestern da waren und weil kein Grund vorhanden ist, weshalb sie nicht immer existiert haben sollten. Denn wenn sie unnütz sind, müssen sie nie da sein; und sobald eine Gattung von Geschöpfen Existenz hat, ist es unmöglich zu beweisen, daß sie dieselbe nicht immer gehabt hat. Wollen Sie annehmen, daß der ewige Geometer eine ganze Ewigkeit hindurch in der tiefsten Untätigkeit zugebracht habe? Es würde nicht der Mühe lohnen, Geometer und Baumeister zu sein, um eine Ewigkeit ohne Kombinieren und Bauen hinzubringen. Sein Wesen ist hervorzubringen, weil er hervorgebracht hat; er existiert notwendig, folglich ist alles das, was an ihm ist, wesentlich notwendig. Man kann einem Wesen seine Wesenheit nicht rauben, denn es würde alsdann aufhören zu sein. Gott ist wirksam, folglich hat er stets gewirkt, folglich ist die Welt ein ewiger Ausfluß aus ihm selbst. Wer folglich einen Gott zugibt, muß eine ewige Welt zugeben. Die Strahlen des Lichts sind notwendig von aller Ewigkeit her dem lichtvollen Gestirne entflossen; und alle Kombinationen sind von dem von aller Ewigkeit her kombinierenden Wesen entstanden. Der Mensch, die Schlange, die Auster, die Schnecken haben stets existiert, weil sie möglich waren.

B: Wie, Sie glauben, daß der Demiurgos, die bildende

Macht, das große Wesen alles das gemacht hat, was zu machen war?

A: So stell' ich mir's vor. Ohne das würd' es nicht das notwendig bildende Wesen sein. Sie würden daraus einen ohnmächtigen oder trägen Werkmeister machen, der nur an einem sehr kleinen Teile seines Werks gearbeitet hätte.

C: Wie, sollten andre Welten unmöglich sein?

A: Könnte wohl sein: sonst würde eine ewige, notwendige, durch ihr Wesen wirkende Ursache da sein, die sie nicht gemacht hätte, da sie sie doch hätte machen können. Nun dünkt mich eine solche Ursache, die keine Wirkung hat, ebenso ungereimt als eine Wirkung ohne Ursache.

C: Aber viele Leute sagen gleichwohl, daß diese ewige Ursache diese Welt unter allen möglichen Welten gewählet habe.

A: Wenn sie nicht möglich schienen, würden sie nicht existieren. Diese Herren würden ebenso gut getan haben zu sagen: Gott habe unter allen unmöglichen Welten gewählt. Zuverlässig würde der ewige Werkmeister diese möglichen Welten in den Raum hingeordnet haben; Platz ist noch hinlänglich da. Weshalb sollte zum Beispiel die ewige, allgemeine, notwendige Intelligenz, die dieser Welt vorsteht, den Gedanken eines Landes ohne vergiftete Pflanzen, ohne Blattern, ohne Pest und ohne Inquisition verworfen haben? Es ist sehr möglich, daß ein solches Land existiert: es mußte dem großen Demiurgos besser scheinen als das unsrige, gleichwohl haben wir das schlimmre. Sagt man, daß dies gute Land möglich sei und dennoch uns nicht ist gegeben worden, so sieht man auch sicher daraus zugleich, daß jenes große Wesen weder Verstand noch Güte, noch Macht hat. Dies kann man nun nicht sagen; folglich ist, wenn es uns dies gute Land nicht gegeben, aller Anschein da, daß es unmöglich war, es zu bilden.

B: Und wer hat Ihnen denn gesagt, daß dies Land nicht existiert? Wahrscheinlich befindet es sich auf einer von jenen leuchtenden Kugeln, die um den Sirius, den kleinen Hund und das südliche Auge des Stiers rollen.

A: In dem Fall sind wir einig. Die höchste Intelligenz hat alles getan, was ihr zu tun möglich war; und ich beharre auf meiner Idee, daß alles, was nicht ist, nicht sein kann.

C: Auf die Art würde der leere Raum mit lauter Welten angefüllt, deren eine sich immer an Vollkommenheit über die andre erhübe, und wir hätten unumgänglich das allerschlechteste Los! Diese Vorstellung ist schön, aber nicht tröstlich.

B: Kurz, Sie denken also, daß aus der ewigen bildenden Macht, der Universalintelligenz, mit einem Worte, aus dem großen Wesen notwendig von aller Ewigkeit her alles, was existieret, hervorgegangen sei?

A: So kommt mir's vor.

B: Aber in diesem Fall ist das große Wesen also nicht frei gewesen?

A: Frei sein, hab' ich Ihnen schon hundertmal in andren Unterredungen gesagt, heißt unbehinderte Macht haben. Er hat diese Macht gehabt und gewirkt. Eine andre Freiheit begreif' ich nicht. Sie wissen, daß die Freiheit aus Gleichgültigkeit ein sinnleeres Wort ist.

B: Auf Ihr Gewissen, sind Sie Ihres Systems gewiß?

A: Ich? Ich bin keiner Sache gewiß. Ich glaube, daß es ein verstandvolles Wesen, eine bildende Macht, einen Gott gibt. In Rücksicht auf all' das übrige tapp' ich in Dunkelheit. Heut nehm' ich einen Satz für gewiß an, morgen zweifle ich daran, übermorgen verwerf' ich ihn ganz, und ich kann mich alle Tage irren. Alle redlichen Philosophen, die ich gesehn, haben mir, wenn sie ein Spitzchen hatten, eingestanden, daß das große Wesen ihnen keine stärkre Dosis Evidenz gegeben hat als mir.

Denken Sie, daß Epikur seine Deklamation der Atome immer sehr klar einsah? Daß Cartesius von seiner Wirbelmaterie überzeugt war? Glauben Sie mir, daß Leibniz über seine Monaden und vorherbestimmte Harmonie lachte, und so auch Teliamed über seine durch das Meer gebildeten Gebirge. Der Urheber der organischen Partikeln ist ein zu gelehrter und zu artiger Mann, um nicht darüber zu lachen. Zwei Auguren lachen, wie Sie wissen, ganz ausgelassen, wenn sie einander begegnen. Nur der irländische Jesuit Needham lacht über seine Älchen nicht.

B: Es hat seine Richtigkeit, daß man in Betreff der Systeme sich immer das Recht vorbehalten muß, den folgenden Tag über seine Vorstellungen vom vergangenen Tage zu lachen.

C: Es ist mir sehr lieb, daß ich einen alten englischen Philosophen gefunden habe, der da lacht, nachdem er zornig gewesen ist, und der im Ernst an Gott glaubt. Das ist sehr erbaulich.

A: Ja, beim Element! Ich glaube an Gott, und glaube weit mehr als die Universitäten zu Oxford und Cambridge und alle Priester meines Landes. Denn alle diese Leute sind engköpfig genug, um zu behaupten, daß man jenes große Wesen nur erst seit ungefähr sechstausend Jahren anbetet: und ich behaupte, daß man es von aller Ewigkeit her angebetet hat. Ich kenne keinen Herrn ohne Bedienten, keinen König ohne Untertanen, keinen Vater ohne Kinder und keine Ursache ohne Wirkung.

C: Das geb' ich zu, wir sind hierüber übereingekommen. Aber legen Sie einmal die Hand auf das Gewissen und antworten Sie mir: Glauben Sie an einen Gott, der Vergelter und Bestrafer ist, der Belohnungen und Leiden an Geschöpfe austeilt, die von ihm ausgeflossen sind und sich notwendigerweise in seinen Händen befinden, wie der Ton in den Händen des Töpfers?

Finden Sie Jupiter nicht sehr lächerlich, den Vulkan durch einen Fußstoß aus dem Himmel auf die Erde geworfen zu haben, weil Vulkan auf beiden Füßen lahm ging? Ich kenne nichts so Ungerechtes. Nun muß das ewige und höchste Wesen gerecht sein; die ewige Liebe muß ihre Kinder sehr lieb und wert halten, ihnen die Fußstöße ersparen und sie nicht aus dem Hause jagen, weil sie sie selbst notwendig mit häßlichen Füßen hat lassen geboren werden.

A: Ich weiß alles das, was man über diese abstrakte Materie gesagt hat, und kümmre mich darum wenig. Ich will, daß mein Sachwalter, mein Schneider, meine Knechte, sogar meine Frau an Gott glauben; ich bilde mir ein, daß ich alsdann weniger werde bestohlen werden und weniger Hahnrei sein.

C: Sie haben die Leute zum Besten. Ich habe zwanzig Devote gekannt, die ihren Männern fremde Erben gegeben haben.

A: Und ich habe nur eine gekannt, welche die Furcht Gottes zurückhielt, und dies ist mir hinlänglich, Wie, sollten also nach Ihrer Meinung zwanzig schamlose Weibsbilder ihren Männern treuer gewesen sein, wenn sie Gottesleugnerinnen gewesen wären? Mit einem Worte, alle polizierten Nationen haben belohnende und bestrafende Götter angenommen, und ich bin Weltbürger.

B: Daran tun Sie sehr wohl. Wär' es aber nicht besser, daß das bildende Wesen nichts zu bestrafen hätte? Und überdies, wann und wie wird es bestrafen?

A: Durch mich selbst weiß ich davon nichts. Aber noch ein-

mal, man muß eine dem menschlichen Geschlechte so ersprießliche Meinung nicht wankend machen. Alles übrige
geb' ich Ihnen preis, sogar selbst meine ewige Welt, wenn
Sie es schlechterdings verlangen, wiewohl ich sehr fest an
diesem System hänge. Was liegt uns bei alle dem daran, ob
diese Welt ewig ist oder von vorgestern her? Wir wollen
darauf ganz ruhig fortleben, Gott anbeten, gerecht und
wohltätig sein. Das ist das Wesentliche, das ist das Ende
jedes Disputs. Die intoleranten Barbaren lasse man ein Abscheu des menschlichen Geschlechts sein und jedermann
denken wie er will.

C: Amen! Kommen Sie, wir wollen trinken, uns lustig machen und das große Wesen benedeien.

Der Richter oder königliche Rat

Bartolomeo: Wie, vor zwei Jahren waren Sie noch nicht einmal auf der Universität, und jetzt sind Sie schon neapolitanischer Hofrat?

Geronimo: Ja, meine Familie hat es so beschlossen, und es hat mich eben nicht so gar viel gekostet.

Bartolomeo: Seitdem ich Sie nicht gesehen habe, sind Sie also wohl sehr gelehrt geworden?

Geronimo: Ich habe juristische Collegia gehört; und da habe ich gelernt, daß das Recht der Natur den Menschen und Tieren gemeinschaftlich ist, daß aber das Völkerrecht nur allein für die Menschen gehört. Man hat mir vieles von dem prätorianischen Edikt vorgeschwatzt; wir haben aber keinen Prätor mehr; desgleichen von dem Amte des *Aedilium*; in unsern jetzigen Zeiten gibt es aber keine *Aediles*; von der Gewalt der Herren über ihre Sklaven, ohngeachtet wir keine Sklaven mehr haben. Von den neapolitanischen Gesetzen weiß ich fast gar nichts, und gleichwohl bin ich doch nunmehr ein Richter.

Bartolomeo: Zittern Sie denn aber nicht, wenn Sie bedenken, daß Sie das Schicksal ganzer Familien entscheiden sollen, und schämen Sie sich denn nicht, daß Sie so unwissend sind?

Geronimo: Wenn ich wirklich gelehrt wäre, so würde ich mich vielleicht schämen. Ich höre von den meisten Gelehrten, daß fast alle Gesetze einander widersprechen; daß die nämliche Sache zu Gaeta ungerecht, zu Otranto aber gerecht ist; daß man unter der nämlichen Gerichtsbarkeit einen Prozeß bei einem Collegio verlieren und bei dem andern gewinnen kann. Es fällt mir dabei allemal die schöne Rede jenes venezianischen Advokaten ein: »Hochwohlgeborene Herren, voriges Jahr haben Sie so und so, heuer aber in der nämlichen Sache gerade das Gegenteil, und beidemal vortrefflich, gesprochen.«

Das wenige, so ich von unsern Gesetzen gelesen habe, ist mir oft sehr verwirrt vorgekommen. Ich glaube, wenn ich sie auch 40 Jahre lang studierte, so würde ich doch immer noch in der Ungewißheit schweben. Inzwischen denke ich doch zuweilen darüber nach; ich glaube aber, daß man mit ein wenig gesunder Vernunft und Billigkeit, ohne eben so gar gründlich gelehrt zu sein, dennoch einen ganz guten Richter vorstellen kann. Ich weiß keinen bessern Richter als den Sancho Pansa, und gleichwohl wußte er nicht ein Wort von den Gesetzen der Insel Barataria. Ich werde mir weiter nicht viel Mühe geben, den Cujas und Descurtis miteinander zu vereinigen; diese sind meine Gesetzgeber nicht. Ich nehme keine andern Gesetze an als diejenigen, so der Landesherr genehmiget. Sind sie deutlich, so werde ich mich genau danach richten; sind sie aber dunkel, so werde ich mich nach der gesunden Vernunft und nach meinem Gewissen richten.

Bartolomeo: Sie reden so vernünftig, daß ich fast selbst unwissend zu sein wünschen möchte. Wie werden Sie sich aber bei Staats-, Finanz- und Handlungssachen herauswinden?

Geronimo: Gottlob, darum bekümmern wir uns in Neapel nicht viel. Unser Vizekönig, der Marquis Carpi, wollte uns einmal in einer Sache, das Münzwesen betreffend, zu Rate ziehen; da schwatzten wir ihm vieles von dem *Aes grave* der Römer vor, die Bankiers aber lachten uns aus. Zu der Zeit einer Hungersnot ließ man uns zusammenkommen, um den Preis des Getreides zu bestimmen; wir waren sechs Wochen lang versammelt, das Volk aber litt indessen immer Hunger. Endlich zog man ein paar verständige Landwirte und ein paar angesehene Kornhändler zu Rate; und den Tag darauf war mehr Brot und Getreide auf dem Markte, als man nötig hatte. Ein jeder bekümmere sich um dasjenige, was seines Tuns ist. Ich bin dazu bestimmt, Streitigkeiten zu schlichten, aber nicht, neue zu erregen; und ich habe genug zu tun, wenn ich darinnen meinen Obliegenheiten nachkommen will.

Von der Gewißheit

Ich weiß es gewiß, ich habe Freunde, mein Glück ist versichert; meine Anverwandten werden mich nicht verlassen; man wird mir Gerechtigkeit widerfahren lassen; mein Buch ist gut geschrieben, und es wird wohl aufgenommen werden; man ist mir schuldig, man wird mich also auch bezahlen; meine Liebste wird mir getreu bleiben, denn sie hat es mir zugeschworen; der Minister wird mich befördern, denn er hat es mir im Vorbeigehen versprochen: Alles dieses sind Worte, die ein Mann, der in der Welt einige Zeit gelebt hat, aus seinem Wörterbuche ausstreicht.

Als Langlade, le Brun, Calas, Sirven, Martin Montbailli und so viele andere, die hernach unschuldig befunden worden sind, von ihren Richtern verurteilt wurden, so waren diese gewiß versichert oder sollten es wenigstens sein, daß diese Leute schuldig wären, und gleichwohl haben sie sich geirrt.

Es gibt zwei Arten, sich zu irren, unrecht zu richten und sich zu verblenden; nämlich entweder als ein verständiger Mann zu irren oder als ein Tor zu entscheiden.

Bei dem Prozeß des Langlade irrten die Richter als verständige Leute; sie wurden durch die Wahrscheinlichkeit verblendet; sie untersuchten die gegenseitigen Wahrscheinlichkeiten nicht sorgfältig genug; sie wendeten ihren Verstand dazu an, daß sie sich von der Gewißheit überzeugten, Langlade habe einen Diebstahl begangen, den er gewiß nicht verübt hatte; und wegen dieser armseligen ungewissen Gewißheit des menschlichen Verstandes mußte ein Edelmann alle Grade der Tortur ausstehen. Nachdem er solche erlitten hatte, ward er ohne Hoffnung und hilflos in einen Kerker gesperrt und auf die Galeeren gebracht, wo er auch sein Leben endigte; seine Frau setzte man mit ihrer siebenjährigen Tochter in ein anderes Gefängnis. Nach der Zeit heiratete diese Tochter einen Rat eben desselben Parlaments, welches den Vater auf die Galeeren geschickt und die Mutter des Landes verwiesen hatte. Es ist leicht zu erachten, daß die Richter dieses Urteil nicht gefällt haben würden, wenn sie ihrer Sache nicht gewiß gewesen wären. Gleichwohl wußten zu der nämlichen Zeit verschiedene Personen, daß diesen Diebstahl ein Priester namens Gagnat, der mit einem Straßenräuber gemeinschaftliche Sache machte, begangen hatte; die Unschuld des Langlade ward aber erst nach seinem Tode erkannt.

Die Richter waren ihrer Sache ebenso gewiß, als sie durch eine Sentenz dem unschuldigen Lebrun das Rad zuerkannten, der aber, weil er dawider appellierte, durch die grausamen Martern der Tortur ums Leben kam.

Die traurigen Exempel der Calas und Sirven sind weltkundig; des Martin Unglück aber ist noch nicht so bekannt. Dieser war ein ehrlicher Ackersmann bei Bar in Lothringen. Ein Bösewicht stahl ihm sein Kleid und ermordete in dieser Kleidung auf der Landstraße einen Reisenden, von dem er wußte, daß er viel Gold bei sich führte. Martin wird angeklagt, sein Kleid zeugt wider ihn; die Richter sehen dieses Anzeichen als eine Gewißheit an. Nichts konnte ihn retten; weder die vorhergegangene gute Aufführung des Gefangenen, noch die zahlreiche Familie, die er tugendhaft erzog, noch das wenige Geld, so man bei ihm gefunden hatte, welches wohl seine Unschuld sehr wahrscheinlich machte. Der Unterrichter wollte sich durch seine Strenge ein Verdienst machen. Er verurteilte den Unschuldigen, daß er sollte gerädert werden; und zum Unglück ward das Urteil bei einer höhern Instanz bestätigt. Der alte Martin wird lebendig gerädert und bezeugt vor Gott seine Unschuld, bis auf den letzten Augenblick. Seine Familie zerstreut sich, und sein Vermögen wird konfisziert. Seine zermalmten Gliedmaßen sind kaum auf der öffentlichen Landstraße aufgesteckt, so wird der Räuber, der den Mord und den Straßenraub begangen hatte, eines andern Verbrechens wegen in Verhaft genommen; es wird ihm gleichfalls das Rad zuerkannt, und er bekennt vor seinem Ende, daß er das Verbrechen begangen, um dessentwillen Martin die Tortur ausgestanden hat und gerädert worden ist.

Wir wollen unsere Augen von diesen traurigen Gegenständen, worüber die Menschheit erzittert, abwenden. Wir wollen aber doch wenigstens die traurige Gewißheit, welche die Richter bei Fällung solcher Urteile zu haben glauben, beseufzen.

Es ist bei keiner Sache eine Gewißheit, sobald es physisch und moralisch möglich ist, daß sie anders sein kann. Wenn das menschliche Geschlecht ja so unglücklich ist, daß es sich mit den äußersten Wahrscheinlichkeiten begnügen muß, so muß man wenigstens das Alter, den Stand und die Aufführung des Beklagten in Erwägung ziehen; man muß bedenken, was er sich bei seinem Verbrechen für einen Nutzen vorgestellt habe und was seine Feinde bewegen kann, ihn ins Unglück zu stürzen. Ein jeder Richter muß zu sich selbst sagen: Wird nicht die Nachkommenschaft, ja ganz Europa mein Urteil verdammen? Werde ich ruhig schlafen können, wenn ich meine Hände mit unschuldigem Blute besudelt habe?

Wir wollen nun von diesem schrecklichen Bilde zu andern Exempeln einer Gewißheit, die gerade zum Irrtum führt, fortgehen.

Du fanatischer und unglücklicher Santon, warum belädst du dich mit Ketten? Warum trägst du an einem von deinen Gliedmaßen einen eisernen Ring? »Weil ich gewiß versichert bin, daß ich einmal werde in das erste Paradies neben den großen Propheten versetzt werden.« Ach, mein Freund, komm mit mir auf den Berg Athos in deine Nachbarschaft, da wirst du dreitausend Bettler finden, die gewiß versichert sind, daß du in den Abgrund wirst verstoßen werden und daß ihnen hingegen das erste Paradies zuteil werden wird.

Halte ein, unglückliche malabarische Witwe, und glaube diesem Toren nicht, der dich überreden will, daß du mit deinem Manne in einer andern Welt wirst wieder vereinigt werden, wenn du dich hier auf seinem Scheiterhaufen mit verbrennen läßt. »Nein, ich will mich mit verbrennen lassen; ich bin gewiß versichert, daß ich wieder mit meinem Manne vereinigt werde; mein Bramine hat es mir gesagt.«

Wir wollen uns nun zu Gewißheiten wenden, die weniger schrecklich sind und mehr Wahrscheinlichkeit haben.

Wie alt ist euer Freund Christoph? »Er ist achtundzwanzig Jahre alt; ich habe seinen Taufschein gesehen, ich kenne ihn von Kindheit an; ich bin also gewiß überzeugt, daß er 28 Jahre alt ist.«

Ich habe kaum die Antwort dieses Mannes, der seiner Sache so gewiß ist, und das Zeugnis von zwanzig andern Leuten, die das nämliche aussagen, vernommen, so erfahre ich, daß man aus geheimen Ursachen in seinem Taufscheine ein falsches Datum angegeben hat. Diejenigen, mit denen ich davon geredet habe, wissen dieses nicht; gleichwohl sind sie von einer Sache, die nicht wahr ist, gewiß überzeugt.

Die Zaubereien, die Wahrsagereien und die Geschichten von Besessenen sind lange Zeit in den Augen aller Völker gewiß gewesen. Wie viele unzählige Menschen haben nicht diese schönen Sachen gesehen und sind davon überzeugt gewesen, und gleichwohl hat diese Gewißheit heutzutage ziemlich abgenommen.

Ein junger Mensch, der die Geometrie zu lernen anfängt, kommt zu mir; er ist erst bis zu der Definition des Triangels gekommen. Ich frage ihn, ob er nicht gewiß überzeugt ist, daß die drei Winkel in einem Triangel allemal so groß sind als zwei *recti*. Er antwortet mir, daß er es nicht allein nicht gewiß weiß, sondern daß er sich nicht einmal einen recht deutlichen Begriff davon machen kann; wenn ich es ihm aber demonstriere, so wird er davon überzeugt und ist dessen auch gewiß, solange er leben wird.

So eine Gewißheit ist nun von den andern sehr unterschieden. Jenes waren nur Wahrscheinlichkeiten, und wenn man sie genau untersucht hat, so sind es Irrtümer gewesen; die mathematische Gewißheit aber ist immerwährend und unveränderlich.

Ich bin, ich denke, ich empfinde Schmerzen; ist alles dieses ebenso gewiß als eine geometrische Wahrheit? Ja, ich gestehe es, so gerne ich auch sonsten zweifle. Warum? Weil diese Wahrheiten durch den Grundsatz, daß eine Sache nicht zu gleicher Zeit sein und auch nicht sein kann, bewiesen werden. Ein Triangel kann nicht zu gleicher Zeit 180 Grad, welches die Summe von 2 *angulis rectis* ist, haben und auch nicht haben.

Die physische Gewißheit meines Daseins und meiner Denkungskraft gilt also ebensoviel als eine mathematische Gewißheit, ohngeachtet beide von verschiedener Art sind.

Mit der Gewißheit, die auf den Anschein und auf das übereinstimmende Angaben vieler Leute gegründet ist, hat es eine ganz andere Beschaffenheit.

Aber wie, wird man mir sagen, sind Sie nicht gewiß, daß

die Stadt Peking wirklich existiert? Haben wir nicht Stoffe aus dieser Stadt; haben uns nicht Leute aus verschiedenen Ländern, von verschiedenen Meinungen und die, indem sie alle die Wahrheit zu Peking gepredigt, heftig widereinander geschrieben haben, das wirkliche Dasein dieser Stadt versichert? Ich antworte darauf, daß es höchst wahrscheinlich ist, daß dazumal eine Stadt Peking gewesen ist, ich wollte aber doch gleichwohl nicht mein Leben verwetten, daß diese Stadt jetzt wirklich existiert; daß aber die drei Winkel in einem Triangel allemal so groß sind als zwei *recti*, dafür will ich allemal mein Leben zu Pfande setzen.

Die Rechte der Menschen
und die Anmaßung der Päpste

Soll ein Priester Christi ein regierender Herr sein?

Um die Rechte des menschlichen Geschlechtes zu kennen, braucht man keine Stellen aus Schriften anzuführen. Die Zeiten sind vorbei, wo ein Grotius, ein Pufendorf das Dein und Mein in dem Aristoteles und im hl. Hieronymus suchten und Widersprüche und Ermüden verschwendeten, um Recht und Unrecht zu erkennen. Man muß zur Sache schreiten.

Hängt ein Gebiet von einem andern Gebiete ab? Gibt es irgendein physikalisches Gesetz, welches den Euphrat nach Belieben aus Indien oder aus China zu fließen nötige? Nein, gewiß nicht. Gibt es irgendeinen metaphysischen Begriff, der eine moluckische Insel einem Morast unterwerfe, den der Rhein und die Maas gemacht haben? Dazu ist nicht die geringste Wahrscheinlichkeit vorhanden. Ein moralisches Gesetz? Ebensowenig.

Woher kommt es, daß Gibraltar in dem mittelländischen Meere ehedem den Mohren gehörte und heutzutage den Engländern gehört, die auf Inseln des Ozeans wohnen, wovon die letzten unter dem sechzigsten Grade liegen? Daher, weil sie Gibraltar weggenommen haben. Warum behalten sie es? Weil man es ihnen nicht hat nehmen können; und sodann ist man darüber einig worden, daß es ihnen verbleiben soll: Macht und Bündnisse geben die Herrschaft.

Aus welchem Rechte raubte Karl der Große, der in dem

barbarischen Lande der Austrasier geboren war, seinem Schwiegervater, dem lombardischen König Dietrich, Italien, nachdem er seine eigenen Neffen um ihre Herrschaft gebracht hatte? Aus dem nämlichen Rechte, welches die Langobarden ausgeübt hatten, da sie von den Ufern des baltischen Meeres herkamen und das Römische Reich plünderten; und aus dem Rechte, welches die Römer gehabt hatten, alle andern Länder eines nach dem andern zu verheeren. Bei dem Diebstahle mit bewaffneter Hand trägt der Stärkste den Raub davon, bei vertraglichen Eroberungen der Geschickteste.

Was braucht man, um über seine Brüder, die Menschen (und was für Brüder! was für falsche Brüder!) von Rechts wegen zu regieren? Die freie Einwilligung der Untertanen.

Karl der Große kam gegen das Jahr 800 nach Rom, nachdem er alles mit dem Bischof vorbereitet, alles abgeredet hatte und indem er sein Kriegsheer nebst seiner Kasse, worinnen die für diesen Priester bestimmten Geschenke befindlich waren, anrücken ließ. Das römische Volk nannte Karl den Großen aus Erkenntlichkeit seinen Herrn, weil er es von der langobardischen Unterdrückung befreit hatte.

Es sei drum, daß der Senat und das Volk zu Karl gesagt haben: »Wir danken dir für das Gute, das du uns getan hast, wir wollen nicht mehr ohnmächtigen und ruchlosen Kaisern gehorchen, die uns nicht verteidigen, die unsere Sprache nicht verstehen, die uns ihre Befehle in griechischer Sprache durch konstantinopolitanische Verschnittene zuschikken und unser Geld nehmen. Regiere besser, erhalte unsere Vorrechte, so wollen wir dir gehorchen. «

Gewiß ein schönes und das unstreitigste Recht.

Aber dieses arme Volk konnte das Reich gewiß nicht vergeben: es hatte solches nicht; es konnte nur seine Person vergeben. Welche Provinz des Reichs hätte es auch wohl weggeben können? Spanien? Das gehörte den Arabern. Gallien und Deutschland? Pipin, Karls des Großen Vater, hatte sich deren angemaßt. Das diesseitige Italien? Karl hatte es seinem Schwiegervater geraubt. Den ganzen Überrest besaßen die griechischen Kaiser. Das Volk verlieh also nur den Namen; dieser Name war heilig geworden. Die Völkerschaften vom Euphrat bis an den Ozean hatten sich gewöhnt, den Raub des heiligen Römischen Reichs als ein natürliches Recht zu betrachten; und der Hof von Konstantinopel betrachtete immer die Zergliederungen dieses heiligen Römischen Reichs als eine offenbare Verletzung des Völkerrechts, bis ihn endlich die Türken das Recht aus einem andern Gesetzbuche lehrten.

Wer aber mit den besoldeten Advokaten des römischpäpstlichen Hofes (die selbst darüber lachen) spricht, der Bischof Leo III. habe das okzidentalische Kaisertum Karl dem Großen geschenkt, der sagt etwas ebenso Ungereimtes, als wenn er spräche, der Patriarch von Konstantinopel habe das orientalische Kaisertum Mahomet II. geschenkt.

Wer hingegen sagt und es soviel andern nachsagt, der Anmaßer Pipin und der Verwüster Karl der Große hätten den römischen Bischöfen das Exarchat von Ravenna geschenkt, der bringt eine offenbare Unwahrheit vor. Karl der Große war nicht so höflich. Er behielt das Exarchat ebenso wie Rom für sich selbst; er benennt in seinem Testament Rom und Ravenna als seine vornehmsten Städte. Es ist zuverlässig, daß er die Verwaltung von Ravenna und Pentapolis einem andern Leo, Erzbischof von Ravenna, anvertraut habe, von dem wir noch einen Brief haben, worin mit ausdrücklichen Worten gesagt wird: »Hae civitates a Carolo ipso una cum universa Pentapoli illi fuerint concessae.«

Dem sei, wie ihm wolle, es soll hier nur bewiesen werden, daß es nach den Grundsätzen unserer Religion sowohl als nach den Grundsätzen der Politik und der Vernunft eine ungeheure Sache sei, daß ein Priester ein Reich vergebe und daß er in dem Reiche Oberherrschaften besitze.

Man muß entweder der christlichen Religion gänzlich entsagen, oder man muß sie beobachten. Weder ein Jesuit mit seinen Distinktionen noch der Teufel selbst kann einen Mittelsatz dazu finden.

Es wird in Galiläa eine Religion errichtet, die sich gänzlich auf die Armut, auf die Gleichheit, auf den Haß gegen die Reichtümer und Reichen gründet; eine Religion, worin gesagt wird, es sei ebenso unmöglich, daß ein Reicher in das Himmelreich komme, als es unmöglich ist, daß ein Kamel durch ein Nadelöhr gehe; wo gesagt wird, der gottlose Reiche sei bloß um seines Reichtums willen verdammt worden; wo Anania und Saphire eines plötzlichen Todes sterben, weil sie etwas zu ihrem Lebensunterhalt zurückbehalten hatten; wo den Schülern geboten wird, niemals für den morgenden Tag zu sorgen; wo Jesus Christus, Gottes Sohn, Gott selbst, folgenden schrecklichen Ausspruch wider den Ehrgeiz und Geldgeiz vernehmen läßt: »Ich bin nicht gekommen, um bedient zu werden, sondern um zu dienen. Es soll niemals unter euch weder ein Erster noch ein Letzter gefunden werden. Wer sich unter euch wird erheben wollen, der soll erniedriget werden. Wer unter euch wird der Erste sein wollen, der soll der Letzte sein.«

Das Leben der ersten Schüler stimmt mit diesen Geboten überein, St. Paul arbeitet mit seinen Händen, St. Peter verdient sich sein Brot. Wie reimt sich dieses mit dem Eigentum von Rom, von Sabina, von Umbria, von Aemilia, von Ferrara, von Ravenna, von Pentapolis, von Bologna, von

Comacchio, von Benevente, von Avignon? Man findet nicht, daß das Evangelium diese Länder den Päpsten gegeben habe, es sei denn, daß das Evangelium der Regel der Theatiner gleiche, worin gesagt war, sie sollten weiß gekleidet gehen, und man schrieb auf den Rand: »Das heißt schwarz.« Diese Größe der Päpste und ihre noch unzähligemal weitergetriebenen Ansprüche sind der Politik und der Vernunft ebensowenig gemäß als dem Worte Gottes, weil sie Europa zerrüttet und binnen siebenhundert Jahren ganze Ströme Blut fließen gemacht haben.

Die Politik und die Vernunft erfordern in der ganzen Welt, daß jeder sein Gut genieße und daß jeder Staat unabhängig sei. Laßt uns sehen, wie diese beiden natürlichen Gesetze, gegen welche keine Verjährung stattfindet, beobachtet worden sind.

Von Neapel

Die normannischen Edelleute, die die ersten Werkzeuge der Eroberungen von Neapel waren, verrichteten die schönste irrendritterliche Tat, wovon man jemals hat reden hören. Vierzig bis fünfzig Menschen allein befreien Salerno in dem Augenblicke, da es von einem Kriegsheer Sarazenen weggenommen wird. Sieben andere normannische Edelleute, insgesamt Brüder, sind genug, um diese nämlichen Sarazenen aus der ganzen Landschaft zu vertreiben und selbige dem griechischen Kaiser wegzunehmen, der sie mit Undank bezahlt hatte. Es ist sehr natürlich, daß die Einwohner, deren Tapferkeit jene Helden wieder belebt hatten, sich gewöhnen mußten, ihnen aus Bewunderung und Erkenntlichkeit zu gehorchen.

Das sind also die ersten Rechte zur Krone beider Sizilien. Die römischen Bischöfe konnten diese Staaten ebensowenig weiter in Lehn geben als das Königreich Boutan oder Kaschmir. Sie konnten nicht einmal die Belehnung darüber erteilen, wenn man sie von ihnen verlangt hätte; denn wenn in den Zeiten der Anarchie der Lehne ein Grundbesitzer sein Allodialgut in Lehn verwandelt haben wollte, um einen Schutz zu bekommen, so konnte er sich deshalb an niemanden anders als an seinen Oberlehnherrn wenden. Nun war aber der Papst gewiß nicht Oberlehnherr von Neapel, von Apulien und von Kalabrien.

Man hat viel von dieser vermeintlichen Vasallenschaft geschrieben, ist aber niemals auf den Ursprung davon zurückgegangen. Ich unterstehe mich zu sagen, daß dieses der Fehler fast aller Rechtsgelehrten sowie aller Theologen sei. Jeder zieht gut oder schlecht aus einem angenommenen Grundsatze die Folgen, die seiner Partei am vorteilhaftesten sind. Aber hat denn dieser Grundsatz seine Richtigkeit? Ist denn dieser erste Umstand, worauf sie sich stützen, unstreitig? Das hüten sie sich wohl zu untersuchen. Sie gleichen unsern alten Romanzendichtern, welche insgesamt voraussetzten, Francus habe den Helm des Hektor nach Frankreich gebracht. Dieser Helm war wohl ohne Zweifel undurchdringlich, aber hatte ihn denn Hektor wirklich getragen? Die Milch der hl. Jungfrau ist auch sehr achtbar; aber besitzen denn die Sakristeien, die sich ein Gläschen davon zu besitzen rühmen, solche wirklich?

Giannone ist der einzige, der den Ursprung der höchsten Herrschaft, welche die Päpste über das Königreich Neapel gesucht haben, einigermaßen erläutert hat. Er hat dadurch den Königen dieses Landes einen ewigen Dienst geleistet; und zur Belohnung ist er vom damaligen König von Neapel, Karl VI., der Verfolgung der Jesuiten preisgegeben, nachher durch die schändlichste Treulosigkeit verraten, dem Römischen Hofe aufgeopfert worden und hat sein Leben in der Gefangenschaft beschlossen. Sein Beispiel soll uns nicht abschrecken. Wir schreiben in einem freien Lande; wir sind frei geboren; und wir fürchten weder den Undank der Regenten noch die Intrigen der Jesuiten noch die Rache der Päpste. Die Wahrheit ist vor uns; und jede andere Betrachtung ist uns fremd.

In den damaligen Zeiten der Räubereien, der Privatkriege, der Missetaten, der Unwissenheit und des Aberglaubens war es gewöhnlich, daß ein ohnmächtiger Grundbesitzer, um vor der Raubsucht seiner Nachbarn sicher zu sein, seine Güter unter den Schutz der Kirche gab und diesen Schutz für einiges Geld erkaufte; ein Mittel, ohne welches man seinen Endzweck niemals erreicht hat. Diese Güter wurden sodann für heilig gehalten; wer sich deren hätte bemächtigen wollen, wäre in den Bann getan worden.

Die Menschen der damaligen Zeit, die ebenso ruchlos als einfältig waren, scheuten sich nicht vor den größten Missetaten; aber sie fürchteten sich vor einem Banne, der sie bei Völkern, die noch ruchloser als sie und weit dümmer waren, abscheulich machte.

Robert Guiscard und Richard, die Überwinder von Apulien und Kalabrien, waren anfänglich von dem Papste Leo IX. in den Bann getan worden. Sie hatten sich für Vasallen des Römischen Reichs erklärt; aber der Kaiser Heinrich III., der mit diesen erobernden Lehnbesitzern unzufrieden war, hatte Leo IX. dahin vermocht, daß er den Bannstrahl an der Spitze eines Kriegsheeres von Deutschen schießen mußte. Die Normannen, die sich vor diesen Donnerschlägen nicht so wie die italienischen Fürsten fürchteten, schlugen die Deutschen und nahmen den Papst gefangen. Damit sie aber fürderhin die Kaiser und Päpste nicht weiter in ihren Besitzungen beunruhigen möchten, boten sie ihre Eroberungen der Kirche unter dem Namen Oblata an. Auf die Art hatte England den St. Peterspfennig bezahlt, auf die Art versprachen die ersten Könige von Portugal und Spanien, wie sie ihre Staaten den Sarazenen wieder abnahmen, der römischen Kirche jährlich zwei Pfund Gold; aber weder England noch Spanien noch Portugal betrachteten jemals den Papst als ihren obersten Lehnsherrn.

Der Herzog Robert, Oblat der Kirche, war ebensowenig des Papstes Lehnmann; er konnte es nicht sein, weil die Päpste nicht unumschränkte Herren von Rom waren. Diese Stadt ward damals von dem Senate regiert: der Bischof hatte weiter nichts als Achtung; der Papst war in Rom gerade so viel, als der Kurfürst zu Köln ist. Zwischen dem Oblat eines Heiligen und dem Lehnsmann eines Bischofs befindet sich ein gewaltiger Unterschied.

Baronius erzählt in seinen Akten den Lehnseid, den Robert, Herzog von Apulien und Kalabrien, dem Papst Nikolaus II. abgelegt haben soll; aber diese Urkunde ist falsch, man hat sie niemals gesehen; sie ist niemals in einem Archiv befindlich gewesen. Robert betitelte sich: Herzog von Gottes und St. Peters Gnaden. Aber St. Peter hatte ihm gewiß nichts gegeben und war nicht römischer König. Wenn man weiter zurückgehen wollte, so könnte man unwiderleglich beweisen, daß nicht nur St. Peter niemals in Rom zu einer Zeit gewesen sei, wo unstreitig kein Priester einen besondern Sitz hatte und wo die Zucht der angehenden Kirche noch nicht eingerichtet war, sondern auch, daß St. Peter ebensowenig zu Rom als zu Peking gewesen sei. St. Paul erklärt ausdrücklich, er sei gesandt zu den unbeschnittenen Vorhäuten und St. Peter zu den beschnittenen.* Das heißt, St. Peter, der in Galiläa geboren war, solle nur den Juden predigen, und er, Paul, zu Tarsen, in Karmanien geboren, solle den Fremdlingen predigen.

Die Fabel, welche sagt, Peter sei unter des Nero Regierung nach Rom gekommen und habe daselbst fünfundzwanzig Jahre lang seinen Sitz gehabt, ist eine der ungereimtesten, die jemals erdacht worden sind. Die Vermutung, welche man zu machen das Herz gehabt hat; als ob ein von Babylon datierter Brief des hl. Peter in Rom geschrieben und daß da Rom für Babylon zu nehmen sei, ist so unverschämt, daß man nicht ohne zu lachen davon reden kann. Man fragt jeden vernünftigen Leser, was von einem auf so bestätigte Unwahrheiten gegründeten Rechte zu halten sei.

Endlich mag sich Robert dem hl. Peter oder den zwölf Aposteln oder den zwölf Patriarchen oder den neun Chören der Engel übergeben haben, so erteilet doch dieses dem Papste nicht das geringste Recht auf ein Königreich; dieses ist weiter nichts als ein unleidlicher Mißbrauch, der allen alten Lehngesetzen, der christlichen Religion, der Unabhängigkeit der regierenden Herren, der gesunden Vernunft und dem natürlichen Gesetz zuwider ist.

Aber dieser Mißbrauch ist doch siebenhundert Jahre alt! Das will ich zugeben; aber wenn er auch siebenhunderttausend Jahre alt wäre, so müßte man ihn doch abschaffen. Ich leugne nicht, es sind genug Investituren vorhanden, die die Päpste über Neapel erteilt haben, aber es sind noch weit mehr Bullen vorhanden, die die Fürsten der geistlichen Gerichtsbarkeit unterworfen und welche sagen, es könne kein regierender Herr in keinem einzigen Falle Geistliche oder

* Brief an die Galater, Kap. 2.

Mönche richten oder von ihnen einen Scherf zu Erhaltung ihrer Staaten nehmen. Noch mehr Bullen gibt es, welche im Namen Gottes sagen, man könne ohne Einwilligung des Papstes keinen Kaiser machen. Alle diese Bullen sind in die Verachtung verfallen, die sie verdienen; warum wollte man denn die vermeintliche Oberlehnsherrschaft über das Königreich Neapel mehr achten? Wenn das Altertum die Irrtümer heiligte und sie vor allem Angriff in Sicherheit setzte, so wären wir insgesamt verbunden, nach Rom zu gehen und daselbst unsere Prozesse entscheiden zu lassen, so oft von einer Heirat, von einem Testamente, von einem Zehnten die Rede wäre; wir müßten Taxen bezahlen, welche die Legaten auflegten. Wir müßten die Waffen ergreifen, so oft der Papst einen Kreuzzug ausschriebe, wir müßten in Rom Ablaß kaufen, wir würden die Seelen der Verstorbenen dem Geldpreise überlassen, wir würden an die Hexenmeister, an die Zauberei, an die Kraft der Reliquien über die Teufel glauben. Jeder Priester könnte Teufel in die Leiber der Ketzer senden: jeder Fürst, der mit dem Papste Händel bekäme, würde seine Oberherrschaft verlieren. Das alles ist ebenso alt oder noch älter als die angebliche Lehnsabhängigkeit eines Königreichs, welches seiner Natur nach unabhängig sein muß.

Gewiß, wenn die Päpste dieses Königreich gegeben haben, so können sie es auch nehmen; sie haben auch sonst wirklich die rechtmäßigen Besitzer dessen beraubt. Dieses ist eine beständige Quelle bürgerlicher Kriege. Dieses Recht des Papstes ist also wirklich der christlichen Religion, der gesunden Politik und der Vernunft zuwider; welches zu beweisen war.

Das, was man das Privilegium, das Vorrecht der Sizilianischen Monarchie nennt, ist ein mit allen christlichen Mächten, mit der Republik Genua, mit den Republiken Lucca
und Ragusa sowie mit Frankreich und Spanien wesentlich
vereinbartes Recht. Es besteht in drei Hauptstücken, die der
Papst Urban II. dem König Roger von Sizilien zugestanden
hat.

Das erste ist: ohne Einwilligung des Monarchen keinen Le-
gat a latere anzunehmen, der die päpstlichen Funktionen
verrichte.

Das zweite: im Königreiche dasjenige zu tun, was dieser
fremde Gesandte zu tun sich für berechtigt hielt.

Das dritte: zu den Römischen Kirchenversammlungen selbst
beliebige Bischöfe und Äbte zu schicken.

Gewiß, es war dieses das wenigste, was man für einen Mann
tun konnte, der Sizilien von dem Joche der Araber befreit
und es christlich gemacht hatte. Dieses vermeintliche Privilegium war nichts anderes als das natürliche Recht, so wie
die Freiheiten der Gallikanischen Kirche nichts anderes als
den vormaligen Gebrauch aller Kirchen enthalten.

Diese Privilegien wurden in keiner andern Absicht von Urban II. gegeben und von einigen nachfolgenden Päpsten
bestätigt und erweitert, als um womöglich aus Sizilien ein
apostolisches Lehn, ebenso wie mit Neapel geschehen war,
zu machen. Aber die Könige gingen nicht in diese Falle. Es
war schon genug, daß sie ihre Würde so weit vergessen und
auf dem festen Lande Vasallen wurden; auf der Insel wurden sie es niemals.

Wenn man einen von den Gründen zu wissen verlangt, aus
welchem diese Könige das Recht, keinen Legaten anzuneh-

men, zu der Zeit behaupteten, wo alle anderen regierenden Herren in Europa die Schwachheit hatten, sie zuzulassen, so findet man ihn beim Johann, Bischof von Salisbury: »Legati Apostolici ... ita debacchantur in Provinciis, ac Sathan ad Ecclesiam flagellandam a facie Domini. Provinciarum diripiunt spolia, ac si thesauros Croesi studeant comparare.« Sie plündern das Land wie der Satan, der, entfernt vom Angesicht des Herrn, die Kirche geiselte. Sie nehmen die Beute der Provinzen, als ob sie Schätze des Crösus sammeln wollten.

Die Päpste gereute es bald, daß sie den Königen von Sizilien ein natürliches Recht überlassen hatten. Sie wollten es sich wieder nehmen. Baronius will kurz und gut behaupten, dieses Privilegium sei erschlichen, den Königen von Sizilien nur von einem Gegenpapst verkauft worden, und er findet keine Schwierigkeit, alle auf den Roger folgenden Könige von Sizilien für Tyrannen zu erklären.

Nach Jahrhunderten von Widersprüchen und einem immer standhaften Besitz der Könige glaubte endlich der römische Hof, eine Gelegenheit, Sizilien zu unterwerfen, zu der Zeit zu finden, als der Herzog von Savoyen, Victor Amadeus, infolge der Utrechter Verträge König dieser Insel ward.

Man hat nötig zu wissen, was für eines Vorwandes sich der neuere römische Hof bedient habe, um dieses den alten Römern so schätzbare Königreich über den Haufen zu werfen. Der Bischof von Lipari ließ eines Tages im Jahr 1711 ein Dutzend Maß grüne Erbsen an einen Getreidehändler verkaufen. Der Getreidehändler verkaufte diese Erbsen auf dem Markte und bezahlte drei Obolen als eine Abgabe, womit die Regierung die Erbsen belegt hatte. Der Bischof behauptete, das sei ein Sakrileg, diese Erbsen gehörten ihm nach göttlichem Rechte, es müsse nichts davon an ein welt-

liches Gericht bezahlt werden. Er hatte offenbarerweise unrecht. Diese grünen Erbsen konnten heilig sein, solange sie
ihm zugehörten; sie waren es aber nicht, nachdem er sie
verkauft hatte. Immittelst behauptete der Bischof, sie hätten einen unauslöschlichen Charakter; und er machte soviel
Lärm, ward auch von seinen Domherren so gut unterstützt,
daß man dem Getreidehändler seine drei Obolen wieder-
gab.

Die Regierung glaubte nunmehr, die Sache sei abgetan; aber
der Bischof von Lipari war schon nach Rom gereist, nachdem er vorher den Befehlshaber der Insel und die Geschworenen in den Bann getan hatte. Das oberste Gericht der
Monarchie erteilte ihnen eine Losprechung *cum reinciden-
tia*, das ist, sie suspendierten die Zensur nach dem Rechte,
welches sie dazu hatten.

Die zu Rom befindliche sogenannte Immunitäts-Kongregation ließ sogleich ein Zirkularschreiben an alle sizilianischen
Bischöfe ergehen, worinnen gesagt ward, das Unterfangen
des obersten Gerichts der Monarchie sei noch gottbeleidigen-
der als dasjenige gewesen, da man Erbsen, die ursprünglich
aus den Obstgärten eines Bischofs gekommen wären, einer
Abgabe von drei Obolen unterworfen habe. Ein Bischof von
Catanea publizierte diese Erklärung: Der Vizekönig mit
dem obersten Gerichte der Monarchie kassierte sie, als einen
Eingriff in die königliche Hoheit. Der Bischof von Catanea
tat einen Baron Figuerazzi und zwei andere Beisitzer des
obersten Gerichts in Bann.

Der Vizekönig ward unwillig und schickte durch zwei Edelleute einen Befehl an den Bischof von Catanea, das Königreich zu verlassen. Der Bischof tat die beiden Edelleute in
Bann, belegte seine Diözese mit der Acht (interdict) und
reiste nach Rom. Man bemächtigte sich eines Teils von sei-

nem Vermögen. Der Bischof von Agrigent tat, soviel er konnte, um sich einen gleichen Befehl zuzuziehen, und er erhielt ihn auch. Er ging noch viel weiter als der Bischof von Catanea; er tat den Vizekönig, das oberste Gericht und die ganze Monarchie in Bann.

Diese armseligen Läppereien, die man heutzutage ohne die Achseln zu zucken nicht lesen kann, wurden ein sehr ernsthafter Handel. Dieser Bischof von Agrigent hatte drei Vikarien, die mit dem Banne noch eilfertiger waren als er. Sie wurden ins Gefängnis geworfen; alle Andächtigen nahmen ihre Partei, und Sizilien stund in Flammen.

Victor Amadeus, dem Philipp V. diese Insel abgetreten hatte, nahm den 10. Okt. 1713 davon Besitz; kaum war der neue König angelangt, als der Papst Clemens XI. drei Breven an den Erzbischof von Palermo ausfertigte, worinnen ihm anbefohlen ward, das ganze Königreich in Bann zu tun, bei Strafe, außerdem selbst in Bann zu verfallen. Die Vorsehung fand nicht für gut, diese drei Breven in ihren Schutz zu nehmen. Die Barke, die sie überbringen sollte, litt Schiffbruch: und diese Breven, die das Parlament von Frankreich würde haben verbrennen lassen, ersoffen mit ihrem Überbringer. Da sich aber die Vorsehung nicht immer durch außerordentliche Zufälle zeigt, so gestattete sie, daß andere Breven ankamen; darunter war besonders eines befindlich, worinnen das oberste Gericht der Monarchie ein gewisses vermeintliches Tribunal benennet ward. Im Monat November ließ die Immunitäts-Kongregation alle Prokuratoren der sizilianischen Klöster, die zu Rom waren, zusammenkommen und befahl ihnen, allen Mönchen zu melden, sie hätten das vorher von dem Bischof von Catanea erlassene Interdikt zu beobachten und sich bis auf anderweitigen Befehl des Messelesens zu enthalten.

Der gute Clemens XI. tat selbst namentlich den Richter der Monarchie am 5. Januar 1714 in Bann. Der Cardinal Palucci befahl allen Bischöfen (und immer unter der Drohung mit dem Banne), nichts an den Staat von demjenigen zu bezahlen, wozu sie sich selbst durch die alten Gesetze des Königreichs verbindlich gemacht hatten. Der Kardinal de la Trimouille, französischer Botschafter in Rom, versuchte namens seines Herrn, einen Vergleich zwischen dem hl. Geist und dem Victor Amadeus zu vermitteln; aber die Unterhandlung hatte keinen gedeihlichen Erfolg.

Endlich vermeinte am 10. Februar 1715 der Papst, durch eine Bulle das Tribunal der Sizilianischen Monarchie loszusprechen. Nichts macht eine aus gutem Willen verliehene Gewalt mehr verächtlich als ein übertriebenes Verfahren, welches sie nicht ausführen kann. Das Tribunal hielt sich nicht für losgesprochen; der hl. Vater befahl, es sollten alle Kirchen auf der Insel zugeschlossen werden, und niemand sollte zu Gott beten. Es ward aber dem ohngeachtet in verschiedenen Städten gebetet. Der Graf Maffei, der namens des Königs an den Papst abgesendet ward, hatte eine Audienz bei ihm. Clemens XI. weinte öfters und widerrief ebenso oft Zusagen, die er getan hatte. Man sagte von ihm: er gleiche dem hl. Peter, er weine und verleugne. Maffei, der ihn darüber, daß noch die meisten Kirchen in Sizilien offenstünden, häufige Tränen vergießen sah, sagte zu ihm: »Hl. Vater, weinen Sie, wenn man sie zuschließen wird, und nicht, wenn sie geöffnet werden.«

Wenn die Gerechtsamen von Sizilien unumstößlich sind, wenn die Oberlehnsherrschaft von Neapel weiter nichts als ein altes Hirngespinst ist, so ist der Einfall in Ferrara eine neue Anmaßung. Ferrara war unstreitig, so wie Parma und Piacenza, ein Lehn des Römischen Reichs. Der Papst Clemens VIII. nahm es im Jahr 1597 Cäsar von Este mit bewaffneter Hand. Der Vorwand zu dieser Tyrannei war für einen Mann, der sich für einen demütigen Statthalter Jesu Christi ausgab, sehr sonderbar. Der Herzog Alphons von Este, der erste des Namens, regierender Herr von Ferrara, Modena, Este, Carpi, Rovigno, hatte eine bloße Bürgerin von Ferrara namens Laura Eustachia geheiratet, mit welcher er vor seiner Heirat drei Kinder erzeugt und solche feierlich im Angesichte der Kirche anerkannt hatte. Es fehlte dieser Anerkennung keine einzige durch die Gesetze vorgeschriebene Formalität. Sein Nachfolger, Alphons von Este, ward als Herzog von Ferrara anerkannt. Er heiratete Julia von Urbino, eine Tochter des Herzogs Franz von Urbino, mit welcher er jenen unglücklichen Cäsar von Este erzeugte, der der unstreitige Erbe aller Güter seines Hauses und am 27. Oktober 1597 von dem letztverstorbenen Herzog zum Erben erklärt worden war. Der Papst Clemens VIII. des namens Aldobrandino, aus einer Familie florentinischer Kaufleute entsprossen, hatte das Herz, vorzugeben, des Cäsar von Este Großmutter sei nicht adlig genug gewesen und die Kinder, die sie zur Welt gebracht habe, müßten als uneheliche Kinder angesehen werden. Der erste Grund ist lächerlich und von seiten eines Bischofs ärgerlich; der zweite läßt sich vor keinem Richterstuhl von Europa behaupten: denn wenn der Herzog nicht rechtmäßig war, so mußte er auch Modena und seine übrigen Staaten verlieren; und wenn an seiner Geburt nichts auszusetzen war, so mußte er Ferrara so gut wie Modena behalten.

Der Anfall von Ferrara war allzuschön, als daß nicht der Papst hätte alle Dekretalen und alle Aussprüche der unerschrockenen Theologen, welche versichern, der Papst könne gerecht machen, was ungerecht sei, gebrauchen sollen. Demzufolge tat er zuförderst Cäsar von Este in Bann; und da der Bann notwendigerweise einen Menschen aller seiner Güter beraubt, so warb der gemeinschaftliche Vater der Gläubigen wider den mit dem Banne belegten Kriegsvölker an, um ihm im Namen der Kirche seine Erbschaft zu rauben. Diese Kriegsvölker wurden geschlagen; aber der Herzog von Modena und Ferrara sah bald seine Finanzen erschöpft und den Eifer seiner Freunde erkaltet.

Das kläglichste dabei war dieses, daß sich der König von Frankreich, Heinrich IV., für verbunden erachtete, auf des Papstes Seite zu treten, um Philipps II. Ansehen am Römischen Hofe ein Gegengewicht zu geben. So hatte sich der gute, jedoch weniger zu entschuldigende König Ludwig XII. auf eine schimpfliche Art mit dem Ungeheuer Alexandern VI. und seinem abscheulichen Bastard, dem Herzog Borgia vereinigt. Man mußte nachgeben; sodann ließ der Papst Ferrara durch den Kardinal Aldobrandino wegnehmen, der mit tausend Pferden und fünftausend Fußsoldaten in diese herrliche Stadt einzog.

Seit der Zeit war Ferrara öde, ihr umliegendes Gebiet blieb unbebaut und ward mit stehenden Morästen bedeckt. Dieses Land war unter dem Hause Este eines der schönsten von Italien gewesen; das Volk bedauerte immer seine vormaligen Herren. Der Herzog war zwar entschädigt. Man gab ihm die Ernennung zu einem Bistum und zu einer

Pfarre; man überließ ihm sogar einige Scheffel Salz aus den Magazinen von Cervia; aber es ist doch gewiß, daß das Haus Modena unstreitige und unverjährliche Rechte auf dieses Herzogtum Ferrara hat, dessen es so unanständigerweise beraubt worden ist.

Von Castro und Ronciglione

Die Anmaßung, wodurch Castro und Ronciglione dem Hause Parma entzogen worden, ist ebenso ungerecht, aber das Verfahren dabei noch niederträchtiger gewesen. Es gibt in Rom viel Juden, die sich an den Christen, so gut sie können, dadurch rächen, daß sie ihnen unter hohen Zinsen auf Pfänder leihen. Die Päpste haben ihnen den Handel entzogen. Sie haben Banken errichtet, die man *Montes pietatis* nennt; man leiht da auch auf Pfänder, aber mit weit niedrigern Zinsen. Die Privatpersonen legen daselbst ihr Geld nieder, und dieses Geld wird denjenigen geliehen, welche borgen wollen und Sicherheit verschaffen können.

Raimut, Herzog von Parma, der Sohn jenes berühmten Alexander Farnese, der es dahin brachte, daß der König Heinrich IV. die Belagerungen von Rouen und von Paris aufheben mußte, war genötigt, große Summen aufzunehmen, und räumte der Leihbank vor den Juden den Vorzug ein. Immittelst hatte er eben nicht Ursache, mit dem römischen Hofe allzuwohl zufrieden zu sein. Das erste Mal, als er daselbst erschien, wollte ihm Sixtus V. zur Belohnung für die Dienste, die sein Vater der Kirche geleistet hatte, den Kopf abschlagen lassen.

Sein Sohn Odoard war die Zinsen nebst dem Kapital schuldig und konnte beides schwerlich bezahlen. Barbarini oder

Barberini, der damals unter dem Namen Urban VIII. Papst war, wollte die Sache dadurch beilegen, daß er seine Nichte, Barbarini oder Barburina, an den jungen Herzog von Parma verheiratete. Er hatte zwei Neffen, die mit ihm regierten, einen Tadeo Barbarini, Präfekt von Rom, und einen andern, Kardinal Antonio, nächstdem auch noch einen dritten, der auch Kardinal war, aber keinen Menschen regierte. Der Herzog ging nach Rom, um jenen Präfekt und jene Kardinäle zu besuchen, von denen er vermittelst einer Verminderung der Zinsen, die er der Leihbank schuldig war, Schwager werden sollte. Weder der Handel noch die Nichte des Papstes noch das Betragen der Neffen gefielen ihm; er zerfiel mit ihnen über die große Sache der neuen Römer, das *punctiglio,* die Wissenschaft, wieviel Schritte ein Kardinal und ein Präfekt machen müssen, wenn sie einen Herzog von Parma zurückbegleiten. Alle Schweifträger in Rom gerieten über diese Streitigkeit in Bewegung, und der Herzog von Parma heiratete eine Medici.

Die Barberinen oder Barbarinen dachten auf Rache. Der Herzog verkaufte alle Jahre sein Getreide aus dem Herzogtum Castro an die Apostolische Kammer, um einen Teil seiner Schuld abzutragen; und die Apostolische Kammer verkaufte sein Getreide wiederum teuer an das Volk. Sie kaufte dessen anderwärts und verbot den Eingang des Getreides aus Castro in Rom. Der Herzog von Parma konnte sein Getreide nicht an die Römer verkaufen und verkaufte es daher ebenfalls anderwärts, so gut er konnte.

Der Papst, der außerdem ein sehr schlechter Poet war, tat Odoard, wie gewöhnlich, in Bann und inkamerierte das Herzogtum Castro. Inkamerieren ist ein Wort aus der der Apostolischen Kammer eigenen Sprache; jede Kammer hat die ihrige. Es bedeutet, dasjenige, was uns gar nicht zugehört, wegnehmen, ergreifen, sich zueignen. Der Herzog ergriff mit Hilfe der Medici und einiger Freunde die Waffen, um sein Gut zu entkamerieren. Die Barberini bewaffneten sich auch. Man gibt vor, der Kardinal Antonio habe, als er geweihte Flinten unter die Soldaten austeilen lassen, sie ermahnt, sie möchten solche fein reinlich halten und sie in dem nämlichen Stande, wie sie sie bekommen hätten, wiederbringen. Man versichert sogar, es habe auf beiden Teilen Schläge gesetzt und es wären in diesem Kriege drei bis vier Personen entweder aus Unmäßigkeit oder aus andern Ursachen geblieben. Man unterließ nicht, weit mehr Geld aufzuwenden, als das Getreide von Castro wert war. Der Herzog befestigte Castro; und ob er gleich mit dem Bann belegt war, so konnten die Barberini doch nicht seine Stadt mit ihren Musketen wegnehmen. Das alles glich nur sehr mäßig den Kriegen der Römer aus den vorigen Zeiten und noch weniger der Sittenlehre Jesu Christi. Es war auch nicht das »Nötige sie, hereinzukommen«, es war das »Nötige sie, hinauszugehen«. Dieser Lärm dauerte mit einigen Unterbrechungen binnen den Jahren 1642 und 1643. Der französische Hof vermittelte im Jahr 1644 einen verstellten Frieden. Der Herzog von Parma kommunizierte und behielt Castro.

Pamphil, Innocenz X., der keine Verse machte und die beiden Kardinäle Barberini haßte, plagte sie zur Strafe für ihre Plackereien so heftig, daß sie sich nach Frankreich flüchteten, wo der Kardinal Antonio Erzbischof von Reims und Großallmosenier ward, auch eine Menge Abteien bekam.

Wir müssen im Vorbeigehen bemerken, daß es noch einen dritten Kardinal Barberini gab, der auch unter dem Namen Antonio getauft war. Er war des Papstes Urbans VIII. Bruder. Dieser gab sich weder mit Versen noch mit der Regierung ab. Er war in seiner Jugend töricht genug gewesen, zu glauben, das einzige Mittel, die Seligkeit zu gewinnen, wäre dieses, daß er Laienbruder bei den Kapuzinern würde. Er nahm also diese Würde an, die gewiß die niedrigste unter allen ist; wie er aber nach der Zeit vernünftig ward, so begnügte er sich damit, daß er Kardinal und sehr reich war. Er lebte als Philosoph. Die Inschrift, die er auf sein Grab zu setzen befahl, ist merkwürdig:

»*Hic jacet pulvis et cinis, postea nihil.*«

»Hier liegt Staub und Asche und weiter nichts.«

Dieses Nichts ist etwas Sonderbares für einen Kardinal.

Aber laßt uns wieder auf die parmesanischen Händel kommen. Pamphil wollte im Jahr 1646 Castro einen Bischof geben, der wegen seiner Sitten sehr berüchtiget war und vor dem alle Bürger in Castro, die schöne Weiber und hübsche Kinder hatten, zitterten. Der Bischof ward von einem Eifersüchtigen umgebracht. Anstatt daß nun der Papst die Missetäter hätte aufsuchen lassen und sich ihrer Bestrafung halber mit dem Herzog vernehmen sollen, schickte er Kriegsvölker und ließ die Stadt schleifen. Diese Grausamkeit ward der Donna Olympia, des Papstes Schwägerin und Beischläferin, Schuld gegeben, die der Herzog zu beschenken unterlassen hatte, da sie doch von aller Welt Geschenke erhielt. Eine Stadt schleifen war etwas noch weit Ärgeres, als sie inkamerieren. Der Papst ließ auf die Ruinen eine kleine Pyramide mit der Aufschrift »Qui fu Castro« aufrichten.

Das geschah unter Raimut II., dem Sohne Odoardo Farnese. Der Krieg ging von neuem an und ward noch mörderischer, als der Krieg der Barbarini gewesen war. Das Herzogtum Castro und Ronciglione blieb immer, zum Vorteil der apostolischen Kammer konfisziert, von 1646 an bis 1662, unter dem Pontifikat des Chigi Alexanders VII.

Gleichwie dieser Alexander VII. bei mehr als einer Gelegenheit Ludwig XIV., dessen Jugend er verachtete, seine Größe aber nicht kannte, getrotzt hatte, also wurden auch die Streitigkeiten zwischen den beiden Höfen so weit getrieben und die Verbitterung zwischen dem Herzog von Crequi, französischem Botschafter zu Rom, und dem Marco Chigi, des Papstes Bruder, war so heftig, daß auch sogar die korsische Wache Seiner Heiligkeit auf den Wagen der Gesandten Feuer gab und einen von ihren Edelknaben am Schlage tötete. Nun war sie zwar hierzu durch keine Bulle berechtigt; es schien aber doch, daß ihr Eifer dem hl. Vater eben nicht mißfallen hatte. Ludwig XIV. ließ seine Rache fürchten. Er ließ den päpstlichen Botschafter zu Paris gefangennehmen, schickte Kriegsvölker nach Italien, bemächtigte sich der Grafschaft Avignon. Der Papst, der anfangs gesagt hatte, es würden ihm Legionen Engel zu Hilfe kommen, diese Engel aber nicht erscheinen sah, demütigte sich und bat um Vergebung. Der König in Frankreich vergab ihm unter der Bedingung, daß er Castro und Ronciglione dem Herzog von Parma und Comarchio dem Herzoge von Modena, die beide mit ihm verbunden und unterdrückt waren, wiedergeben würde.

Da der Papst Innocenz X. eine kleine Pyramide zum Andenken der Schleifung von Castro hatte aufrichten lassen, so mußte auf Verlangen des Königes in Frankreich eine noch einmal so hohe Pyramide zu Rom auf dem Farnesischen Platze, wo das Verbrechen der päpstlichen Wache geschehen war, aufgerichtet werden. Nach dem getöteten Edelknaben ward nicht weiter gefragt. Der Statthalter Jesu Christi hätte wenigstens der Familie dieses jungen Christen einen Gnadengehalt aussetzen sollen. Der römische Hof ließ in den Vertrag listigerweise einrücken, man würde Castro und Ronciglione nicht anders als gegen eine Summe Geldes wiedergeben, die ohngefähr so viel betrug, als das Haus Farnese der Leihbank schuldig war. Durch diesen listigen Streich sind Castro und Ronciglione immer inkameriert geblieben, wenngleich Ludwig XIV., der bei vorfallenden Gelegenheiten wider den römischen Hof mit Heftigkeit losbrach und ihm hernach nachgab, das Gegenteil ausbedungen hatte.

Es ist gewiß, daß die Nutzung dieses Herzogtums der apostolischen Kammer viermal mehr eingebracht hat, als der *Monte di Pietà* an Kapital und Zinsen wiederverlangen konnte. Aber das hat nichts zu bedeuten, die Apostel sind immer im Besitz. Keine offenbarere Anmaßung ist jemals gehört worden. Man wende sich an alle Gerichtshöfe von China an bis nach Corfu: ist wohl ein einziger, wo der Herzog von Parma nicht seinen Prozeß gewinnen sollte? Man darf nur rechnen. Wieviel bin ich dir schuldig? Wieviel hast du erhoben? Bezahle mir den Überschuß und gib mir mein Unterpfand wieder. Es ist zu glauben, daß, wenn der Herzog von Parma diesen Prozeß anstellen wollte, er ihn allenthalben, außer bei der apostolischen Kammer, gewinnen würde.

Julius II. Acquisitionen

Ich will hier nicht von Comacchio reden, das ist eine Sache, die das Römische Reich angeht; ich beziehe mich deshalben auf das Kammergericht zu Wetzlar und auf den Reichshofrat. Man muß aber sehen, durch was für gute Werke die Knechte der Knechte Gottes alle die Domänen, die sie heutzutage besitzen, vom Himmel erlangt haben. Wir wissen durch den Kardinal Bembo, durch den Guicciardini und durch so viel andere, wie la Rovere, Julius II., die päpstliche Mütze gekauft hat und welchergestalt er, noch ehe die Kardinäle in das Konklave gegangen waren, schon erwählt worden. Das was versprochen war, mußte bezahlt werden, außerdem hätte man ihm seine Briefe vorgelegt, und er stand in Gefahr, abgesetzt zu werden. Um den einen zu bezahlen, mußte man anderen nehmen. Er warb also vor allen Dingen Kriegsvölker an; er stellte sich an ihre Spitze und belagerte Perugia, welches dem Herrn Baglioni gehörte, einem einfältigen und furchtsamen Manne, der nicht das Herz hatte, sich zu wehren. Er übergab seine Stadt im Jahr 1506. Man ließ ihm nur sein Hausgerät nebst seinen *Agnus Dei* wegschaffen. Von Perugia zog Julius nach Bologna und vertrieb hieraus die Bentivoglio.

Es ist bekannt, wie er alle regierenden Herren wider Venedig aufhetzte und wie er hernach mit den Venetianern wider Ludwig XII. ein Bündnis schloß. Er war ein grausamer Feind, ein treuloser Freund, Priester und Soldat zugleich und besaß dasjenige beisammen, was diesen beiden Ständen vorgeworfen wird, nämlich Betrügerei und Unmenschlichkeit. Dieser ehrliche Mann gab sich auch mit dem Banne ab. Er schoß seinen lächerlichen Bannstrahl auf den König von Frankreich, Ludwig XII., den Vater seines Volks; er glaubte, sagt ein berühmter Schriftsteller, daß er, als Statthalter Gottes, die Könige mit dem Fluche belegen könne, und setzte, als Statthalter des Teufels, einen Preis auf die Köpfe aller Franzosen in Italien. Das war der Mann, dessen Füße von den Fürsten geküßt wurden und den die Völker als einen Gott anbeteten.

Die Erde hat genug von der Simonie ertönet, die diesem
Borgia die päpstliche Mütze einbrachte; von den übermäßi-
gen Grausamkeiten und Wollüsten, womit sich seine natürlichen Kinder besudelten; von seiner Blutschande mit seiner
Tochter Lukretia. Welch eine Lukretia! Es ist bekannt, daß
sie mit ihrem Bruder und Vater Unzucht trieb und daß sie
Bischöfe zu Kammerdienern hatte. Man ist mehr als zu wohl
von der herrlichen Lustbarkeit unterrichtet, wobei fünfzig
nackende Buhlschwestern in verschiedenen Stellungen Ka-
stanien auflesen mußten. Italien redet noch von dem Gifte,
welches er für einige Kardinäle bereitet haben und wovon
er selbst gestorben sein soll. Von diesen entsetzlichen Abscheulichkeiten ist zwar nur das Andenken übrig geblieben;
aber es sind noch Erben derjenigen vorhanden, die seine
Söhne und er ermorden oder erwürgen oder vergiften ließen, um ihre Erbschaften zu rauben. Man weiß, was für
eines Giftes sie sich bedienten, es hieß la Cantarella. Alle
die Missetaten dieser abscheulichen Familie sind ebenso bekannt als das Evangelium, unter dessen Vorwande diese
Ungeheuer sie ungestraft begingen. Es ist hier nur von den
Gerechtsamen verschiedener vornehmer Häuser die Rede,
welche noch vorhanden sind. Werden die Orsini, die Co-
lonna immer zugeben, daß die apostolische Kammer die
Erbschaft ihres alten Hauses an sich behalte?
Wir haben zu Venedig gewisse Tiepolo, welche von der
Tochter des Johann Sforza, Herrn von Pesaro, abstammen,
den Cäsar Borgia im Namen seines Vaters, des Papstes, aus
der Stadt vertrieb. Es gibt gewisse Manfredi, welche berechtigt sind, Faenza wieder zu verlangen. Das Haus von Montefeltro ist noch nicht ausgestorben. Das Herzogtum Urbino,

welches Alexander VI. und sein Sohn durch die schändlichste und in Machiavells Bücher vor andern ausgezeichnete Treulosigkeit an sich brachten, gehört denjenigen, welche in die Familie von Montefeltro gekommen sind, es sei denn, daß Missetaten eine Verjährung wider die Billigkeit bewirken können.

Julius Varano, Herrn von Camerino, ward eben zu der Zeit, da er eine Kapitulation unterzeichnete, vom Cäsar Borgia gefangengenommen und nebst seinen beiden Söhnen auf öffentlichem Markte erwürget.

Alle diejenige, welche lesen, haben beim Machiavell nicht ohne Entsetzen gefunden, wie dieser Cäsar Borgia den Vitellozo Vitelli, Oliverotto da Fermo, il Signor Pagolo und Francesco Orsini, Herzog von Gravina, hat ermorden lassen. Aber das, was uns Machiavell nicht gesagt hat, alle Geschichtsschreiber der damaligen Zeit hingegen uns melden, ist dieses, daß indem Borgia den Herzog von Gravina und seine Freunde im Schlosse Sinigaglia erwürgen ließ, sein Vater, der Papst, den Kardinal Orsini, einen Anverwandten des Herzogs von Gravina, gefangennehmen ließ und alle Güter dieses vornehmen Hauses einzog. Der Papst bemächtigte sich sogar aller Gerätschaften. Er führte bittere Klagen, daß er nicht unter diesen Gerätschaften eine große Perle, die zweitausend Dukaten geschätzt worden, und ein Kästchen voll Gold, welches er bei dem Kardinal wußte, gefunden habe. Die achzigjährige Mutter dieses unglücklichen Prälaten besorgte, Alexander VI. möchte nach seiner Gewohnheit ihren Sohn mit Gift hinrichten lassen, und brachte ihm daher mit Zittern die Perle und das Kästchen; aber ihr Sohn hatte schon Gift bekommen und lag in den letzten Zügen. Gewiß, wenn sich die Perle, wie man sagt, noch in der Schatzkammer der Päpste befindet, so sind sie ihrem Gewissen nach verbunden, sie nebst dem Golde, welches in dem Kästchen war, der Familie der Orsini wiederzugeben.

Schlußfolgerung

Nachdem ich mit der genauesten Wahrheit alle diese Begebenheiten erzählt habe, woraus man einige Folgerung ziehen und womit man einen anständigen Gebrauch machen kann, so will ich allen denen, die daran teilnehmen und auf diese Blätter die Augen richten dürften, zu bemerken geben, daß die Päpste nicht eines Daumens breit Land besitzen, welches nicht durch Verwirrung oder Arglist erlangt worden wäre. Was die Verwirrung anlangt, so darf man nur die Geschichte des Römischen Reichs und die deutschen Rechtsgelehrten lesen. In Absicht auf die Arglist darf man nur die Augen auf Konstantins Schenkung und auf die Dekretalen werfen.

Die von der Gräfin Mathildis dem sanftmütigen und bescheidenen Gregor VII. zugefallene Schenkung ist vielleicht für die römischen Bischöfe der günstigste Titel. Aber, aufrichtig von der Sache zu reden, wenn eine Frau zu Paris, zu Wien, zu Madrid, zu Lissabon alle ihre Anverwandten enterbte und in ihrem Testamente alle ihre männlichen Lehne nebst ihren Ringen und Kleinodien ihrem Beichtvater vermachte, würde dieses Testament nicht nach den ausdrücklichen Gesetzen aller Staaten ungültig sein?

Man wird uns sagen, der Papst sei über alle Gesetze, er könne das was unrecht sei, gerecht machen, »potest de injustitia facere justitiam. Papa est supra jus, contra jus et extra jus«; das ist die Meinung des Bellarmin*, das ist die Sprache der römischen Theologen. Darauf haben wir nichts zu antworten. Wir verehren den päpstlichen Stuhl zu Rom. Wir haben ihm die Ablässe, das Vermögen, Seelen aus dem Fegefeuer zu befreien, die Erlaubnis, unsere Schwägerinnen und unsere Nichten eine nach der andern zu heiraten, die Kanonisation des hl. Ignaz, die Sicherheit, vermittelst Anhängung eines Skapuliers in den Himmel zu kommen, zu danken; aber diese Wohltaten sind vielleicht kein Grund, um das Vermögen eines andern für sich zu behalten.

Es gibt Leute, welche sagen, daß, wenn sich jede Kirche durch sich selbst nach den Gesetzen des Staates regierte, wenn man der Simonie, Annaten für eine geistliche Pfründe zu bezahlen, ein Ende machte, wenn ein Bischof, der gewöhnlichermaßen vor seiner Ernennung nicht reich ist, nicht genötiget wäre, zur Bezahlung seiner Bullen Geld zu borgen und dadurch sich selbst oder seine Gläubiger zugrunde zu richten, der Staat nicht nach und nach durch den Ausgang des Gelden, welches nicht wiederkommt, verarmen würde. Aber diese Materie mögen die Wechsler am römischen Hofe auseinandersetzen.

Wir ersuchen noch zum Beschluß den christlichen und geneigten Leser, das Evangelium zu lesen und zu sehen, ob er darin ein einziges Wort finden wird, welches den geringsten von den Streichen, die wir treulich erzählt haben, anbefehle. Wir lesen zwar darin, *daß man sich Freunde mit dem ungerechten Mammon machen müsse*. Ach, allerheiligster Vater, wenn das so ist, so geben Sie doch das Geld wieder!

Zu Padua, den 24. Juni 1768.

---

* *De Romano Pontifice*, Tom. I, Lib. 4.

Wie weit man das gemeine Volk hintergehen müsse

Es ist eine überaus wichtige, zur Zeit aber noch wenig abgehandelte, Frage: Wie weit man mit dem gemeinen Volke, das will sagen mit neun Teilen des menschlichen Geschlechts von zehn, wie mit Affen umgehen müsse? Der hintergehende Teil hat diese bedenkliche Aufgabe niemals genau untersucht; er hat besorgt, in der Rechnung zu fehlen, und daher in den Köpfen des hintergangenen Teiles so viel Erscheinungen angehäuft, als er nur gekonnt hat.

Die ehrlichen Leute, welche zuweilen den Vergil oder die *Lettres provinciales* lesen, wissen nicht daß von dem Lütticher Almanach und von dem hinkenden Staatsboten zwanzig mal mehr Exemplare gesucht werden als von allen guten, sowohl alten als neuen Büchern. Es hat gewiß niemand eine aufrichtigere Hochachtung gegen die berühmten Verfasser dieser Almanache und ihre Mitbrüder als ich. Ich weiß, daß man seit den Zeiten der alten Chaldäer immer gewisse Tage und Stunden zum Arzneinehmen, zum Nägelabschneiden, zum Schlagen im Felde und zum Holzspällen bestimmt hat. Ich weiß, daß z. B. die stärksten Einkünfte einer berühmten Akademie in dem Verkaufe dergleichen Almanache bestehen. Allein dürfte ich wohl, ohne dieser Hochachtung im mindesten zu nahe zu treten, und bei allem Mißtrauen, welches ich in meine Meinung setze, dürfte ich wohl fragen, was denn für das menschliche Geschlecht Nachteiliges daraus erfolgen könnte, wenn einmal ein angesehener Sterndeuter die Bauern und guten ehrlichen Bürger in kleinen Städten lehrte, daß man sich ohne Gefahr die Nägel abschneiden könne, wann man wolle, sofern es nur aus guter Absicht geschähe? Man wird mir antworten, das gemeine Volk würde von diesem Neuling keinen Almanach haben wollen. Ich getraue mir dagegen zu vermuten, daß es unter dem gemeinen Volke große Geister geben dürfte, die sich eine Ehre daraus machen würden, dieser Neuerung zu folgen. Erwidert man mir hierauf, daß diese großen Geister Rotten aufrichten und einen bürgerlichen Krieg erregen würden, so habe ich nichts weiter darauf zu antworten und lasse aus Liebe zum Frieden meine gewagte Meinung fahren.

Der König von Boutan ist bekanntermaßen unter die größten Fürsten dieser Welt zu zählen. Er hat die Throne der Erde unter seinen Füßen; und seine Schuhe (wenn er anders welche trägt) werden mit Zeptern zugeheftet. Er betet, wie bekannt, den Teufel an und bezeigt ihm nebst seiner ganzen Hofstatt eine ausnehmende Ehrerbietung. Dieser König ließ einmal einen berühmten Bildhauer aus meinem Lande zu sich kommen, der ihm eine schöne Bildsäule des Beelzebub verfertigen sollte. Der Bildhauer machte ein Meisterstück; dergleichen schönen Teufel hatte man noch niemals zu sehen bekommen. Aber zum Unglück hatte unser Praxiteles seinem Tiere nur fünf Klauen gegeben, und die Boutaner gaben ihm deren allezeit sechs. Dieser ungeheure Fehler des Bildhauers ward von dem Großzeremonienmeister des Teufels mit dem gebührenden Eifer eines Mannes, der den Rechten seines Herrn und dem undenklichen und geheiligten Herkommen des Königreichs Boutan nichts vergeben wollte, sehr hoch aufgenommen. Er verlangte den Kopf des Bildhauers. Dieser antwortete, seine fünf Klauen wären gerade so schwer als die sonst gewöhnlichen sechs; und der

König von Boutan, der sehr gnädig ist, vergab ihm seinen Fehler. Von der Zeit an ließ sich das gemeine Volk in Boutan nicht mehr bereden, daß der Teufel sechs Klauen hätte.

An dem nämlichen Tage hatten Ihro Majestät nötig, zur Ader zu lassen. Ein Gaskonischer Wundarzt, der mit einem Schiffe unserer Ostindischen Handlungsgesellschaft an seinen Hof gekommen war, ward dazu ausersehen, daß er von diesem kostbaren Blute fünf Unzen abzapfen sollte. Der Sterndeuter, der den Dienst hatte, wollte es nicht zugeben und sagte, des Königs Leben wäre in Gefahr, wenn man ihm in dem gegenwärtigen Zustande des Himmels zur Ader lassen wollte. Der Gaskonier hätte ihm antworten können, die Rede sei itzt bloß von dem gegenwärtigen Zustande des Königs von Boutan. Aber er wartete klüglich einige Minuten. Hierauf nahm er seinen Almanach und sagte zum Sterndeuter: du hast Recht, großer Mann, der König wäre des Todes gewesen, wenn man ihm in dem Augenblicke, als du sprachst, zur Ader gelassen hätte. Der Himmel hat sich seit der Zeit geändert, und itzt ist der rechte günstige Augenblick. Der Sterndeuter gab ihm Recht. Der König ward besser; und unvermerkt gewöhnte man sich, die Könige zur Ader zu lassen, wenn sie es nötig hatten.

Ein beherzter Dominikaner sagte in Rom zu einem englischen Weltweisen: »Du bist ein Lumpenkerl, du lehrst, daß sich die Erde herumdrehe, und bedenkest nicht, daß Josua die Sonne stillstehen hieß.« »Ja, mein ehrwürdiger Pater«, erwiderte der andere, »von der Zeit an ist eben die Sonne unbeweglich geblieben.« Der Dominikaner und der Lumpenkerl umarmten einander; und man hatte endlich sogar in Italien das Herz zu glauben, daß sich die Erde herumdrehe.

Ein Augur beklagte zu Cäsars Zeiten mit einem Senator

den Verfall der Republik. »Es ist wahr«, sagte der Senator, »die Zeiten sind sehr traurig; man hat Ursache, mit Furcht und Zittern an die römische Freiheit zu denken.« »Ei«, sagte der Augur, »das möchte noch hingehen; aber das schlimmste ist, daß man nicht mehr soviel Ehrfurcht gegen uns hegt wie sonst; es scheint, man duldet uns nur; wir hören auf, unentbehrlich zu sein. Es gibt Feldherren, die das Herz haben, eine Schlacht zu liefern, ohne uns zu befragen; und zum größten Unglück, fangen die Leute, die uns die geheiligten Hühner verkaufen, an vernünftig zu denken.« »Aber warum denkt Ihr nicht auch vernünftig?« erwiderte der Senator; »da zu Cäsars Zeiten die Hühnerverkäufer mehr wissen als zu Numas Zeiten, solltet ihr heutigen Auguren nicht auch philosophischer denken als die vormaligen?«

Das Gewohnheitsrecht der Franche-Comté

Über die Sklaverei, die den Bürgern durch ein altes Ge-
wohnheitsrecht auferlegt wird

Die Franche-Comté ist mit Frankreich seit ungefähr einem
Jahrhundert vereinigt. Diese Provinz hatte ihre Gesetze,
ihr Gewohnheitsrecht, ihre Jurisprudenz wie auch ihre
eigene Regierung. Diese Umstände ihrer bürgerlichen Verfassung, zusammen mit ihrer politischen Lage, der Abhän-
gigkeit vom Hause Österreich, hielten die freigräflichen
Untertanen von den Franzosen fern, welche auch wenig
Notiz von ihnen nahmen. Daher werden die Gesetze, Gewohnheitsrechte und Autoren der Franche-Comté von französischen Autoren sehr wenig zitiert. Und selbst seit die
Provinz durch die Vereinigung die Last und die Ehre des
französischen Namens teilt, seit sie an den Gesetzen und
Bestimmungen des öffentlichen Rechtes der Nation teilhat,
ist noch nie untersucht worden, ob die Comtois auch das
Glück haben, daß ihnen nach diesen Grundsätzen Recht
gesprochen wird. Beschäftigen wir uns einen Augenblick mit
einem Artikel des Gewohnheitsrechts der Freigrafschaft, der
dem Namen dieser Provinz wie auch den Grundsätzen
über die Freiheit, die der französischen Nation höchst teuer
sind, zuwiderläuft.

Franzose sein heißt frei sein; der Name allein ist schon
ein Zeichen des Eigentums an der eigenen Person. Dieses
Eigentum, das auch ein Ausländer erwirbt, wenn er nach
Frankreich kommt, ist der Hälfte der Francs-Comtois versagt, obwohl sich diese Hälfte zusammen mit der anderen

Hälfte seit einem Jahrhundert des französischen Namens rühmt. Dieser Mißbrauch rührt aus dem Gewohnheitsrecht jener Provinz her. Den Leser, der einen Augenblick mit dieser Erörterung sich zu beschäftigen geneigt ist, muß man ganz ernsthaft darauf hinweisen, daß wir von einer Provinz des französischen Reiches sprechen und von einem Gewohnheitsrecht, das mit unerbittlicher Gewalt existiert, von einem Gewohnheitsrecht, das auf eine ebenso schreckliche Jurisprudenz sich stützt und auf einen Kommentar, der noch schrecklicher ist.

Dieses Gewohnheitsrecht und diese Jurisprudenz also halten für ungefähr die Hälfte der Bevölkerung der Franche-Comté die Sklaverei aufrecht. Der Kommentator dieser Sklaverei leitet sie von der römischen ab; er untersucht und entwickelt auf merkwürdige Weise deren Beziehungen, Ähnlichkeiten, Abwandlungen und Unterschiede.

Unterscheiden wir, wie der Autor und sein Gewohnheitsrecht, zwei Arten von toter Hand oder von Sklaverei: die eine, im eigentlichen Sinne, ist die der Person; die andere ist die von Grund und Boden.

Die Lage der Person, die dem Recht der *toten Hand* (dies der Terminus des Gewohnheitsrechts) unterworfen ist, bringt es mit sich, daß der Grundherr notwendigerweise ihr Erbe antritt, wenn sie stirbt und ihre Kinder oder nahen Verwandten leben nicht mehr oder haben nicht seit ihrer Geburt ohne Unterbrechung mit ihr zusammen gewohnt und gemeinsam *Topf und Feuer* benutzt. Ein Kind kann sich also keinem Geschäft oder irgendeiner Tätigkeit widmen, die eine Trennung von seinem Vater erforderte. Es muß gleichmütig in einem Winkel des Hausstandes die Erbschaft des Vaters abwarten, die sonst dem Lehnsherrn anheimfällt. Dies ist einer der Gründe für den geringen Fleiß,

die Trägheit und bäurische Grobheit eines Teils der Bevölkerung der Freigrafschaft. Was kann er schon mit den
Künsten anfangen, die das Leben schöner machen, was mit
dem Handel, der uns und unsere Nachkommen bereichert?
Ein Lehnsherr, ein unbekannter Mönch würde die Früchte
ernten. Dieser Comtois lebt also eine Weile mühevoll auf
einer Scholle, an die ihn barbarische Gesetze gefesselt haben; und dort stirbt er ohne Nutzen für sich selbst, für seine
traurige Nachkommenschaft, für die zu sorgen so angenehm
ist, selbst wenn sie undankbar ist, ohne Nutzen für die Nation, die er liebt.

Das Erbe der *toten Hand* wird so genannt, weil derjenige,
der es besitzt, nicht darüber verfügen kann. Sein Eigen-
tumstitel beschränkt sich auf eine Art ewiger Pacht, unter
der Bedingung, keine Hypothek aufnehmen und nicht verkaufen zu können, und mit der Verpflichtung zur Rückgabe an den Lehnsherrn im Falle, daß der Eigentümer
stirbt oder sich in die Freiheit begibt. Die Unvollkommen-
heit dieser Lehnbarkeit ist nicht das einzige Übel, mit dem
das Erbe der toten Hand behaftet ist. Es hat die verhängnisvolle Eigenschaft, die Freiheit desjenigen zu verschlingen,
der dort seinen Wohnsitz genommen hat: Am Ende eines
Jahres endet ein freier Mensch als Sklave. So erneuert und
verewigt diese stets gespannte Falle die Sklaverei.

Der Leser wundert sich über diese doppelte Kette. Nehmen wir ihm die eine ab und untersuchen die persönliche.

Herr Dunod, der es vermocht hat, diesen Teil des Attila-
Kodex in einem Quartband* kalt und gleichgültig abzu-
handeln, zieht geschickt eine Verbindung zwischen der toten Hand und der Sklaverei bei den Römern. Er glaubt

* *Traité de la mainmorte et des retraits*, Dijon 1733

ernsthaft, sie zu rechtfertigen, indem er die Gesetze dieser berühmten Republik zitiert. Die römischen Gesetze über die Sklaven bedeuten uns heute genausowenig wie jene über die Vestalinnen. Wo ist die Beziehung zwischen einem französischen Bürger und seinem Eigentum und dem Status eines zum Gefangenen oder Sklaven gemachten Feindes der Römer?

Gebt dem Kommentator zwei Sklaven: Er wird sie sich vermehren lassen, um eine ganze Provinz, ein ganzes Königreich mit *Sklaven von Geburt* zu besiedeln. Fügt zu diesem Mittel noch einige Hütten hinzu, die auf dem verpesteten Boden der toten Hand erbaut sind. Alle, die dort, und seis durch Zufall, während eines Jahres wohnen, werden freigräfliche Sklaven *durch Wohnsitz*, mögen sie Türken oder Hebräer sein; und ihre *in den Knochen steckende Krankheit* (dies die Begriffe des Autors) wird allen Mitteln von Keiser und Agironi* widerstehen. Man kann also dem Recht der toten Hand unterstehen durch Geburt oder durch Wohnsitz auf der toten Hand; und siehe da, dies ist eine beständigere Eigenschaft als der Adel: Man kann sie weder verlieren noch nicht übertragen. Ein Bastard, der auf der toten Hand zufällig gezeugt wird, ist von diesem Gebrechen sogleich befallen und behält es für sich und die Seinen, seien es Bastarde oder nicht. Der Autor legt großen Wert auf die Feststellung, daß das Wort *Abkömmlinge* zu verstehen ist als *Abkömmlinge bis ins Unendliche*. Das ist, so sagt er, der Sinn des Wortes *Nachkommenschaft*, das im Gewohnheitsrecht verwendet wird. So macht er schließlich aus der toten Hand eine zweite Erbsünde.

---

* Ärzte, die sich der Bekämpfung der Syphilis widmeten. (Anm. d. Hrsg.)

Nicht zufrieden mit dem doppelten und stets fruchtbaren Geheimnis der Sklavenerzeugung, fragt der Autor, ob es denn nicht ein Mittel gebe, Sklaven durch Konvention zu machen. Gestützt auf einige Bruchstücke aus den *Pandekten* und auf ein Kapitel aus dem Grotius kommt er zu dem Schluß, daß es ein drittes, ganz sicheres Mittel gebe. Aber wie kann ein Lehnsherr das Recht der toten Hand und der Sklaverei beweisen? So wie er den Pachtzins durch sein Grund- und Zinsbuch nachweist.

Ein freier Mann, der an den Wohnort seiner der toten Hand unterstehenden Ehefrau zieht, ist in die Falle gegangen und wird Sklave wie sie.

Eine freie Frau, die einen Mann heiratet, welcher der toten Hand untersteht, und die verpflichtet ist, ihrem Ehemann zu folgen, um den natürlichen, göttlichen und menschlichen Gesetzen zu gehorchen, wird zum Sklaven wie ihr Mann. Diese Bestimmungen werden auf Menochius, Baldus, das Julische Gesetz und zwanzig Texte römischer Gesetze gestützt, die mit dem Grivellius verbunden werden. Der Frau bleibt indessen noch das Hilfsmittel, ihren Ehemann zu begraben und schnell an einen freien Ort zu fliehen.

Das Elend, in der Erniedrigung der Sklaverei zu leben, ist nicht das einzige, das die unglücklichen Comtois bis zu den fernsten Generationen verfolgt, die von einem alten hunnischen Buch regiert werden, das sie nicht verstehen. Sie können den Aussatz der Sklaverei ihren Kindern hinterlassen und können weder sie noch sich selbst trösten (wenn Trost dennoch möglich ist), indem sie ihnen das verhängnisvolle Eigentum vermachen, das sie die Freiheit gekostet hat.

Ein Priester, der eine Pfründe mit Wohnsitz bezieht, ein Mädchen, das verpflichtet ist, seinem Bräutigam zu folgen, die Brüder oder anderen Verwandten, sogar Vater und Sohn, die wegen der unerträglichen Gemütsart eines der beiden oder aus Anlaß einer Verheiratung sich trennen müssen oder die, zwar im gleichen Hause wohnend, aus Laune, Sparsamkeit oder Empfindlichkeit Kasse, Handel oder Mahlzeiten getrennt halten, — gleichviel, wenn sie sterben, ist der Lehnsherr ihr Erbe.

Eine Mutter, die eine zweite Ehe eingeht, kann ihr Kind nicht mitnehmen. Wenn es stirbt, ist der Lehnsherr sein Erbe. Macht ein zur Leibeigenschaft unwilliges Kind von dem Mittel zur Erlangung der Freiheit Gebrauch, so verliert es das Recht, seinen Vater zu beerben: der Lehnsherr nimmt seine Stelle ein. Ein Junge, der sich verheiratet, macht eine gute Partie und zieht zu seinem Schwiegervater: er und seine Kinder verlieren das Recht, seinen leiblichen Vater zu beerben. Trösten wir uns, nichts geht verloren, der Lehnsherr erntet anstelle derer, die nicht werden ernten können.

Da die Erbfolge wechselseitig ist, so ist auch der Verlust des Rechtes auf die Erbfolge doppelt, denn diejenigen, die man nicht beerben kann, können auch selbst nicht erben.

Soweit die Übersicht über einen Teil der Übel der toten Hand oder der persönlichen Sklaverei, und hier noch, was für Hab und Gut davon abhängt.

Jedes bürgerliche Rechtsgeschäft ist bei jenen Unglücklichen gleichermaßen belastet. Sie können ohne Zustimmung des Lehnsherrn weder verkaufen noch tauschen, bei Strafe der Konfiskation. Die Zustimmung muß mit einem Drittel des Erlöses bezahlt werden; das Recht, eine Hypothek aufzunehmen, ist zum selben Preise käuflich. Man kann nicht einmal eine Mitgift, eine Pfründe, einen Verkaufserlös, zum Erwerb verliehenes Geld mit einer Hypothek belasten.

Sardus und Bouvot sind die Bürgen für Dunod und sein Gewohnheitsrecht. Ein reicher Mann stirbt plötzlich. Der Lehnsherr nimmt dessen Vermögen und bezahlt dabei nicht einmal die Schulden, die ein zahlungsfähiger und gutwilliger Schuldner, vom Tode überrascht, nicht mehr hat begleichen können. Die Mitgift der Frau wird von dem Lehnsherrn als Erben des Ehemannes nicht zurückgegeben. Ein hilfloser Greis ohne Kinder, der sein Gut nicht mehr bewirtschaften kann, darf weder verkaufen noch borgen, um sich zu versorgen.

Dies sind nicht die einzigen Klippen, mit denen der Weg jener Unglücklichen besät ist. Die Rechtsgeschäfte unter ihnen bereiten so viele Schwierigkeiten wie Umstände. Die Gerichte sind überlastet mit unentwirrbaren Prozessen, die durch die Gesetze und eine barbarische Rechtswissenschaft verursacht sind, die alle Grundsätze zerstören. Die Lehnsherren machen sich untereinander die Erbfolge streitig. Der eine erklärt sich zum Herrn des Verstorbenen von Geburt her, der andere aufgrund des Wohnsitzes. Habgierig und geschwind in der Ausübung ihrer angeblichen Rechte haben sie auch Erbfälle für sich reklamiert, die in entfernten Ländern und Provinzen eingetreten sind. Das Pariser Parlament hat sie seit langem schon abgewiesen. Sie sind auch in Lothringen in früherer und neuester Zeit abgewiesen worden. Der Kommentator sieht den Widerstand auswärtiger Gerichte gegenüber dem kleinen Gewohnheitsrecht, das er unter seinen Schutz genommen hat, mit großem Bedauern.

Gegen so viele Übel läßt das Gewohnheitsrecht ein Hilfsmittel, das der Kommentator eine Begünstigung nennt: die *Befreiung durch Ableugnung.* Der Sklave kann seinen Herrn verleugnen, indem er ihm alle Güter, die er aufgrund des Rechts der toten Hand besitzt, sowie zwei Drittel seiner beweglichen Habe überläßt. Dies geschieht durch einen Gerichtsspruch, kann aber auch durch einen Vertrag vollzogen werden. Der Kommentator findet viele Hindernisse, die diesen beiden Rechtsgeschäften entgegenstehen. Anschließend fragt er, ob der Eintritt in den geistlichen Stand, die Verleihung von Graden und Ämtern zur Befreiung führen. Er sagt nein. Ob das Bischofsamt, die hohen Ehrenämter, die Erhebung in den Adelsstand befreien? Diesmal sagt er ja, aber nicht ohne auch dort einige Einwände zu finden.

Muß dieser Bekenner der Sklaverei sich schließlich auch noch wundern, daß »die französischen Autoren sich nicht zur Vertiefung wie so vieler anderer Materien, so auch des Rechts der toten Hand bereitgefunden haben, des ausgedehntesten der Herrenrechte, das zur nützlichen Anwendung geeignete allgemeine Grundsätze enthält«. In diesem seltsamen Buch, erschienen 1733, liest man auf S. 222, daß »der Leibeigene die Freiheit nicht durch Verjährung erwerben kann; daß die Verjährungsfrist von hundert Jahren oder einer undenklichen Zeit nicht ausreicht; daß man einen gültigen Anspruch auf sie oder ihren Besitz aufgrund klarer und eindeutiger Urkunden haben muß«. Der Autor ist ein wenig eigen im Hinblick auf die Freiheit; er ist nicht gerade deren Apologet. Aber dafür tut er auf S. 221 dem Herrn etwas zu Gefallen und erklärt, daß dieser »die Verjährung gegenüber einem freien Mann innerhalb vierzig Jahren erhalten kann, wie ich in meinen *Traité des préscriptions*, 3. Teil, 2. Kapitel, S. 390 ausgeführt habe«.

Wenn man das Gewohnheitsrecht und das Werk studiert hat, dessen kurze Zusammenfassung man soeben gelesen hat, wenn man jene *Menschenpflanzen* gesehen hat, die deren Gegenstand ausmachen, so ist man verzweifelt darüber, daß das Recht, das in Frankreich freimacht, für sie von keinem Nutzen ist, während es dies für die Neger in Guinea durchaus ist. Unsere gesunden Grundsätze über die Freiheit zerreißen ihre Ketten; sie zerreißen die Ketten der Sklaven orientalischer Despoten, und ihr Schutz wird in einer Provinz der Hälfte der Bürger vorenthalten, die seit einem Jahrhundert sich für das glückliche Reich schlagen, das sich dieser Grundsätze rühmt, oder andere dafür bezahlen. Man ist empört darüber, daß es Rechtsgelehrte gibt, die durch ihre Auseinandersetzungen ein so grausames, ein so unverschämt wahnsinniges Gewohnheitsrecht unterstützen.

Die vormaligen Herrscher der Franche-Comté, die Erzherzöge Albert und Isabella, gaben ihrem Land vor zwei Jahrhunderten ein Beispiel der Humanität und Vernunft, indem sie alle ihre Untertanen befreiten. Einige hervorragende Grundherren folgten ihrem Beispiel. Aber weder die Mönche noch mehrere Kirchenmänner fühlten sich von den ehrenwerten Beweggründen betroffen, welche Herrscher und Adel bestimmt hatten. Sie behielten ihr eisernes Zepter. Sie haben die Ketten erschwert und verlängert. Man weiß, wie sie in Metz und in Paris einen Sekretär des Königs verfolgten unter dem Vorwand seiner Herkunft oder seines Wohnsitzes, den er in seiner Jugend auf einem zur toten Hand gehörigen Gebiet hatte. Man weiß, wie sie den Preis zurückwiesen, den die Einwohner ihnen anboten, um für frei erklärt zu werden.

Man wird fragen, warum so zahlreiche Untertanen nicht gegen diesen Mißbrauch geklagt haben. Die Antwort ist einfach: Die Gerichte der Gegend widersetzten sich durch ihre Urteile den vergeblichen Bemühungen jener Opfer, welche von Verordnungen umgeben waren, die von den Rechtsanwälten interpretiert und gerechtfertigt wurden. Jene Unglücklichen haben hier keine Möglichkeit gesehen. Hinzu kommt noch die Unwissenheit, in der ihr Stand sie festhält, und die Ketten, welche die Kasuisten (denn die tote Hand hat die ihren wie auch ihre Rechtsgelehrten) ihrem Gewissen auferlegen. Aber wenn die Richter gesagt hätten: »Wir werden nicht länger aussprechen, daß unsere Brüder Sklaven sind wie die der Römer, der Zaren und einiger deutscher Fürsten. Wir setzen unseren vielgeliebten König, dessen vielgeliebte Untertanen wir sind, davon in Kenntnis, daß es in seinem Staat ein altes Buch gibt, aus dem ein einziges Blatt das Unglück von dreihunderttausend seiner nützlichsten Untertanen bewirkt, indem es sie in die Klasse des Viehs verweist, das sie mästen, des Ackers, den sie bestellen, noch etwas unterhalb der Neger. Wir sagen ihm, daß diese Entwürdigung und diese Qualen, die jenes verachtenswürdige Blatt unter ihnen und um sie herum ausbreitet, gleichzeitig ihr Herz, ihren Fleiß und ihre Nachkommenschaft erstickt.« Wenn sie nach dieser Darlegung gesagt hätten: »Wir bitten Sie, Majestät, um Verzeihung dafür, daß wir diesen Greuel nicht früher angeklagt haben. Die Gewohnheit, ihn vor Augen zu haben, hat uns daran gehindert, ihn zu sehen«, — dieser Schritt hätte ohne Zweifel die tote Hand ausgelöscht und wäre ihr Ende gewesen.

Es wäre möglich, das Recht der Rückgabe von Grund und Boden an die Lehnsherren beim Erlöschen von Familien sowie die Verkaufsabgaben und andere ähnliche Rechte bestehen zu lassen. Aber durch welches Recht tritt ein Lothringer, ein Mann aus der Champagne, ein Elsässer, der ein Lehen in der Franche-Comté kauft, sogleich das Erbe eines Comtois an, zum Nachteil seines Bruders, Sohnes, Gläubigers, seiner Frau? Das Gewohnheitsrecht und seine Interpreten antworten: »Das ist gerecht; das ist Recht und Gesetz, das ist Rechtsgelehrsamkeit, das ist Meinung, Ansicht, die Autorität der Rechtskundigen, einmütiger Tyrannen in diesem Punkt, die festsetzen und lehren, daß der Bauer der Franche-Comté, der von 365 Nächten etwa die Hälfte (denn die andere verbringt er auf dem Felde) in einer Hütte auf dem Gebiet der toten Hand schläft, dem Rind oder der Stute seines Herrn gleichgeworden ist, dem seine Arbeit und die seiner Nachkommen gehören!« Diese Antwort, die einmal einem Ausländer gegeben wurde, der die Franche-Comté bereiste, ließ ihn darauf im Augenblick, da das Abendessen aufgetragen war, die Pferde satteln und sofort mit seiner Frau abreisen.

Man hat alle Gewohnheitsrechte reformiert; alle Tage ändert der Gesetzgeber Gesetze, die gefährlich werden. Die Rechtswissenschaft hat sich oft und in vielen Punkten reformiert. Locke meinte, daß die Gesetze, so gerecht sie auch seien, ihre Verbindlichkeit nach einem Jahrhundert einbüßen sollten. Warum soll man dann noch zögern, die Ungereimtheiten der Goten oder der Vandalen zu reformieren? Man müßte dann nur fürchten, deren Hütten umzustoßen, um an deren Stelle bequeme Häuser zu bauen. Gesetzgebung ist die Kunst, die der Völker Glück und Sicherheit bezweckt. Gesetze, die sich dem entgegenstellen, sind im Widerspruch mit ihrem Gegenstand; sie müssen deshalb abgeschafft werden. Das Gewohnheitsrecht hat Gesetzeskraft nur durch die Autorität des Souveräns; er kann sie in jedem Augenblick zurückziehen, und das Gewohnheitsrecht fällt.

Würden die Herren der toten Hand sagen, die Freiheit sei für die Menschen verderblich, da sie nur in ihrer Gemeinschaft gedeihen könnten und durch das ewige Gebundensein an die Scholle, so würde man ihnen entgegnen: Eure Herrscher haben vor zwei Jahrhunderten darüber anders gedacht. Mit der Freiheit ließen sie bei den Untertanen ihres Gebietes Fleiß und Wohlstand entstehen. Ganz Frankreich, dessen Name, äußeres Bild, Fleiß und Glück den Neid anderer Nationen erweckt, erfreut sich dieser Vorzüge erst seit den Tagen seiner Befreiung. Lothringen, das der Herzog Leopold von den Resten der Sklaverei befreite, ist seit dieser Zeit ein Gebiet der Künste und der Aktivität geworden.

Die Sklaverei ist gut für die Tiere, die gemästet werden; aber man weiß, daß die mönchischen Lehnsherren ihre Untertanen nicht gerade mästen.

Würden andere Herren sagen: die Rechte der toten Hand, die Güter wie die Person und ihre Nachkommen betreffend, sind unser Erbteil, unser Lehen; es hieße das Lehen zerstören, wollte man dessen Rechte abschaffen und uns des Eigentums an dem Lehen berauben, — so könnte man ihnen entgegnen, daß ein Lehen kein Eigentum ist, daß man es nur besitzen kann, wie der Souverän es verleiht. Aber eröffnen wir keine Erörterung über diesen Gegenstand und sagen wir zu dem Mann mit dem Lehen, daß er es erhalten hat unter der Bedingung, Kriegsdienst zu leiten; daß, da er heute von diesem Dienst befreit ist, er auch keine Männer braucht, um sie in den Krieg zu führen; daß der Bauer vielmehr umgekehrt den Mann mit dem Lehen dafür bezahlt, in den Krieg zu ziehen; daß er doppelt bezahlt wird, einmal durch das Lehen, zweitens durch die Zahlungen, die der Bauer leistet; daß er folglich für den Souverän keine Sklaven zu halten braucht, wenn der Staat ihn bezahlt und ihm gar keine Männer abverlangt.

Außerdem sind die Gesetze und die Rechtsprechung über

die tote Hand in derselben Zeit entstanden wie die Gesetze über die Magie, den Zauber, die Teufelsbesessenheit und das *ius primae noctis* und müssen wie sie enden.

Die Lemuren und der Hexensabbat flohen vor der Erscheinung des Lichtes: die tote Hand muß vor Vernunft, Religion, Gerechtigkeit und Politik verschwinden.

Schließlich ist der Stand der Personen eine Sache des öffentlichen französischen Rechtes. Frankreich kennt keine Sklaven, es ist Asyl und Heiligtum der Freiheit. Hier ist sie unzerstörbar, und hier lebt jede verlorene Freiheit wieder auf. Frankreich öffnet seine Brust: Wer immer hier aufgenommen wird, ist frei. Die Grundsätze seines öffentlichen Rechts erstrecken sich auch auf die Eroberungen. So hat allein die Tatsache der Eroberung der Franche-Comté das erniedrigende Gewohnheitsrecht zunichte gemacht, das jene in der Sklaverei festhielt, die Ludwig XIV. zu Franzosen gemacht hat.

Möge diese kurze Darstellung den Keim zur Freiheit einer zahlreichen, arbeitsamen, erniedrigten, herabgewürdigten Klasse von Bürgern sein, die eines besseren Loses würdig sind! Möchten doch die französischen Rechtsgelehrten, gerüstet gegen die Hydra der Sklaverei in einer Provinz Frankreichs, sie mit aller Kraft schlagen und ihre Schläge bis zum Thron widerhallen, wo unser Vater und Monarch ihr Werk vollenden wird!

Auszug aus einer Denkschrift für die vollständige Abschaffung der Leibeigenschaft in Frankreich

> »Regium munus est et monarcha dignum servos manumittere, servitutis maculam delere, libertas natalibus restituere, non successibiles facere successibiles, incapaces reddere capaces, et intestabiles facere testabiles.«
> (Ferrant, *De privilegiis regni Franciae*)

Die Achtsamkeit der Regierung für die Fortschritte der Landwirtschaft, des Handels und der Bevölkerung ist uns ein sicherer Garant für ihr Wohlwollen in einer Angelegenheit, deren einziger Gegenstand die Sicherung des Eigentums an Grund und Boden sowie die Freiheit der Eheschließung ist. Bei den letzten Generalständen bat die Nation Ludwig XIII. demütig, die schändlichen Reste der Sklaverei abzuschaffen, unter der einstmals fast die gesamte Landbevölkerung geseufzt hatte. Das Parlament von Paris, das die Absicht der Ständeversammlung unterstützt, schränkt bei jeder Gelegenheit ein Recht ein, das an sich so erniedrigend ist, wie es auch der Religion und den guten Sitten entgegengesetzt ist; und die Herrschaft eines Fürsten, der die aufgeklärte Liebe zur Gerechtigkeit mit dem Wunsche vereinigt, das Glück des Volkes zu befördern, bietet uns die günstigste Bedingung dafür, daß wir endlich die Beseitigung der letzten Spur aus den Jahrhunderten der Barbarei erreichen werden.

Die geistlichen Stände zeigten sich stets am stärksten be-

strebt, sich dies verhaßte Recht der Leibeigenschaft anzu-
maßen, es über seine Grenzen zu erweitern und mit immer
neuer Härte auszuüben. Die Mönche besitzen die Hälfte
des Landes in der Franche-Comté, und dieses Land ist nur
von Leibeigenen besiedelt.

Inmitten der Freiheit und der Vergnügungen der Hauptstadt fällt es schwer zu glauben, daß es immer noch Franzosen gibt, die demselben Stande angehören wie das Vieh
auf dem Acker, den sie mit ihren Tränen benetzen, und daß
ihr Stand sich nach denselben Gesetzen richtet. Diese Franzosen können dem Erben ihres Blutes nicht das Land übertragen, das ihre Arbeit fruchtbar gemacht hat, wenn dieser
Erbe während ihres ganzen Lebens auch nur ein Jahr lang
nicht mit ihnen unter demselben Dach, am selben Feuer
und vom selben Brot gelebt hat. Aller bürgerlichen Rechte
beraubt, haben sie keine Möglichkeit, über ihr Erbe zu verfügen, nicht einmal über ihre bewegliche Habe, weder durch
Schenkung noch durch Testament. Sie haben auch nicht die
Freiheit, es nach Bedarf zu verkaufen, um ihre Not zu
lindern.

Die Tochter eines Leibeigenen, die sich verheiratet, verliert
unwiderruflich jede Aussicht, ihren Vater zu beerben, wenn
sie es versäumt, die Hochzeitsnacht im väterlichen Hause
zu schlafen. Wenn sie sich in dieser ersten Nacht in die
Wohnung ihres Ehemannes begibt, wird sie dafür mit dem
Verlust ihres Hab und Gut bestraft; und oft hat man sie
vorgeladen, um zu erfahren, ob sie bei ihrem Vater oder
bei ihrem Ehemann die Jungfräulichkeit verlor.

Der Leibeigene, dem die Möglichkeit verschlossen ist, sein
Gut mit Hypotheken zu belasten und es zu verkaufen, hat
keine und wird keine Art von Kredit haben. Er kann kein
Geld borgen, um seinen Boden zu verbessern, noch kann er

sich dem Handel widmen. Frauen, die in ihre Ehe sogar eine Mitgift in Geld einbringen, erhalten keine Hypothek auf ihr Gut als Sicherheit für die Mitgift.

Ein Ausländer, der in diese barbarische Gegend ziehen würde und dort ein ganzes Jahr wohnen bliebe, würde am Ende dieses Jahres Sklave im vollen Sinn des Gesetzes sein. Seine gesamte Nachkommenschaft wäre auf ewig mit demselben Makel geschlagen. Die Mönche machen die Menschen zu Sklaven durch bloße Verjährung, aber diese Menschen können ihre Freiheit nicht durch dasselbe Mittel wiedererlangen.

Indessen geben diese Mönche vor, jenen schrecklichen Brauch zu rechtfertigen. Sie verbreiten überall, die Leibeigenen seien die glücklichsten aller Menschen und das Land der Leibeigenen sei am stärksten besiedelt.

Aber eine aufgeklärte Regierung werden sie nicht davon überzeugen können, daß das Mittel, die Menschen glücklich zu machen, ist, sie in Sklaven zu verwandeln. Man ermutigt die Menschen nicht gerade, eine Ehe einzugehen, wenn man ihnen ihr väterliches Erbe wegnimmt und ihnen nur die Aussicht läßt, ihren Kindern dieselbe Sklaverei und dasselbe Elend zu vererben.

Wen macht man glauben, daß Frankreich seit der allgemeinen Befreiung weniger reich ist als zu den Zeiten, da die Leibeigenschaft das gewöhnliche Los der Bevölkerung war? Daß Polen und Rußland, wo die Bauern Leibeigene sind, glücklicher seien als die Schweiz, England und Schweden, wo sie frei sind?

Die Mittel, mit denen die Leibeigenschaft heutzutage aufrechterhalten wird, sind ebenso abscheulich wie die Leibeigenschaft selbst. Hier haben Mönche falsche Urkunden verfertigt, um sich zu Herren einer ganzen Gegend zu machen und deren Einwohner in die Knechtschaft zu zwingen; dort haben andere Mönche die Leibeigenschaft eingerichtet, indem sie arme Bauern mit falschen Kopien alter Urkunden hinters Licht geführt haben, indem sie das Volk glauben machten, daß Freibriefe Rechtstitel der Leibeigenschaft seien. Dieser Betrug ist dann nach einiger Zeit heilig geworden. Die Mönche haben angegeben, ein altes Unrecht könne nicht reformiert werden, und diese Anmaßung ist manchmal auch von den Gerichten der Gegend angenommen worden, deren Mitglieder nicht vergaßen, daß sie selbst auf ihrem Grund und Boden Leibeigene hatten, ohne bessere Urkunden zu besitzen.

Diese Leibeigenschaft, die unter dem Namen *tote Hand* oder *Steuerbarkeit* bekannt ist, besteht noch in der Franche-Comté, im Herzogtum Burgund, in der Champagne, in der Auvergne und in der Marche.

Wenn man sie abschafft, kann man die Lehnsherren auf zweierlei Weise entschädigen. Entweder man setzt eine Ablösung in Geld fest und gestattet den Gemeinden, Anleihen aufzunehmen und solche Gemeindegüter zu verkaufen, die ihnen keinen Gewinn bringen, oder man verwandelt die tote Hand in andere Verbindlichkeiten.

Der erste Plan wurde von dem verstorbenen König von Sardinien angenommen, der das ganze Land Savoyen von der toten Hand für Sachen und Personen durch zwei Dekrete befreit hat, das eine vom Januar 1762, das andere vom Dezember 1771.

Der zweite Plan wurde gegen Ende des letzten Jahrhunderts von dem berühmten Präsidenten de Lamoignon vorgeschlagen. Hier der Entwurf, zu dem ich mir nur erlaubt habe, einige notwendige Artikel hinzuzusetzen.

Art. 1. Wir wollen, dem Beispiel des Königs Ludwig des Heiligen, unseres Ahns, und mehrerer anderer Könige, unserer Vorgänger, folgen, indem wir unserem ganzen Königreich gewähren, was sie nur einigen besonderen Gegenden verliehen haben, daß alle unsere Untertanen frei und freien Standes seien ohne den Makel der Knechtschaft in Person und Sache, die wir in allen Ländern und Gebieten unserer Botmäßigkeit abschaffen, ohne daß die Herren aufgrund dieser Befreiung irgendein Recht kraft des Gewohnheitsrechts beanspruchen könnten, das wir ausdrücklich eingeschränkt haben und weiter einschränken.

Art. 2. Unsere Untertanen sind keiner Verbindlichkeit aus der Leibeigenschaft mehr unterworfen, beruhe diese nun auf dem Recht der Erbfolge, der Heirat, der Gemeinschaft, des Einzugs oder Rückfalls ihrer Güter an den Herrn oder auf anderen Umständen.

Art. 3. Unsere besagten Untertanen können sich frei verheiraten, frei ihren Wohnsitz begründen und verlegen, über alle ihre Güter und Fähigkeiten verfügen, sowohl zu Lebzeiten als auch im Todesfalle, sie können sie durch Testament ihren legitimen Erben in Haupt- und Seitenlinie vermachen und können ganz allgemein über ihre Person und ihre Fähigkeiten gemäß der durch Brauch bestehenden Ordnung sowie den Verordnungen für Personen und Sachen verfügen.

Art. 4. Um die Herren, die gültige Rechtsansprüche oder legitime Besitzrechte haben, einigermaßen für den Nachteil zu entschädigen, den sie aus Anlaß der besagten Befreiung erleiden könnten, wird dem Herrn jedesmal, wenn ein Erbe, das am Tage der Veröffentlichung dieser Verfügung von der Leibeigenschaft betroffen war, durch Erbfolge in der Seitenlinie, durch Disposition zu Lebzeiten oder testamentarische Verfügung, durch Tausch, Verkauf oder eine andere Weise, ausgenommen durch Schenkung und Erbfolge in direkter aufsteigender und absteigender Linie sowie im ersten Grad der Seitenlinie, den Besitzer wechselt, von dem neuen Besitzer eine Verkaufsgebühr von einem Sechstel des Verkaufspreises und dem Erlös eines Tausches und in den anderen Fällen je nach dem Wert der Erbschaft von einem Zwölftel bis zu einem Zwanzigstel gezahlt; dies alles unbeschadet des Grundzinses und anderer Leistungen, wenn dem Grundherrn solche kraft alter Urkunden und Ansprüche zustehen.

Art. 5. Solche Besitzrechte, die im Gegensatz zu den ursprünglichen Urkunden stehen und in denen das Recht der toten Hand nicht ausdrücklich erwähnt wird, sind nicht als legitim anzusehen. Ebenso sind nur Urkunden als gültig anzusehen, in denen ein Gebiet mit der ausdrücklichen Bestimmung der toten Hand bezeichnet wird, oder die, wenn diese fehlt, mit der früheren Anerkennung durch mindestens zwei Drittel der Einwohner eines Gemeinwesens, wo die tote Hand allgemeine Einrichtung ist, versehen sein müssen, und die im übrigen die Form erfüllen, die durch Gesetz, Gewohnheitsrecht oder Verordnung für die Gültigkeit solcher Urkunden vorgeschrieben ist.

Art. 6. Die Stände und Gemeinschaften der Kirche können kraft dieses Edikts im Hinblick auf den befreiten Grund und Boden im Falle des Verkaufs oder in anderer Hinsicht keinen Anspruch auf Rente oder Einkunft erheben.

Dies erlassen wir als Befehl an ..., damit sie das Vorstehende aufzeichnen, veröffentlichen und befolgen lassen, ungeachtet aller Beschlüsse, Urteile, Gewohnheitsrechte,

Verfügungen, Urkunden, Verträge, Übereinkommen oder anderer Dinge, die diesem Befehl entgegengesetzt sind und die wir ausdrücklich aufgehoben haben.

N. B. Der Präsident de Lamoignon hatte den Grundherren eine Gebühr von einem Zwölftel in allen Erbschaftsfällen in der Seitenlinie zuerkannt. Aber es wäre sehr hart, jeden Bruder eine Abgabe zahlen zu lassen, der seinen Bruder beerbt. Um die Grundherren zu entschädigen, kann man die Abgabe im Verkaufsfalle auf ein Sechstel des Preises und in allen anderen Fällen von Veränderung, ausgenommen die Erbfolge in direkter Linie und im ersten Grad der Seitenlinie, auf ein Zwölftel festsetzen.

Editorische Notiz

Der Titel des vorliegenden zweiten Bandes der Schriften Voltaires ist die Überschrift einer kleinen Aphorismen-sammlung, in der Voltaire gegen Rousseaus *Contrat social* Stellung nimmt. Über diesen Anlaß hinaus gibt die Schrift Aufschluß über Voltaires politische Position, die nicht in der Befürwortung des aufgeklärten Absolutismus sich erschöpft. Im Vordergrund steht vielmehr der Kampf um bürgerliche Liberalität, die im Rechtsstaat zum Ausdruck kommt. Die Frage nach dem politischen Garanten des Rechtszustandes ist demgegenüber ein Problem zweiter Ordnung. Daß die Republik die dem Bürgertum letzthin gemäßere Staatsform, die Monarchie aber historisch kompromittiert sei, ist eine Konsequenz, die Voltaire an zentralen Stellen bereits ge-zogen hat.

Die übrigen, im selben Geiste verfaßten Schriften dieses Bandes schließen thematisch eng an die Arbeiten des ersten, *Recht und Politik*, an. Lag dort der Akzent wesentlich auf einigen *causes celèbres*, in die Voltaire kritisch eingriff, so tritt im vorliegenden Bande mehr die rechts- und staatstheo-retische Komponente des Voltaireschen Denkens hervor. Dies gilt namentlich für die großen Plädoyers zur historisch überfälligen Reform des Rechtssystems wie für den staats-theoretischen Dialog *A. B. C.* Gegen welche Zustände sich Voltaires politische Intention richtet, wird an kleinen Satiren wie *Der Richter oder königliche Rat*, besonders aber an den beiden Denkschriften gegen die Leibeigenschaft in der Franche-Comté deutlich.

Die Editionsprinzipien sind dieselben wie die im ersten Band angegebenen. Soweit gute Übersetzungen existieren, wurden sie in dieser Ausgabe zugrunde gelegt. Die Übertragungen von Mylius und Romanus sind zumeist stilistisch und sachlich ohne große Fehler. Für die Übersetzung des *Prix de la justice et de l'humanité* gilt dies nicht in gleichem Maße. Der Übersetzer, gegen Voltaire eingenommen, läßt zuweilen kleinere Passagen aus, die prüder Provinzialität und deutscher Angst vor der Obrigkeit unschicklich oder gefährlich erscheinen mochten. Diese Stellen wurden neuübersetzt eingefügt.

Im übrigen gilt, daß in die alten Übersetzungen nur dort korrigierend eingegriffen wurde, wo offenkundige Irrtümer und Druckfehler den Sinn des Originals verfälschen. Solche Korrekturen wie auch die Anpassung an die heutige Syntax, Orthographie und Interpunktion geschah ohne weitere Hinweise.

Der Band enthält wiederum einige erstmalige Übersetzungen ins Deutsche: die *Republikanischen Ideen* sowie die beiden Denkschriften gegen die Leibeigenschaft.

Für die Quellennachweise der französischen Originaltitel wird wieder die Standardausgabe *Œuvres complètes de Voltaire*, ed. Louis Moland, Paris (Garnier) 1883 ff., herangezogen.

Republikanische Ideen (1765)
Originaltitel: *Idées républicaines*, Bd. 24
Übersetzung: Angelika Oppenheimer

Kommentar zu dem Buch »Über Verbrechen und Strafen« (1766)
Originaltitel: *Commentaire sur le livre des Delits et des Peines*, Bd. 25

Übersetzung: Angelika Oppenheimer

Zu dieser Schrift existiert eine anonyme Übersetzung, die der Übertragung des Werkes von Beccaria angefügt ist: *Anmerkung des Herrn Voltaire über das Buch von Verbrechen und Strafen,* in: Beccaria, *Von Verbrechen und Strafen,* Breslau (Korn) 1778. Diese Übersetzung ist jedoch in vielen wesentlichen Einzelheiten äußerst ungenau und sogar fehlerhaft, in der Tendenz antivoltairianisch. Dies zeigt sich in gelegentlichen heftig gegen Voltaire polemisierenden Anmerkungen des Übersetzers. Die Arbeit aus dem 18. Jahrhundert konnte daher bei der vorliegenden Neuübersetzung nur in sehr eingeschränktem Maße zu Rate gezogen werden.

Preis der Gerechtigkeit und der Menschenliebe (1777)

Originaltitel: *Prix de la justice et de l'humanité,* Bd. 30

Die Übersetzung ist anonym erschienen: Leipzig (Carl Friedrich Schneider) 1778.

Eine für die deutsche Voltairerezeption typische kleingeistige Distanz gegenüber der französischen Aufklärung und Voltaire insbesondere ist auch in dieser Übersetzung deutlich. Der Übersetzer, der bis auf einige Auslassungen korrekt gearbeitet hat, fügt zuweilen weitschweifige Anmerkungen ein, in denen philologische und historische Einzelheiten der Voltaireschen Argumentation kritisiert werden, mit der Tendenz, diese überhaupt als zweifelhaft und politisch bedenklich erscheinen zu lassen. Zur Dokumentation wurde eine offen antiaufklärerische Anmerkung beibehalten (cf. S. 125).

A.B.C. (1768-69)

Originaltitel: *L'A.B.C., ou Dialogues entre A.B.C.,* Bd. 27

Übersetzung: Johann Christhelf Mylius, in: *Voltaires sämtliche Schriften,* Berlin (Arnold Wever) 1786-1794, Bd. 2

Der Richter oder königliche Rat (1771)
Originaltitel: *Conseiller ou Juge*, Bd. 28
Übersetzung: Franz Karl Romanus, in: *Des Herrn von Voltaire vermischte Schriften*, Frankfurt und Leipzig 1768-75
Die kleine Satire ist ein Artikel in Dialogform aus den *Questions sur l'Encyclopédie*, einer Sammlung von polemischen Gelgenheitsarbeiten, die 1770-1772 verfaßt wurden.

Von der Gewißheit (1770)
Originaltitel: *Certain, certitude*, Bd. 18
Übersetzung: Franz Karl Romanus, a. a. O.
Das Stück ist in der vorliegenden Form den *Questions sur l'Encyclopédie* entnommen. Es steht in wesentlich gekürzter Fassung auch im *Dictionnaire philosophique*.

Die Rechte der Menschen und die Anmaßungen der Päpste
Originaltitel: *Droits des hommes et usurpations des papes*, Bd. 27
Übersetzung: Franz Karl Romanus, a. a. O.

Wie weit man das gemeine Volk hintergehen müsse (1756)
Originaltitel: *Jusqu'à quel point on peut tromper le peuple*, Bd. 24
Übersetzung: Franz Karl Romanus, a. a. O.

Das Gewohnheitsrecht der Franche-Comté (1771)
Originaltitel: *Coutume de Franche-Comté*, Bd. 28
Übersetzung: Angelika Oppenheimer

Auszug aus einer Denkschrift für die vollständige Abschaffung der Leibeigenschaft in Frankreich (1775)
Originaltitel: *Extrait d'un mémoire pour l'entière abolition de la servitude en France*, Bd. 29
Übersetzung: Angelika Oppenheimer

Voltaire
Recht und Politik
Schriften I

Mit einem Essay herausgegeben
von Günther Mensching

352 Seiten. Kartoniert. DM 24.—
ISBN 3-8108-0086-4

Inhalt

Metaphysische Abhandlung

Über die Widersprüche dieser Welt

Über die Toleranz veranlaßt durch die Hinrichtung des Johann
    Calas im Jahre 1762

Bericht vom Tode des Chevalier de la Barre

Die eigentümliche Beschaffenheit des Prozesses des Grafen von
    Morangiés gegen die Familie Véron

Fragment über den Kriminalprozeß des Montbailli, der im
    Jahre 1770 zu St. Omer wegen einer vermeintlichen Mordtat
    an seiner Mutter lebendig gerädert und verbrannt, und seiner
    Frau, welche lebendig verbrannt zu werden verdammt ward,
    da doch beide unschuldig befunden worden sind

Der Advokat und sein Klient

Der Philosoph und der Generalfinanzkontrolleur

Über Gewissensfreiheit

Von Titeln

Günther Mensching, Die Idee des bürgerlichen Rechtsstaates
    im Denken Voltaires